普通高等教育公共基础课教材系列

演讲与口才

（第二版·增订版）

陈岗林　编著

科 学 出 版 社

北　京

内 容 简 介

本书分为三篇十五讲。从“基础”、“口才”、“演讲”三个方面入手，基础篇分为科学思维、朗诵艺术、素质修养；口才篇分为社交口才、谈判口才、推销口才、求职口才、辩论口才、领导口才、导游口才；演讲篇分为演讲技巧、竞职演讲、即兴演讲、命题演讲、演讲训练。全书内容系统精要、通俗易懂；文笔生动，行文流畅；语言幽默，耐人寻味。

本书既可以作为高等院校公共基础课教材，也可以作为社会从业人员的参考用书。

图书在版编目(CIP)数据

演讲与口才/陈岗林编著. —2版. —北京：科学出版社，2012.8
（普通高等教育公共基础课教材系列）
ISBN 978-7-03-035147-0

Ⅰ.①演… Ⅱ.①陈… Ⅲ.①演讲学-高等学校-教材 ②口才学-高等学校-教材 Ⅳ. H019

中国版本图书馆CIP数据核字（2012）第161424号

责任编辑：沈力匀 / 责任校对：马英菊
责任印制：吕春珉 / 封面设计：耕者设计工作室

科学出版社出版
北京东黄城根北街16号
邮政编码：100717
http://www.sciencep.com
铭浩彩色印装有限公司 印刷
科学出版社发行 各地新华书店经销
*
2012年8月第 一 版 开本：787×1092 1/16
2020年8月第二版·增订版 印张：12 3/4
2020年8月第八次印刷 字数：299 400

定价：38.00元

（如有印装质量问题，我社负责调换〈铭浩〉）
销售部电话 010-62134988 编辑部电话 010-62135235（VP04）

前　言

演讲活动是一种源远流长的社会现象，始终伴随着人类文明的发展而发展。古今中外，每到历史发展的重要关头，每到社会激烈变革之时，演讲的特殊作用就表现得更突出。在西方，“舌头”、“金钱”和“电脑”已成为三大战略武器。在我国，随着改革开放的不断深入，随着物质文明和精神文明的飞跃发展，演讲之风也随之兴起，各类演讲活动广泛展开，演讲学的研究和传播日益受到人们的重视。演讲能力与口才能力已经成为现代社会人们生存和竞争的必要条件之一，演讲与口才的专项训练更是学生们的必备课程。

本书根据高等教育培养“高素质技能型专门人才”的目标，从当前大学生的实际需要出发，大胆突破演讲与口才类教材的传统编写模式，遵循了由浅入深、循序渐进的原则，尽量减少枯燥死板的理论概念，并与实际运用相结合，着眼于知识、能力、素质三方面，主要突出以下特点：

（1）训练性。演讲与口才是一种能力，本书采用精讲多练，强调“先仿后练”，具有参与性、交互性、可操作性，使学生能在最短的时间内，接受有效的训练，掌握基本理论与技巧，提高演讲与口才水平及综合素质。

（2）职业性。本书注重职场口才技能培养，通过虚拟行业课堂，培养学生特定的职业口语风范与从业规范。

（3）人文性。为弥补应试教育带来的人文缺失，本书中所选的名人演讲、精彩辩辞、新颖案例等都具有丰富的人文资源，能潜移默化地对学生进行人文教育。

全书内容精彩，好学实用，分为“基础”、“口才”、“演讲”三篇。基础篇分为科学思维、朗诵艺术、素质修养；口才篇分为社交口才、谈判口才、推销口才、求职口才、辩论口才、领导口才、导游口才；演讲篇分为演讲技巧、竞职演讲、即兴演讲、命题演讲、演讲训练。每讲后面配有作业，方便学生练习。全书简单明了、通俗易懂；文笔生动，行文流畅；语言幽默，耐人寻味。

本书由陈岗林编著，陈岗林负责全书内容组织、撰写及修改，李莉协助收集资料，整理内容。

本书在编写过程中，参考了许多相关书刊的内容，在此对相关作者表示衷心的感谢！

由于编写时间紧迫，且编者水平有限，书中难免存在差错和疏漏，敬请读者批评指正，并提出宝贵意见。

目　　录

第一篇　基　础　篇

第二篇　口　才　篇

第三篇　演　讲　篇

第一篇　基　础　篇

做一个高尚的人。

——这是学习演讲与口才的基础。

只有成为一个高尚的人，才有可能成为一个诚实的人，一个幸福的人，一个快乐的人，一个有所作为的人，一个有益于人的人。

第一讲 科学思维

学习目标

1. 形成正确而又敏捷的思维，学会科学而又机灵的思维方法，养成良好的思维习惯。

2. 学会联想和想象。

科学思维就是人们对客观事物本质属性的正确认识。思维是语言的内在本质，语言是思维的外在形式。没有思维就没有语言。会想才会说。要想提高我们的演讲和语言表达能力，就要先训练和提高我们的思维能力。

一、思维方式

思维是人脑对客观现实的间接的、概括的反映，是认识的高级形式。它反映的是客观事物的本质属性和规律性的联系。

思维主要包括概念、判断、推理三种形式。概念是人脑对事物的一般特征和本质特征的反映。判断是对事物之间关系的反映。推理是从一个判断或几个已知判断中推陈出新的判断。三者是密切相关的，其中概念是基础，是思维的“细胞”。

二、思维品质

思维品质是指人们在思维过程中所表现出来的各自不同的特点，如敏捷性、灵活性、深刻性、独创性和批判性等。敏捷性是敏锐速度；灵活性是指思维活动的灵活程度；深刻性是指思维活动的深度；独创性是指思维活动的创造精神，也就是创造性思维；批判性是指思维活动中分析和批判的深度。

三、思维特征

1. 间接性和概括性是思维的基本特征

间接性是以已有的知识经验与其他事物为媒介，通过迂回曲折的认识路线，了解事物之间相互关联的思维过程。例如，人们想了解明天的气象情况，就要观测今天的气象特征。“蚂蚁搬家蛇过道，老牛大叫雨就到”的民间谚语说明了动物的表现与未来的气象有关。民间通过观察动物的表现了解气象，现代气象科学则通过卫星云图和仪器检测等科学方法预测未来的天气情况，这就是一个间接的认识过程。其他如医生通过各种检测作为诊断疾病的依据，人类学家根据古生物化石遗迹推断人类的过去等，也都是间接的认识过程。

概括性是把一类事物的共同的、本质的特征加以集中的思维过程。同类事物是有共性的，归纳共性就是概括。例如，爱滋病的传播途径有三种，即性传播、血液传播、母婴传播。这是从许多爱滋病患者的得病过程中概括出来的规律性认识。一切公式、定律等规律性的认识，都是对共性的概括。

间接概括的认识是一种复杂的脑力操作，只有人的大脑才具有这种功能。它是人的心理和动物心理的根本区别，间接概括的认识使人透过现象看本质，从具体个别事物中找到共性和规律，通过思考过去、分析现状、规划未来，从而做出理性的决策，是人类创造物质文明、精神文明的心理功能，也是人类智慧的核心。

2. 正确性、准确性、敏捷性是科学思维的共同特征

比如打兔子。正确，指方向，兔子往南跑，你不能朝北开枪；敏捷，讲速度，你不能等兔子跑没影了，才把枪掏出来；准确，讲效率，一枪就要击中要害。也就是说，科学思维就是方向对，反应快，瞄得准。

四、思维类型

思维可分为潜意识思维和有意识思维两种类型。

潜意识思维是主体不知觉的有思维意识指挥的思维方式。潜意识思维也被称为无意识思维、被动性思维，它是各种生物普遍具有的原始思维方式，是生物的思维组织或准思维组织中发生和进行的生化变化和反应，它不但遵循生物主体具有的生存意识规律，而且还遵循我们已知和未知的物理学、化学和光学的规律。

潜意识思维是生物主体发现客体对自己有所影响后，为了保障自己的生存和发展，思维组织或准思维组织做出的应激反应和变化，是思维组织或准思维组织对感知组织获得的信息知识自动快速进行分析和处理。潜意识思维是思维意识的表现形式之一。

有意识思维是主体知觉的有思维意识指挥的思维方式。有意识思维也被称为主动性思维，它也是思维意识的表现形式之一。

我们在生活中遇到矛盾和问题时总要想一想，然后才着手去解决，我们常说“眉头一皱计上心来”“遇事三思而后行”。想一想、皱眉头、三思是我们实行处置矛盾和问题前必定进行的思维行为，必须进行的前期准备工作。

古人说“慧于心而秀于口”“精于思而美于言”，风趣幽默的语言来自敏捷而又机灵的思维，请看：

（1）马克·吐温有一次乘火车旅行，中途列车员过来检票，马克·吐温翻遍了身上所有口袋，就连座席和地板也仔细搜寻了一遍，可还是没有找到车票。

这时列车员已认出这位大作家，便安慰说：“算了，先生，别找了，您回来时把票让我看一下就行了，如果实在找不到，那也无妨。”

马克·吐温却十分焦急地说：“怎么无妨呢？要是找不到这张车票，我怎么知道今天我是上哪里去呢？”

（2）一个人在市场上买了六只来自异国的麻雀，决定用他们去讨好本国国王。按照这个国家的习惯，七是大吉大利的数字。要是送去六只，国王兴许会不高兴，要是国王真的发怒，那就更加麻烦了。但是，异国麻雀只有六只，怎么办呢？他想了半天，决定

混进一只本国麻雀，凑足七只献给国王。国王一见，果然高兴。他仔细地将它们逐一赏玩了一番，突然发现有一只本国麻雀混在里面，立即大怒，责问道："这是怎么回事？是不是自恃博学多识，欺我寡陋无知？"那人吓了一跳，但他马上回答："陛下果然是火眼金睛，洞察分明，可这只本国麻雀是另外六只异国麻雀随行的翻译。"

（3）某中专学校在一次智力竞赛中，主持人问："三纲五常中的'三纲'指的是什么？"一名女生抢答道："臣为君纲，子为父纲，妻为夫纲。"她恰好颠倒了三者的关系，引起哄堂大笑。

当这名女生意识到答错后，她将错就错，立刻大声说道："笑什么，解放这么多年了，封建的旧'三纲'早已不存在，我说的是新'三纲'。"主持人问："什么叫做新'三纲'？"她说："现在我国是人民当家作主，上级要为下级服务，领导者是人民的公仆，岂不是臣为君纲？当前独生子女是父母的小皇帝，家里大小事都依着他，岂不是子为父纲？在许多家庭中，妻子的权力远远超越了丈夫的权力，'妻管严'比比皆是，岂不是妻为夫纲吗？"

（4）一位正当妙龄衣着入时的姑娘碰上了几个不三不四的家伙纠缠。领头的先一伸手把姑娘的帽子摘了下来，显然不怀好意。姑娘震怒了，但她没有开口大骂"流氓"，也没有惊慌失措，而是立刻冷静下来，彬彬有礼地说："你很喜欢我的帽子，是吗？""当然，它和你这个人一样，挺漂亮！"领头的戏弄说。

这时，姑娘更加沉着大方了："你是想仔细看看，好给你的女朋友买一顶吧？我想你不是那种随意戏弄人的人。""当然，当然是这样。"领头的有点脸红了。"请你不要买了。"姑娘又说。"为什么？"领头的十分疑惑。姑娘十分自然地说："让别人给摘去了怎么办？""对，对！请把帽子收好……再见。"领头的及其伙伴知趣地向姑娘点头道别，转身走了。

五、思维意义

1. 正确的思维是一个人事业成功的前提

不同的思维会产生不同结果，请看下面的例子。

（1）有位秀才第三次进京赶考，住在一个以前住过的店里。临近考试了，晚上没有心思看书，他做了三个梦。第一个梦是梦到自己在墙上种白菜；第二个梦是下雨天，他戴了斗笠还打伞；第三个梦是梦到跟心爱的表妹脱光了衣服躺在一起，但是背靠着背。

这三个梦似乎有些深意，于是秀才第二天就赶紧去找算命的先生解梦。算命的一听，连拍大腿说："你还是趁早回家吧！你想想，高墙种白菜不是白费劲吗？戴斗笠打雨伞不是多此一举吗？跟表妹都脱光了躺在一张床上了，却背靠背，不是没戏了吗？"

秀才听算命的一说，心灰意冷，便回店里收拾包袱准备回家。店老板感到奇怪，问："不是明天才考试吗，今天你怎么就准备回去了？"

秀才如此这般说了一番，又把算命的话都说了。店老板乐了："哟，我倒觉得，你这次一定要留下来。你想想，墙上种菜不是高中吗？戴斗笠打伞不是说明这次有备无患吗？跟你表妹脱光了背靠背躺在床上，不是说明你翻身的时候就要到了吗？"秀才一听，觉得店老板说得有道理，于是精神振奋地参加了考试。出榜之日，他居然中了探花（第三名）。

（2）同样走进大观园，林妹妹伤心，刘姥姥开心；同样面对那抹夕阳，诗人李商隐扼腕长叹“夕阳无限好，只是近黄昏”，叶剑英元帅却抒怀大笑“老夫喜作黄昏颂，满目青山夕照明”；同样想到那条河，南唐后主李煜垂泪低吟“问君能有几多愁，恰似一江春水向东流”，而一代伟人毛泽东却放声高歌“万里长江横渡，极目楚天舒。不管风吹浪打，胜似闲庭信步，今日得宽馀”。……君不见林妹妹伤心落泪经春夏秋冬终是红颜薄命，君不见刘姥姥身为无产阶层却还笑对世态炎凉，君不见李后主一怀愁绪乃至亡国为奴，君不见毛泽东心怀天下指点江山终成伟业。

2. 第三种思维方式

去掉“非此即彼”的思维，探索第三种思维方式，以达到“双赢”或“两全其美”的目的。曾几何时，中国人吃尽了“非此即彼”思维的苦头，要么革命，要么就是反革命，造成了本不该造成的悲剧，留下了永不磨灭的惨痛教训。为了避免类似悲剧的发生，我们就要采取正确的思维方式，即第三种思维方式。请看下面三个例子：

（1）《后汉书·陈寔传》：（陈）寔在乡闾，平心率物。其有争讼，辄求判正，晓譬曲直，退无怨者。至乃叹曰：“宁为刑罚所加，不为陈君所短。”时岁荒民俭，有盗夜入其室，止于梁上。寔阴见，乃起自整拂，呼命子孙，正色训之曰：“夫人不可不自勉。不善之人未必本恶，习以性成，遂至于此。梁上君子者是矣！”盗大惊，自投于地，稽颡归罪。寔徐譬之曰：“视君状貌，不似恶人，宜深克己反善。然此当由贫困。”令遗绢二匹。自是一县无复盗窃。

（2）20世纪70年代，某外宾团访问中国。在饯行的宴会上，主人为了表示友好情谊，拿出了国内非常珍贵的九龙杯盛酒。有个外宾非常喜欢这种杯子，于是在散席的时候，趁人不备将一个九龙杯用手帕包好，藏进手提包里。外宾这一举动，被一位女招待发现了，他立即向上级汇报。

一切似乎都没有发生。宴会完毕，车子就按原计划将外宾送到剧院，观看杂技表演。节目非常精彩，最后一个节目，魔术大师出场了。只见他手中拿着三只九龙杯，倒入清水，九条龙就在水中翻腾，大家都被宝杯吸引住了。魔术师举起手枪，对准杯子，只听“乒”的一声，三只杯子都不见了。

然后魔术师走到一位观众面前，说：“请您摸摸您的衣兜。”观众从自己的衣兜中找出了一只九龙杯，观众中爆发出热烈的掌声。第二只杯子在另外一位观众身上找到了。

只剩最后一只杯子，魔术师走到那位外宾面前，说：“还有一只在您的手提包里。”

在众目睽睽之下，外宾只好拿出九龙杯，不知底细的观众一起鼓掌，那位外宾也只好竖起了大拇指。

（3）一次，乾隆皇帝想开个玩笑难难纪晓岚，于是就问道：“纪卿，忠孝二字作何解释？”

纪晓岚回答道：“君要臣死，臣不得不死，为忠；父要子亡，子不得不亡，为孝。”

乾隆立刻就说道：“我以君的身份命你现在就去死！”

“这……臣领旨！”仓促之间，纪晓岚不知皇上的用意，只得应道。

"那你打算怎么去死？"

"跳河。"

"好，你去吧！"

顿时，群臣无不惊讶万分，谁也没想到突然会发生出这样的变故，一时间都为纪晓岚担心。可是，机智过人的纪晓岚在外面转了一圈，不一会儿又回来了。

乾隆忙问："你怎么没死？"

纪晓岚回答说："臣到了河边，正要往下跳的时候，谁知屈原从水里向我走来，还拍着我的肩膀对我说：'晓岚，这就是你的不对了。想当年，楚怀王是昏君，不辨忠奸，我不得不死。可如今皇上圣明，你要是真死了，后人岂不会说皇上诛杀忠良吗？你应该回去问问皇上是不是昏君，如果皇上说是，你再来死也不迟啊！'臣想，屈大夫说的也有道理，特回来禀报皇上，请皇上定夺。"

乾隆听了，不禁哈哈大笑，说："好一个巧舌如簧的纪晓岚，朕算服了你了。"

六、思维习惯

1. 积极主动

积极主动的态度，是实现个人愿景的原则。我们常说："我不会……，因为……"、"我迟到，因为……"、"我的计划没完成，因为……"我们总是找借口或是抱怨，在不满中消耗自己的生命。而人类与动物的区别正是人能主动积极地创造、实现梦想，来提升我们的生命品质。所以，成功人士为自己的行为及一生所做的选择负责，自主选择应对外界环境的态度和应对方法。他们致力于实现有能力控制的事情，而不是被动地忧虑那些没法控制或难以控制的事情。他们通过努力提升效能，从而扩展自身的关切范围和影响范围。积极的心态能让你拥有"选择的自由"。我们虽然不能控制客观环境，但我们可以选择对客观现实做出何种反应。积极的涵义不仅仅是采取行动，还代表对自己负责的态度。个人行为取决于自身，而非外部环境，并且人有能力也有责任创造有利的外在环境。

2. 明确目标

我们经常在人生的道路上迷失方向，因徘徊和迷途消耗了生命。而成功人士懂得设计自己的未来。他们认真地计划自己要成为什么人，想做些什么，要拥有什么，并且清晰明确地写出，以此作为决策指导。因此，"以终为始"是实现自我领导的原则。这将确保自己的行为与目标保持一致，并不受其他人或外界环境的影响。我们将这个书面计划称之为"使命宣言"。任何一个存在的社会组织都需要"使命宣言"，任何一个企业或个人也不例外。"使命宣言"需要阶段性地评估以及持续修正和改良。确立目标后全力以赴，就是我们所说的在正确的时间做正确的事，并把事情做对。为什么很多人感到失落？许多人在埋头苦干时，尚未发掘人生的终极目标，只是为忙碌而忙碌着，未曾洞悉自己心灵深处的所欲所求，也不曾审视过自己的人生信条：我到底要做什么？什么是你生命中最重要的？我生活的重心是什么？只有确立了符合价值观的人生目标，才能凝聚意志力，全力以赴且持之以恒地付诸实现，才有可能获得内心最大的满足。

3. 要事第一

每个人的时间都是有限的，所以要做重要的事，即你觉得有价值并对你的生命价值、最高目标具有贡献的事情；要少做紧急的事，也就是你或别人认为需要立刻解决的事。消防队的最大贡献应是做好防火工作，而不只是忙于到处救火。因此，“要事第一”是自我管理的原则。成功人士只会有少量非常重要且需立即处理的紧急、危机事件，他们将工作焦点放在重要但不紧急的事情上，来保持效益与效率的平衡。“有效管理”是把最重要的事放在第一位的重点管理。先决定什么是重点后，自己掌握住重点并时刻把它放在第一位，以免被感觉、情绪或冲动左右。要想集中精力于当前的要务，就必须先排除次要事情的牵绊，要勇于说“不”。

4. 双赢思维

懂得利人利己的人，把生活看做一个合作的舞台，而不是角斗场。一般人遇事多用二分法：非强即弱，非胜即败。其实，世界给了每个人足够的立足空间，他人之得并非自己之失。因此，“双赢思维”成为人们运用于人际关系的原则。我们从小就参与各种比赛、考试，培养了一种你赢我输、你死我活的竞争心态。试想一下，谁又甘心在竞赛中认输呢？树立双赢思维就是要在人际交往中不断寻求互利，以达成双方都满意并致力于合作的协议计划。具有双赢思维的人，往往有三种个性品格：正直、成熟和富足心态。他们忠于自己的感受、价值观和承诺，有勇气表达自己的想法及感觉，能以豁达体谅的心态看待他人的想法及体验，相信世界有足够的发展资源和空间，人人都能共享。利人利己观念的形成是以诚信、成熟、豁达的品格为基础的。豁达的胸襟源于个人崇高的价值观与自信的安全感，所以不怕与人共名声、共财势，从而肯尝试无限的可能性，充分发挥创造力和宽广的选择空间。

5. 理解对方

我们常说遇事要将心比心。因此，“知彼知己”是交流的原则。但与人沟通时，我们常犯不分青红皂白、妄下断语的毛病。因此“了解他人”与“表达自我”是人际沟通不可缺少的要素。首先要了解对方，然后争取让对方了解自己，才是进行有效人际交流的关键，要改变匆匆忙忙去建议或解决问题的倾向。要培养设身处地的“换位”沟通习惯。欲求别人的理解，首先要理解对方。人人都希望被了解，也急于表达，但却常常疏于倾听。众所周知，有效的倾听不仅可以获取广泛的准确信息，还有助于双方情感的积累。当修养到了能把握自己、保持心态平和、能抵御外界干扰和博采众家之言时，我们的人际关系也就上了一个台阶。

6. 善于合作

统合综效是对付阻碍成长与改变的最有力途径。助力通常是积极、合理、自觉、符合经济效益的力量；相反，阻力则是消极、不合逻辑、情绪化和不自觉。不设法消除阻力的后果就等于向弹簧施加作用力，结果还是要反弹。如果将双赢思维、换位思考与统合综效原则整合，不仅可以化解阻力，甚至可以化阻力为助力，“统合综效”就是创造性合作的原则。集思广益的合作威力无比。许多自然现象显示：全体大于部分的总和。不同植物生长在一起，根部会相互缠绕，土质会因此改善，植物比单独生长更为茂盛。两块砖头所能承受的力量大于单独承受力的总和。这些原理也同样适用于人，但也有例外。只有当人人都敞开胸怀，以接纳的心态尊重差异时，才能众志成城。

7. 身心完善

身心和意志是我们达成目标的基础，所以有规律地锻炼身心将使我们能接受更大的挑战，静思内省将使人的直觉变得越来越敏感。当我们平衡地在这两方面改善时，则加强了所有习惯的效能。这样我们将成长、变化，并最终走向成功。人生最值得投资的就是磨练自己。生活与工作都要靠自己，因此自己是最值得珍爱的财富。工作本身并不能给人带来经济上的安全感，而具备良好的思考、学习、创造与适应能力，才能使自己立于不败之地。拥有财富，并不代表有永远的经济保障，拥有创造财富的能力才真正可靠。

七、学会想象

有了正确的思维，又具备非凡的想象力，那就如虎添翼了。爱因斯坦也说过“想象力比知识更重要”，但遗憾的是很多人不具备这种能力。是这些人傻吗？不是。是他们忽略了对于这种能力的训练和培养。譬如，《荷塘月色》这篇课文，很多人都读过，但读懂了的人没有几个。不信？我提个问题试试，“采莲是江南的旧俗”，请问，是江南的什么旧俗？与它相类似的还有那些风俗？不知道吧。我可以告诉你，要知道这个问题，就只要懂得正确的思维和联想就够了，而要正确理解梁元帝《采莲赋》里的那段话，就得有点想象力了。还是先让我们共同来温习一下《荷塘月色》这篇课文吧。

荷 塘 月 色

朱自清

这几天心里颇不宁静。今晚在院子里坐着乘凉，忽然想起日日走过的荷塘，在这满月的光里，总该另有一番样子吧。月亮渐渐地升高了，墙外马路上孩子们的欢笑，已经听不见了；妻在屋里拍着闰儿，迷迷糊糊地哼着眠歌。我悄悄地披了大衫，带上门出去。

沿着荷塘，是一条曲折的小煤屑路。这是一条幽僻的路；白天也少人走，夜晚更加寂寞。荷塘四面，长着许多树，蓊蓊郁郁的。路的一旁，是些杨柳，和一些不知道名字的树。没有月光的晚上，这路上阴森森的，有些怕人。今晚却很好，虽然月光也还是淡淡的。

路上只我一个人，背着手踱着。这一片天地好像是我的；我也像超出了平常的自己，到了另一世界里。我爱热闹，也爱冷静；爱群居，也爱独处。像今晚上，一个人在这苍茫的月下，什么都可以想，什么都可以不想，便觉是个自由的人。白天里一定要做的事，一定要说的话，现在都可不理。这是独处的妙处，我且受用这无边的荷香月色好了。

曲曲折折的荷塘上面，弥望的是田田的叶子。叶子出水很高，像亭亭的舞女的裙。层层的叶子中间，零星地点缀着些白花，有袅娜地开着的，有羞涩地打着朵儿的；正如一粒粒的明珠，又如碧天里的星星，又如刚出浴的美人。微风过处，送来缕缕清香，仿佛远处高楼上渺茫的歌声似的。这时候叶子与花也有一丝的颤动，像闪电般，霎时传过荷塘的那边去了。叶子本是肩并肩密密地挨着，这便宛然有了一道凝碧的波痕。叶子底下是脉脉的流水，遮住了，不能见一些颜色；而叶子却更见风致了。

月光如流水一般，静静地泻在这一片叶子和花上。薄薄的青雾浮起在荷塘里。叶子和花仿佛在牛乳中洗过一样；又像笼着轻纱的梦。虽然是满月，天上却有一层淡淡的云，所以不能朗照；但我以为这恰是到了好处——酣眠固不可少，小睡也别有风味的。月光是隔了树照过来的，高处丛生的灌木，落下参差的斑驳的黑影，峭楞楞如鬼一般；弯弯的杨柳的稀疏的倩影，却又像是画在荷叶上。塘中的月色并不均匀；但光与影有着和谐的旋律，如梵婀玲上奏着的名曲。

荷塘的四面，远远近近，高高低低都是树，而杨柳最多。这些树将一片荷塘重重围住；只在小路一旁，漏着几段空隙，像是特为月光留下的。树色一例是阴阴的，乍看像一团烟雾；但杨柳的丰姿，便在烟雾里也辨得出。树梢上隐隐约约的是一带远山，只有些大意罢了。树缝里也漏着一两点路灯光，没精打采的，是渴睡人的眼。这时候最热闹的，要数树上的蝉声与水里的蛙声；但热闹是它们的，我什么也没有。

忽然想起采莲的事情来了。采莲是江南的旧俗，似乎很早就有，而六朝时为盛；从诗歌里可以约略知道。采莲的是年少的女子，她们是荡着小船，唱着艳歌去的。采莲人不用说很多，还有看采莲的人。那是一个热闹的季节，也是一个风流的季节。梁元帝《采莲赋》里说得好:

于是妖童媛女，荡舟心许；鷁首徐回，兼传羽杯；櫂将移而藻挂，船欲动而萍开。尔其纤腰束素，迁延顾步；夏始春余，叶嫩花初，恐沾裳而浅笑，畏倾船而敛裾。

可见当时嬉游的光景了。这真是有趣的事，可惜我们现在早已无福消受了。

于是又记起《西洲曲》里的句子:

采莲南塘秋，莲花过人头；低头弄莲子，莲子清如水。

今晚若有采莲人，这儿的莲花也算得“过人头”了；只不见一些流水的影子，是不行的。这令我到底惦着江南了。——这样想着，猛一抬头，不觉已是自己的门前；轻轻地推门进去，什么声息也没有，妻已睡熟好久了。

1927 年 7 月，北京清华园

作者为什么说“那是一个热闹的季节，也是一个风流的季节”？又为什么说“这真是有趣的事，可惜我们现在早已无福消受了”？如果你懂得“旧俗”是什么，这些问题就迎刃而解了。

我们再来思考一下，“櫂将移而藻挂，船欲动而萍开”是什么意思？“畏倾船而敛裾”，敛一下裾，船就不翻了吗？如果是这样，今后渔民出海打鱼，只要在船头站一个少女就万事大吉了。聪明的人到此就已经知道是怎么一回事了。现在的云南、贵州一带流传下来的“对歌”、蒙古民族的赛马活动的前身，跟江南古时的采莲，都是一种比较隆重的风俗——找配偶。需要说明的是，蒙古民族的赛马，原是小伙子骑着马，露着上身，在前面跑；姑娘们拿着鞭子，骑着马，在后面追。如果一圈下来，小伙子只听见姑娘的鞭子在空中啪啪地响，那必定是垂头丧气，心灰意冷；如果是姑娘的鞭子抽打在自己的背上，即使痛得直打哆嗦，也是痛在背上，喜在心头——因为他被姑娘看上了，但这种方式到底残酷了点，到后来不知是男人们怕痛还是女人们心疼，就取消了，只剩下现在单纯的赛马了。

可见当时江南的采莲也真够“热闹”“风流”的了，即使是拥有三宫六院的梁元帝见此情景也不禁妒火万丈（“妖童媛女”可见一斑），诗兴大发，给我们留下了难得的《采莲赋》。不然的话，今天的我们连跟朱先生一起感叹的机会也没有——“可惜我们现在无福消受了”。“櫂将移而藻挂，船欲动而萍开”的意思你明白了么？

《论语·卫灵公》中有这样的记载：“子曰：‘可与言而不与之言，失人；不可与言而与言，失言。知者不失人，亦不失言。’”“工欲善其事，必先利其器。”因此，立志学习演讲与口才的人，首先要学会做一个聪明的人，一个善于思考的人，即具有科学思维的人。

作业

1．读了下面的故事，你想到了什么？请把你所想到的先形成书面文字，然后再说出来。

在一个月色蒙胧的夜晚，一位以色列商人走在崎岖的山路上，突然听到一个神秘的声音说：请把地上的石头捡起来，并且这声音每隔几秒钟反复一次，直到他很不耐烦地从地上捡起一块石头放到兜里为止。回到家里，他随手把石头扔在桌上，便上床睡觉去了。第二天起来，发现桌上有一块玲珑剔透的玉石。这时，他才猛然醒悟：嗨，我昨晚为什么不多捡两块呢！

2．阅读下面的例子，并请你从生活中再找出一两个类似的原理，并说出这些原理所蕴含的真谛。

一个链条有 10 个链环，其中 9 个链环都能承受 100 千克拉力，唯独 1 个链环只能承受 10 千克拉力，那么，这个链条总体能承受的拉力取决于最薄弱的那个环节，只能是 10 千克。——这就是著名的“链条原理”。“木桶原理”也指出：木桶能盛多少水，不是取决于最长的那些板，而是取决于最短的那块板。

3．阅读下面这篇文章并请你说说这“人生的一堂很重要的课”的含义。

阿云大学毕业后进了一家公司当文员。没想到，工作不久，公司就因为投资失误，面临倒闭。公司开始不断裁员，人心越来越不稳定，有门路的纷纷找关系离开，没有人安心工作，甚至连老总的秘书也离他而去。

这时候，只有阿云一如既往地任劳任怨地工作，在老总的秘书离开后，她又主动地帮助老总处理好各种善后工作。最后公司倒闭了，她也不得不离开公司了。

老总是一位 60 多岁的老先生，属于文人下海，没有经验，才导致了这次失败。老总很伤心，但对阿云的表现，十分感激，不仅在公司清盘之后多给了她半年工资的报酬，还不断想法要帮助她安排一个好职位。不久，老总的一个学生从美国留学回来，准备在北京开一家大公司，要他推荐人才。他毫不犹豫地推荐了阿云。

阿云从新公司成立之初就很受器重，而他也更加努力工作，从办公室副主任做起，不到两年就成为了公司的主管人事和行政的副总裁。

一次，公司招聘营销总监，阿云是主考官，其中一位前来应聘的人，竟然是阿云原来公司的副总经理。自从公司倒闭离开后，这位副总经理就一直没找到好位置。当他发现最后决定他此次应聘命运的主考官，竟然是原来单位不起眼的文员时，大为震惊，不由得大发感慨，说自己上到了人生的一堂很重要的课。

4. 如果你不幸碰到了以下情况，你将怎么处理？

（1）你是一个少妇，丈夫出差不在家，当你吃完晚饭正准备休息的时候，突然闯进来三个彪形大汉。

（2）当你站在自动取款机前正准备操作的时候，突然发现有个大汉站在你的身后。

（3）当你发现装有 500 元现金的钱包不翼而飞了。

5. 以“20 年后的我”为题目，上台演讲，要求充分发挥想象力，憧憬美好的未来展示当代大学生的风采。

第二讲 朗诵艺术

学习目标

1. 了解朗诵的含义，学会朗诵的技巧。
2. 了解朗诵与演讲的关系。

朗诵与演讲同是有声语言艺术，朗诵是演讲的基础。朗诵与演讲都能使人听之绕梁三日，咀之唇齿留香，品之心境澄明，可以带领人们穿越时空，获得日常生活中不易得到的高尚的精神享受。但是目的不同，朗诵仅是一种精神享受，目的在于陶冶和熏陶；而演讲重在付诸行动。技巧运用也有差别，即态势语言的运用方面演讲比朗诵更突出、更重要。

一、朗诵的含义

朗诵是由朗诵者通过有声语言向听众表达文学作品思想感情和朗诵者主观感受的一种语言艺术。它注重于声音洪亮、音量均匀。吐字的节奏、停顿及声音高低对比可以根据表达需要有所变化，呼唤听众的理智思考；它要求朗诵者将自己对作品的体会通过音量大小、音区高低、节奏快慢等多方面的变化，赢得听众的感情共鸣。

二、朗诵的基本要求

（1）语音标准规范。即说好普通话。但由于押韵或格律的要求，有些字又不能按普通话的要求去读，例如，“敕勒川，阴山下，天似穹庐，笼盖四野”中的“野”字，应读“yǎ”；“红军不怕远征难，万水千山只等闲”中的“闲”字，应读“hán”，等等。

（2）语气轻重相宜。即有声语言所表达出的思想感情色彩，文字作品语句内的思想感情，表现在朗读者的气息变化上，如爱的感情气徐声柔，憎的感情气足声硬，喜的感情气满声高，悲的感情气沉声缓，惧的感情气提声凝，怒的感情气粗声重，急的感情气短声促，冷的感情气少声平。正如司马迁所说：“是故其哀心感者，其声噍以杀[shài衰败，凋零]；其乐心感者，其声啴[chǎn 宽]以缓；其喜心感者，其声发以散；其怒心感者，其声粗以厉；其敬心感者，其声直以廉；其爱心感者，其声和以柔。”

（3）语调变化有致。即重音之前的话语在蓄势，重音之后的话语在收束。

（4）节奏和谐协调。即朗诵者思想感情的波澜起伏在语音上形成的抑扬顿挫，轻重缓急，回环往复。

（5）停连分合恰当。即在区分、转折、呼应、递进的地方造成适当的声音空隙，以承上启下；在语意连贯、步步衔接、一气呵成的地方，就需要连接。因此，诗要一句一句地读，词要一段一段地读，散文要一个标点一个标点地读。

（6）情感鲜明适度。即恰到好处地表达和突出作品的思想感情色彩，确定正确的朗诵态度。

三、朗诵的基本技巧

1. 巧用停顿

朗诵中，停顿指正确处理语调中连与断的对比的技巧。

停顿技巧分为四种：结构停顿、强调停顿、心理停顿和生理停顿。

（1）结构停顿，指按作品的层次结构、语法结构进行正确、适当的停顿，以清晰地显现作品的思想脉络、层次结构。其基本规律是：段落长于层次；层次长于句子；句号、问号、叹号长于分号、冒号；分号、冒号长于逗号，逗号长于顿号。

一个完整的句子，中间没有标点符号，但为了把语意讲得更清楚，也需要停顿。例如，

伊|伏在地上；车夫|便也立住脚。

伊和车夫是动作的发出者，主语后停顿，使人物关系和动作更为明了。

用它|搭过篷帐，用它|打过梭标，用它|当缶盛过水，当碗蒸过饭，用它|做过扁担和吹火筒。

这句话有四个并列短语，在“用它”之后停顿，清晰地显示出它的并列感，也有了节奏感。

（2）强调停顿，指为了强调或加深某一句话、某一个词的意义，以引起人们的注意和重视，在所要强调或加深的话语、词语前面给予一定的间歇。这与前面所讲的重音表现方法中的“前后停顿”是一致的。

（3）心理停顿，是出于心理上、情绪上的需要所产生的停顿。它不受结构停顿的限制，也可以在结构停顿上延长时间。如刘绍棠《蒲柳人家》中荷妞给郑整儿提结婚条件的一段：

荷妞说：“娘上了年纪，眼神不济啦，我的手比脚丫子还笨，往后你得学做针线活儿。”郑整儿说：“这|太|难为人了，我好歹|是男子汉呀！”

郑整儿的回答中用了几个心理停顿，表现他的确为难，又不敢直说不同意，因此支支唔唔。

（4）生理停顿，指作品中为体现人物的生理状况进行的停顿。如《原野》中白傻子的话：

可我想还是狗|狗蛋好，我妈活|活着|就老叫我狗蛋。

白傻子带有口吃，需要用停顿来表现。再如，王原坚《七根火柴》：

“记住，|这，|这是，|大家的！”他蓦地抽回手去，深深地吸了一口气。

这是一位抗日战士牺牲前的一句话，用停顿表示人物奄奄一息的身体状况。

无论哪种停顿，停顿不等于空白，都应是思想情感的继续和发展，也就是说，朗诵者必须寻找停顿时的心理活动，做到声断意连。

2. 注意节奏

节奏基本分为四大类型：

——轻快型。语速较快，声清而不着力，多扬少抑，有跳跃感。表现欢快、诙谐、幽默情态。

——沉稳型。语速较缓，音强而不着力，或偏暗，多抑少扬。表现庄重、肃穆，或压抑、悲痛的情感。

——舒缓型。语速较缓，声轻柔而不着力，语势较平稳。展现清秀、幽静的场面，或舒展的情怀。

——强疾型。语速较快，音强而有力，语势多扬少抑，甚至扬而又扬。表现紧张急迫的情景，或激动、难以控制的心情。

在朗诵中，这几种节奏多综合运用。我们以一段文字为例，设计一下朗诵的节奏变化：

夜，漆黑漆黑的，伸手不见五指。

说明时间、场景。语势沉抑，音暗而虚。

在夜幕的掩饰下，战士匍匐前进，一点一点地向敌人碉堡挨过去。

描述战士的行动。语势缓慢，渐起，音沉。

忽然，一颗照明弹挂在天空。

突然发生情况，紧迫感。句前有停顿，势扬起，音亮而实。

他连忙伏在地上一动也不动。

形容战士的机警、敏捷。语势轻抑，音促而起。

照明弹的光亮渐渐地暗下去了。

化险为夷。句前有停顿，语势渐起，由实转虚。

他猛地站了起来，向碉堡扑去。

形容战士的勇猛。语势直起、急促、音重而强。

“轰隆”一声，敌人的碉堡飞上了天。

战斗胜利，语势转缓，扬起，音强而亮。

这一段文字总体是强疾型的节奏，但其中也有沉抑、轻缓的地方，这扬起、紧凑做了铺垫和映衬，使这段强疾型节奏的文字更加丰满。

四、朗诵的特殊技巧

由于朗诵要求更强烈的艺术感染力，它还有一些特殊的技巧。这些技巧包括气息和音调两大类。

1. 气息类技巧

（1）偷吸：指速度快而轻巧的吸气，以便不被人察觉。其发声要领是：两肋外展，口鼻同时进气。偷吸，常用于语意紧连、语句较长的叙述，或节奏强烈、语意推进的内容。

（2）倒抽：类似于“倒吸一口气”，即将吸气声有意表现出来，表现紧张、激动、意外等心情。

（3）深叹：是渲染言语中有关感叹、赞叹、悲叹、惊叹、咏叹等色彩的手段。其发声是：先在前一语句结束后深而慢地吸一口气，要表现的那句话以气声虚音“叹”出。

（4）缓托：是指言语过程中，极力控制某种情感，使言语看似异常平静，而感情更加浓郁的技巧。其要领是：气息均匀控制，出气量少而匀，略感憋气。

2. 音调类技巧

（1）嘘声：也叫气声，是最常用的技巧，即出气不发音，似耳语。用紧张气氛、自言自语、或表现呼喊。用虚声时要注意声音控制，音节不要发抖、发颤。

（2）颤音：指在音节或词语内部进行强弱交替处理，形成颤抖。用以表现激动、兴奋、愤怒、或用于模拟老年人说话。

（3）拖腔：指在言语的某一音节或词语后延长其韵腹，拖长其声调的技巧。要求吐字发音准确无误。是为了突出强调人物的神态或心理而运用的技巧。

（4）泣语：类似于“饮泣”，用于表现人物极度痛苦悲伤。其要领是：吸气时腹肌要抖动，出吸气音，然后呼气，未呼进时憋住，不吸也不呼，停顿后发出后面的第一个词语。

（5）笑言：指在笑声中朗诵。其要领是：口部、喉头放松，小腹、膈肌抖动，气打软腭。朗诵者要注意区分不同的笑，如爽朗的笑、挖苦的笑、凄惨的笑等。

作业——朗诵练习

1. 反复练习下面的绕口令，做到普通话语音准确，字正腔圆。

知道不知道

认识从实践始，实践出真知。知道就是知道，不知道就是不知道。不要知道说不知道，也不要不知道说知道。老老实实，实事求是，一定要做到不折不扣地真知道。

缝 裤 缝

一条裤子七道缝，斜缝竖缝和横缝，缝了斜缝缝竖缝，缝了竖缝缝横缝。

炖冻豆腐

会炖我的炖冻豆腐，来炖我的炖冻豆腐，不会炖我的炖冻豆腐，就别炖我的炖冻豆腐。要是混充会炖我的炖冻豆腐，炖坏了我的炖冻豆腐，那就吃不成我的炖冻豆腐。

阁上一窝鸽

阁上一窝鸽，鸽渴叫咯咯。哥哥登阁搁水给鸽喝，鸽子喝水不渴不咯咯。

鹅 和 河

坡上卧着一只鹅，坡下流着一条河。宽宽的河，肥肥的鹅。鹅要过河，河要渡鹅，不知是鹅过河，还是河渡鹅。

胡老五和吴小虎

胡家胡同有一个胡老五，吴家胡同有一个吴小虎，五月二十五的五点二十五，胡老五走出胡家胡同来找吴小虎，吴小虎在吴家胡同迎接胡老五。

猴和狗

杂技团里猴和狗，演个节目猴骑狗。猴骑狗，狗驮猴，狗驮猴骑往前走。猴在狗背欺侮狗，狗使劲抓背上猴。猴抓狗，狗咬猴，猴骑狗变成狗骑猴。

嘴和腿

嘴说腿，腿说嘴，嘴说腿爱跑腿，腿说嘴爱卖嘴。光动嘴，不动腿，不如不长腿。光动腿，不动嘴，不如不长嘴。又动嘴，又动腿，腿不再说嘴，嘴不再说腿。

碗盛饭

红饭碗，黄饭碗，红饭碗盛满饭碗，黄饭碗剩饭半碗。黄饭碗添了半碗饭，红饭碗减了饭半碗，黄饭碗比红饭碗又多半碗饭。

罐装蒜

蒜装罐，蒜罐装蒜，蒜装蒜罐。蒜罐装蒜蒜满罐，蒜装蒜罐满罐蒜。

谁眼圆

山前有个阎圆眼，山后有个颜眼圆，二人上山来比眼，不知是阎圆眼的眼圆，还是颜眼圆的眼圆。

画像

想画像，就画像，画像不像不画像。不画像，想画像，画像又嫌画不像。画像不像现画像。

放风筝

刮着大风放风筝，风吹风筝挣断绳。风筝断绳风筝松，断绳风筝随风行。风不停，筝不停，风停风筝自不行。

天上一天星

天上一天星，屋上一只鹰，楼上一盏灯，桌上一本经，地上一根针。拾起地上的针，收起桌上的经，吹灭楼上的灯，赶走屋上的鹰，数数天上的星。

蜻蜓青萍分不清

蜻蜓青，青浮萍，青萍上面停蜻蜓，蜻蜓青萍分不清。别把蜻蜓当青萍，别把青萍当蜻蜓。

2．诗朗诵。

（1）陈然的《我的“自白”书》。

任脚下响着沉重的铁镣，
任你把皮鞭举得高高。
我不需要什么自白，
哪怕胸口对着带血的刺刀！
人，不能低下高贵的头，
只有怕死鬼才乞求“自由”。
毒刑拷打算得了什么？
死亡也无法叫我开口！
对着死亡我放声大笑，
魔鬼的宫殿在笑声中动摇。
这就是我——一个共产党员的自白，
高唱凯歌埋葬蒋家王朝！

（2）高尔基的《海燕》。

在苍茫的大海上，狂风卷集着乌云。在乌云和大海之间，海燕像黑色的闪电，在高傲地飞翔。

一会儿翅膀碰着波浪，一会儿箭一般地直冲向乌云，它叫喊着，——就在这鸟儿勇敢的叫喊声里，乌云听出了欢乐。

在这叫喊声里，充满着对暴风雨的渴望！在这叫喊声里，乌云听出了愤怒的力量、热情的火焰和胜利的信心。

海鸥在暴风雨来临之前呻吟着，——呻吟着，它们在大海上飞窜，想把自己对暴风雨的恐惧，掩藏到大海深处。

海鸭也在呻吟着，——它们这些海鸭呀，享受不了生活的战斗的欢乐，轰隆隆的雷声就把它们吓坏了。

蠢笨的企鹅，胆怯地把肥胖的身体躲藏在悬崖底下……只有那高傲的海燕，勇敢地，自由自在地，在泛起白沫的大海上飞翔！

乌云越来越暗，越来越低，向海面直压下来，而波浪一边歌唱，一边冲向高空，去迎接那雷声。

雷声轰响。波浪在愤怒的飞沫中呼叫，跟狂风争鸣。看吧，狂风紧紧抱起一层层巨浪，恶狠狠地将它们甩到悬崖上，把这些大块的翡翠摔成尘雾和水沫。

海燕叫喊着，飞翔着，像黑色的闪电，箭一般地穿过乌云，翅膀掠起波浪的飞沫。

看吧，它飞舞着，像个精灵，——高傲的、黑色的暴风雨的精灵，——它在大笑，它又在号叫……它笑那些乌云，它因为欢乐而号叫！

这个敏感的精灵，——它从雷声的震怒里，早就听出了困乏，它深信，乌云遮不住太阳，——是的，遮不住的！

狂风吼叫……雷声轰响……

一堆堆的乌云，像青色的火焰，在无底的大海上燃烧。大海抓住闪电的箭光，把它熄灭在自己的深渊里。这些闪电的影子，活像一条条火蛇，在大海里蜿蜒游动，一晃就消失了。

——暴风雨！暴风雨就要来啦！

这是勇敢的海燕，在怒吼的大海上，在闪电之间，高傲地飞翔；这是胜利的预言家在叫喊：

——让暴风雨来得更猛烈些吧！

3．词朗诵。

（1）岳飞的《满江红》。

怒发冲冠，凭栏处、潇潇雨歇。抬望眼，仰天长啸，壮怀激烈。三十功名尘与土，八千里路云和月。莫等闲、白了少年头，空悲切。

靖康耻，犹未雪；臣子恨，何时灭！驾长车，踏破贺兰山缺。壮志饥餐胡虏肉，笑谈渴饮匈奴血。待从头，收拾旧山河，朝天阙。

（2）柳永的《雨霖铃》。

寒蝉凄切。对长亭晚，骤雨初歇。都门帐饮无绪，留恋处、兰舟催发。执手相看泪眼，竟无语凝噎。念去去、千里烟波，暮霭沉沉楚天阔。

多情自古伤离别。更那堪、冷落清秋节。今宵酒醒何处，杨柳岸、晓风残月。此去经年，应是良辰好景虚设。便纵有、千种风情，更与何人说?

（3）苏轼的《蝶恋花》。

花褪残红青杏小。燕子飞时，绿水人家绕。枝上柳绵吹又少。天涯何处无芳草。

墙里秋千墙外道。墙外行人，墙里佳人笑。笑渐不闻声渐悄。多情却被无情恼。

（4）谢宠的《长相思·塞上瓜田少女》

短辫丫，小女娃，笑指长城是我家，田中有好瓜。手中拿，口边夸，连问行人沙不沙，双颧两朵霞。

4．朗诵朱自清的散文《春》。

盼望着，盼望着，东风来了，春天的脚步近了。

一切都像刚睡醒的样子，欣欣然张开了眼。山朗润起来了，水涨起来了，太阳的脸红起来了。

小草偷偷地从土里钻出来，嫩嫩的，绿绿的。园子里，田野里，瞧去一大片一大片满是的。坐着，躺着，打两个滚，踢几脚球，赛几趟跑，捉几回迷藏。风轻悄悄的，草软绵绵的。

桃树、杏树、梨树，你不让我，我不让你，都开满了花赶趟儿。红的像火，粉的像霞，白的像雪。花里带着甜味儿；闭了眼，树上仿佛已经满是桃儿、杏儿、梨儿。花下成千成百的蜜蜂嗡嗡地闹着，大小的蝴蝶飞来飞去。野花遍地是：杂样儿，有名字的，没名字的，散在草丛里像眼睛，像星星，还眨呀眨的。

“吹面不寒杨柳风”，不错的，像母亲的手抚摸着你。风里带来些新翻的泥土的气息，混着青草味儿，还有各种花的香，都在微微润湿的空气里酝酿。鸟儿将巢安在繁花嫩叶当中，高兴起来了，呼朋引伴地卖弄清脆的喉咙，唱出婉转的曲子，跟轻风流水应和着。牛背上牧童的短笛，这时候也成天嘹亮地响着。

雨是最寻常的，一下就是三两天。可别恼。看，像牛毛，像花针，像细丝，密密地斜织着，人家屋顶上全笼着一层薄烟。树叶儿却绿得发亮。小草儿也青得逼你的眼。

傍晚时候，上灯了，一点点黄晕的光，烘托出一片安静而和平的夜。在乡下，小路上，石桥边，有撑着伞慢慢走着的人；地里还有工作的农民，披着蓑戴着笠。他们的房屋，稀稀疏疏的，在雨里静默着。

天上风筝渐渐多了，地上孩子也多了。城里乡下，家家户户，老老小小，也都赶趟儿似的，一个个都出来了。舒活舒活筋骨，抖擞抖擞精神，各做各的一份事儿去。

“一年之计在于春”，刚起头儿，有的是工夫，有的是希望。

春天像刚落地的娃娃，从头到脚都是新的，它生长着。

春天像小姑娘，花枝招展的，笑着，走着。

春天像健壮的青年，有铁一般的胳膊和腰脚，领着我们上前去。

5. 模仿雷军长说话的语气和神情，把下面这段话说出来。

在小说《高山下的花环》中，有这样一个细节：就在我军发起自卫反击战的前夕，赵蒙生的母亲把电话打到雷军长的前线指挥所，要求雷军长把她的儿子调到后方，由此而惹怒了雷军长，于是便有了雷军长在全师干部会议上“甩帽子”的一段讲话：

我雷某今晚就要骂娘！知道吗，我的大炮就要万炮轰鸣，我的装甲车就要隆隆开进！我的千军万马就要去杀敌！就要去拼命！就要去流血！可刚才，有那么个神通广大的贵妇人，她竟然有本事从千里之外把电话打到我的前线指挥所！此刻，我的指挥所的电话，分分秒秒，千金难买！可那贵妇人来电话干啥？她来电话是要我给她儿子开后门，让我关照关照她儿子。奶奶娘，什么贵妇人，一个贱骨头！……我雷某不管她是天老爷的夫人，还是地老爷的太太，走后门，谁敢把后门走到我这流血的战场上，没二话，我雷某让她儿子第一个扛上炸药包，去炸碉堡！去炸碉堡！！

第三讲 素质修养

学习目标

1. 具备良好的素质。
2. 形成高尚的人格。

有人说，演讲与口才是一个人的综合素质和能力的体现。一个善于演讲或口才好的人，必须具备敏锐的观察能力，即能够深刻地认识事物、准确地反映事物的能力；必须具有辩证的科学的思维能力，即能够全面地分析、准确地判断、合乎逻辑地推理的能力；必须具有广博的知识，即能够旁征博引，言之有物，有理有据；必须具有崇高的思想境界，良好的道德风范。事实证明，要拥有良好的口才或完成一次高质量、高水平的演讲并非易事，因为这不仅要求学习演讲与口才的人要有外在的举止风度、仪表神态，更要有内在的思想水平、性格气质和素质修养。所以，一个试图学习演讲与口才的人，首先要丰富自己的知识，加强自己的修养，磨砺自己的能力，完善自己的人格。只有这样，才能学有所成——成为一个具有雄辩口才的人，甚至成为一个才华横溢的演说家。

学习演讲与口才的人的素质修养内涵丰富，这里主要从心理、思想、道德、文化四个方面进行介绍：

一、心理素质

学习演讲与口才的人一般要承受一定的心理负担，因为有时候很容易出现心理失衡的现象。这就要求他们平时加强心理训练，具备良好的心理素质，既热情果断，又镇定自若，而且还能侃侃而谈。一般地说，成功的学习演讲与口才的人首先应具有充分的自信心这种心理素质。

自信心是学习演讲与口才的人重要的心理支柱。它可以坚定学习演讲与口才的人的意志，鼓舞学习演讲与口才的人的精神，充分发挥学习演讲与口才的人的创造性。

很多学习演讲与口才的人都会有怯场的现象，尤其是要走上讲台了，紧张情绪更会加剧，双腿发软，声音发颤。这个时候是最需要自信的时候。

强化我们的自信，使自己精神饱满地站在讲台上。这个时候，紧张是正常的，我们可以用我们的自我鼓励把这种紧张情绪压下去。我们可以告诉自己："我准备得很充足了，一定能成功的"、"一上讲台，什么事都没了"、"别人能那样，我也绝对差不了"等，进行自我解除紧张的练习，而不应去想"我要是讲砸了怎么办"、"要是听众不爱听怎么办"|"要是突然忘词了怎么办"之类的问题，因为这种负面的自我暗示往往加重我们的心理负担，越是这么想越容易出问题。这时，学习演讲与口才的人不妨大胆地告诉自己，站在讲台上，就是我说了算，即使说错了话，只要能够自圆其说就没关系，听众的注意

力和观察力也不可能那么细致，不可能做到明察秋毫。

其实，既然站在台上了，一切担心都是多余的。何不以一种舍我其谁的气魄大大方方地开讲。

现代心理学实验表明，若有自我鼓励、自我暗示产生的学习、工作、处事的动机，即使这种动机是强装的，却能取得良好的成绩，也很有效。

在走上讲台的刹那，该做的也已经都做了，想得再多也没有用。这个时候，唯有我们的自信能给你增加制胜的砝码；唯有自信，我们才能缓解自己的紧张情绪，轻松上阵，有利于我们场上的发挥；唯有自信，我们才能信心十足、精神饱满地登上讲台。

当我们迈开走上讲台的第一步时，告诉自己，这就是迈向成功。

二、思想素质

在今天，一个学习演讲与口才的人的思想素质应该包括以下内容：

1. 辩证唯物主义的思想素质

作为一个新时代的学习演讲与口才的人，首先需要学习马克思主义的理论，了解和掌握辩证唯物主义的基本观点和方法，懂得一点唯物论和辩证法，以便更好地认识客观事物，形成科学的世界观。

2. 爱国主义的思想素质

一个学习演讲与口才的人同时应该是一个爱国者，具有强烈的爱国主义思想。所谓爱国主义，就是千百年来巩固起来的对自己祖国的一种深厚感情。这种感情集中地表现为民族自尊心和民族自信心；表现为争取自己祖国的独立富强而英勇献身的奋斗精神。爱国主义作为一种意识形态，它在各民族悠久历史文化的基础上产生，随着历史的发展，它会对该民族的全体成员形成一种强大的凝聚力和向心力，是推动一个民族向前发展的巨大精神力量。我们所要提倡的爱国主义思想是建立在争取社会进步基础之上的，是与中华民族的发展和人民大众的利益相一致的，也是与个人的利益和前途相一致的。爱国主义的思想素质体现在学习演讲与口才的人的日常行为中，成为鼓舞人们爱国情怀的激越号角。

3. 集体主义思想素质

学习演讲与口才的人应当具有良好的集体主义思想素质。集体主义的思想就是一切言论以合乎广大人民群众的集体利益为最高标准的思想。在今天，集体主义就是要求关心集体、爱护集体、维护集体的利益和荣誉，树立主人翁的责任感，把集体的事业作为自己终身奋斗的事业。其本质是集体的利益高于一切，全心全意为人民服务。

4. 人道主义的思想素质

人道主义是指以尊重和关心每一个人的权力、利益、人格为内容的伦理原则和首先规范。作为一个学习演讲与口才的人是应该具备这样的人道主义思想素质，他应该有同情心，有正义感，应该懂得关心他人，爱护他人，同情弱者，做到“老者安之，朋友信之，少者怀之”“老吾老，以及人之老；幼吾幼，以及人之幼”“先天下之忧而忧，后天下之乐而乐”，摒弃残暴和丑恶，弘扬友善与关爱。培养这样一种思想素质，对于一个学习演讲与口才的人来说是十分必要又十分重要的。

总之，学习演讲与口才的人担负着启迪人们的思想、陶冶人们的情操、鼓舞人们前进的使命，他应是真善美的助产婆，是假恶丑的掘墓人，应当具有先进的、科学的思想，甚至是一个时代的思想家。思想修养高深，才能远见卓识。

三、道德素质

作为学习演讲与口才的人来说，更应自觉遵守长期为公众恪守的道德规范，加强个人的品德修养。从现有的道德规范体系来讲，学习演讲与口才的人和其他社会公众一样，首先必须注意培养这样四个方面的道德素质。

一要敢于坚持真理。许多成功的学习演讲与口才的人，他们之所以能够受到人民群众的拥护和爱戴，就在于他们敢于坚持真理，鞭挞丑恶，明辨是非，伸张正义，具有为正义而呐喊、为真理而斗争的可贵品质。

二要心胸坦荡、光明磊落。如果一个学习演讲与口才的人心胸狭隘、自私自利、蝇营狗苟、阴谋诡计，那他说话就会气短；只有胸怀宽广、为人坦荡、光明磊落、大公无私，才会出言陈词，掷地有声。

三要为人师表。学习演讲与口才的人要给予他人以道德启示的力量，自己首先应成为群众的楷模和典范。

四要继承和发扬传统美德。我们所说的传统美德，就是中华民族优良的道德品质，它是我国优秀的民族精神、崇高的民族气节、高尚的民族情感的总和。具体来说，它包括如下内容：

（1）以社会整体为本位的爱国精神。强调为公利、为社会、为民族、为国家的整体精神和爱国主义思想是传统美德的品质，也是东方民族的价值观。从《诗经》中提出“夙夜在公”，贾谊提出“国而忘家，公而忘私”，到顾炎武提出“天下兴亡，匹夫有责”，直至林则徐倡导的“苟利国家生死以，岂因祸福避趋之”等，我国的传统美德中历来都强调个人为国家、为民族的献身精神。今天的学习演讲与口才的人应当弘扬这种精神。

（2）强调人际和谐的仁爱原则。倡导仁爱，强调人际关系和谐，是中国传统美德的核心。在中国历史上，孔子就曾把“仁者爱人”作为处理人我关系的原则。“己所不欲，勿施于人”“己欲立而立人，己欲达而达人”等，都是从仁爱出发的。孔子提出，在与人交往中，要有“恭、宽、信、敏、惠”五种品德。他在《论语》中说“恭则不巫，宽则得众，信则人任焉，敏则有功，惠则足以使人。”意思是说，对人恭敬有礼貌，就不至遭对方的侮辱；对人宽厚、对己严格的人，会得到众人的拥护；待人处事讲信用，会得到人们的信任；办事勤敏的人，不仅高明，而且有望成功；求助于人时应给与恩惠，别人才会乐于提供帮助。这些道德要求，对于学习演讲与口才的人来说，也是必须遵循的人际原则。

（3）强调个人在人伦关系中的道德责任。重视伦常观念，强调个人在人伦关系中的道德责任，是中国传统道德的主要规范。例如，《尚书》提出了人伦“五教”：即父义、母慈、兄友、弟恭、子孝；儒家倡导“父慈子孝”“父子有亲，君臣有义，夫妇有别，长幼有序，朋友有信”等，这些封建社会中最基本的人伦关系准则，在当时的历史条件下，起到了维护封建等级制度的作用，在今天，如果我们能赋予这些规范以新的时代内容，同样会有利于人伦关系，培养健康的人伦美德。

（4）注意个体修身的人生哲学。我国传统伦理道德中，很注重个体的身心修炼。例如，孟子说：“天下之本在国，国之本在家，家之本在身。”儒家提出“修身、齐家、治国、平天下”的人生理想，在今天看来，所谓修身，就是要从德智体美诸方面全面充实自己，多方面提高自己的素质修养；齐家，是指家庭和睦，血亲互爱，人伦友善，形成家庭美德；治国平天下则是说一个人要有远大的抱负，应以天下为己任，关心国家大事，为社会的进步和历史的发展做出自己的贡献。这也就是古人所说的：“大道之行也，天下为公。选贤任能，讲信修睦。……老有所终，壮有所用，幼有所长，鳏寡孤独废疾者皆有所养。”（礼记·礼运）中国传统道德强调的这种以个人修身为起点，达到社会和睦，从而为国家大业做贡献的人生处事哲理，对于今天的祖国振兴、家庭和谐、社会稳定，有着积极的意义。一个学习演讲与口才的人也应当从个人修身的意义上信奉这些哲理，铸造这些人生美德。

（5）高尚精神境界的人生价值追求。例如，孔子提出：“志士仁人，无求生以害仁，有杀身以成仁。”孟子进一步主张：“天下有道，以道殉身；天下无道，以身殉道。”大丈夫应当做到“富贵不能淫，贫贱不能移，威武不能屈”。这样的道德境界，对于国人树立国家利益至上的意识，对于形成不畏强暴、不屈不挠、高风亮节的民族气节和尊严，都起过重要的历史作用。并且，这种崇高的道德追求，总是同自强不息、刚健有为、“发愤忘食，乐以忘忧”和“知其不可为而为之”的人生态度共同发展的。这样的精神境界和人生追求，无论是对学习演讲与口才的人还是对普通人，都是应该努力去实现的。

（6）知行统一的道德修养方法。在这方面，首先是提倡自省，即自我评价、自我反省、自我批评、自我控制和自我教育。例如，《论语》中说：“吾日三省吾身，为人谋而不忠乎？与朋友交而不信乎？传不习乎？”“三人行，必有吾师焉。择其善者而从之，其不善者而改之。”“见贤思齐焉，见不贤而内省焉。”这样的自省，是用社会道德规范评价自己、观察他人，自我警觉、检点行为，以便“积善成德”、“积小善以成大德”，最终使自己成为一个道德高尚的人。其次，在道德知识和道德行为之间，儒家特别强调知行统一，言行一致。例如，孔子讲“听其言，观其行”，反对“言过其实”，主张“君子不以言举人，不以人废言”。宋代的朱熹说：“论先后知为先；论轻重行为重。”这样的观点有利于道德的自觉践履，便于人们把道德修养落实在行动上。

四、文化素质

学习演讲与口才的人不仅是文化的传播者，而且还是文化的建设者和创造者。文化素质高的人，讲起话来总是头头是道、条分缕析、精辟入里、洞烛幽微，无论是深刻的道理、独到的见解，或是诚挚的期望、澎湃的激情，都能得到确切的表达、充分的抒发，使听众产生“闻君一席话，胜读十年书”的感觉。

学习演讲与口才的人必须成为学识渊博的人，只有这样才能做到妙语惊人，开启人们的心扉，让人听来增长知识、得到享受。

广博的知识会使人美不胜收，生动的知识能让人兴高采烈，新颖的知识则让人饶有兴味。知识的海洋博大精深，知识的视野天宽地阔。在此，我们把对于一个学习演讲与口才的人最必需的知识分为三类加以介绍。

（一）社会历史知识

在学习演讲与口才的人的知识结构中，社会历史知识具有十分重要的地位。必要的社会历史知识是一个学习演讲与口才的人不可缺少的。历史知识本身就蕴涵着历史的真理和逻辑的说服力，具有很强的社会历史价值。

学习演讲与口才的人的社会历史知识包括社会学知识和历史学知识两部分。

就社会学知识来说，作为一个学习演讲与口才的人应该了解这样一些主要的内容：

1. 社会

人类以一定的物质生产活动为基础而组织起来的相互联系的有机体被称为社会。社会由人与自然界的联系、人与人之间的联系而构成。人与自然界的联系具体表现为，人作为劳动者，以自然界为劳动对象，并利用自然界提供的材料制造劳动工具、征服自然界。人类的这种征服自然界的力量，就是人类社会的生产力。人与人的关系表现为人们在物质生活活动中对生产资料的占有关系，在生产中所处的地位以及产品的分配关系，即生产关系。一定的生产关系的总和构成一定社会的经济基础。此外，人与人的联系在思想方面还体现为政治法律制度和社会意识形态，这便是社会的上层建筑。生产力与生产关系、经济基础与上层建筑的矛盾，是社会的基本矛盾，它们推动社会的新陈代谢，使社会形态从低级向高级发展。

2. 社会结构

社会结构即社会是由哪些部分组成的。从组成社会的基本单位来说，包括家庭、民族、阶级、阶层；从组成社会组织来说，包括经济组织、军事组织、文化组织……从组成社会的空间来说，包括城市、城镇、乡村。组成这 3 个方面的各个因素，都可以单独作为一个系统而划分为许多层次、许多小系统。

3. 民族

民族是人们在历史上形成的有共同语言、共同区域、共同经济生活以及表现共同的民族文化特点上的共同心理素质的稳定的共同体。民族的形成，伴随着人类社会的发展，经历了由氏族到部落，由部落到部落联盟，部落联盟而走向民族的巩固的漫长历程。民族的发展呈现为四大特点：一是共源现象。有一些古代民族，尽管相互独立，但追溯其历史，本出于同一个族源。二是滚雪球方式，即以一个民族为主体而接纳多个民族，经由一漫长的过程而形成一个强大的民族。三是文化的征服。在民族交往中，战争是一种重要的方式，正如马克思曾说的："野蛮的征服者总是被那些他们所征服的较高的文明所征服，这是一条永恒的规律。"四是近距离濡化。这是指一些民族由于在地理位置上邻近具有先进文化的民族，因此交往多而频繁，被同化的可能性较大。中国是一个多民族的国家，今天的中华民族由 56 个民族组成，其中汉族占全国总人口的 94%。如此强大的中华民族怎样在漫长的历史过程中走到一起，这中间发生了哪些交融、消长和流变，这些都是学习演讲与口才的人需要搞清楚的问题。

4. 社会舆论

社会舆论是指流行于广大群众之中的对各种社会现象和社会问题的看法和议论。从国家大事到个人生活小事，都可能引起广泛的社会舆论，包括政治、思想、伦理、艺术、宗教、生活习俗等各个方面的社会舆论。社会舆论会形成一定的社会思潮，反映了某些社会成员的意志。对待同一种人和事，可能会有不同的社会舆论，这是因为职业、年龄、文化教育程度、思想认识、阶级地位的不同而引起的。社会舆论对于约束人们的行为、安定社会秩序、巩固政权，具有十分重要的作用。

5. 社会角色

社会角色指一个人所处的社会地位、从事的社会职业、担任的社会职务等。整个社会好比一个广阔的舞台，每个人都担任着一定角色。这种社会角色，特别是初进社会充当的角色和长期从事的角色，所给予人的个性影响是巨大的。这种巨大的影响甚至在个体的各项活动中都会反映出来。“三句话不离本行”，就说明角色心理给人的影响。长期从事的社会角色，使主体逐渐形成了一种特有的习惯心理。主体在其处事原则、分析问题的观点、习惯用语、习惯作风等方面，无不流露着角色心理的痕迹。这种角色的习惯心理，不仅在主体从事其职业活动时得到充分的体现，而且在其从事其他社会活动时也不同程度地表现出来。

6. 风俗

历代相沿积久的风尚、习俗就是风俗。风俗来自习惯。一种动作和行为习以为常，互相模仿，蔚然成风，就会成为风俗。风俗是人们物质生活条件的反映，不同的社会制度，不同地域和民族的人们，常常会有不同的风俗。风俗是人们自发的习惯性行为模式，而不是按照命令或号召而导致的行为。风俗是人们在社会交往中遵守共同的行为规范，使人们之间可以沟通思想、交流感情、共同生产和生活，从而组成一个特殊的具体的社会。没有风俗，便没有人类共同的生活方式。

7. 家庭和家庭关系

家庭是社会的细胞，是构成社会的基本单位，它是由婚姻关系、血缘关系或收养关系而发生的亲属间的社会生活组织。家庭的性质、职能、形式、结构以及和它相联系的道德观念，都会随着社会风貌和社会生产方式的不同而发生变化。婚姻是产生家庭的前提，家庭是缔结婚姻的结果。家庭关系包括姻亲关系，如夫妻、婆媳、姑嫂、叔嫂、妯娌等关系；血亲关系，如父母子女、兄弟姐妹等关系，收养关系、如养父母和养子女的关系等。

社会学的知识非常丰富，除了上面列举的这些以外，还有如社会潮流、社会化、社会群体、社会形态、社会起源、社会发展、社会心理、社会分工、社会制度、社会组织等，这些知识对于一个学习演讲与口才的人来说，也都是需要了解和掌握的。

再谈谈历史知识。这里所说的历史知识主要是指历史学知识。历史学是研究和阐明人类社会发展的具体过程及其规律性的科学，其中蕴涵的知识非常丰富。掌握一定的历史学知识，有利于人们明古今、察世事、以古为鉴，也有利于我们运用历史唯物主义的世界观和方法论去看待问题和处理问题；并且，学习演讲与口才的人如果具有丰富的历史知识、会使他的演讲与口才纵横捭阖，汪洋恣肆，让思绪在历史的广袤时空中自由驰骋，并可顺手拈来一些历史事件、历史人物、历史典故、历史趣话等作为例证。因而，必要的历史知识是学习演讲与口才的人必须具备的。历史知识浩如烟海，其中有中国的、有外国的，有古代的、有现代的，有历史起源、有历史发展和历史分期，有历史人物、历史事件，有典章制度、传统文明等。

（二）科学文化知识

学习演讲与口才的人必须具备一定的科学文化知识。“科学文化”常常连用，实际上，它们可以具体地区分为科学知识和文化知识两部分。下面分别谈谈二者的具体内容。

先谈谈科学知识。英国的贝尔纳说过：“科学是人类智慧的最高成果，又是具有希望的物质福利的源泉。”（贝尔纳《科学的社会功能》）德国的恩斯特·卡西尔在《人论》中说：“科学是人的智力发展中的最后一步，并且可以被看成是人类文化最早最独特的成就。”科学是关于自然、社会和思维的知识体系，是精神文明的重要内容，是社会发展的动力，是人类认识世界的结果和改造世界的武器。

1. 科学知识

科学的知识十分丰富，它包括自然科学、社会科学、人文科学、哲学、技术科学等许多方面，这里只择其要者谈谈自然科学和技术方面的知识。

（1）自然科学和技术。自然科学是研究自然界物质形态、结构、性质和运动规律的科学。人类通过长期的生产实践和科学试验，取得了关于自然界的现象及外部联系的感性材料，对其进行理性的概括后，经过生产实践和科学试验，证明这种概括能正确反映自然界的形态、结构和运动规律。所以从本质上看，自然科学是关于自然界各种物质运动形式和本质、规律的知识体系的总和，是人类共同的精神财富。自然科学包括揭示自然规律的数学、物理学、化学、天文学、气象学、海洋学、地质学、生物学等基础科学，以及研究基础理论应用的技术科学、能源科学、空间科学、农业科学、医学科学、电子科学等技术科学。技术则是根据人们在改造自然、控制自然力、转化自然界的物质和能量的过程中积累起来的实践经验和自然科学原理，并由此发展起来的各种工艺方法、操作技能以及所体现的劳动手段和劳动产品的效能的总和。技术科学是自然科学基础理论在工程技术上的应用，是直接为生产活动服务的。自然科学通过工程技术物化为生产力，从而创造出满足社会需要的物质财富。自然科学和技术方面的知识还包括古代的自然科学与技术、近代社会的自然科学与技术、现代社会的自然科学技术等。其中，近代的科技成就有：化学、生物的成就，能量守恒和转化定律的建立，电流的发现和电磁理论的完成，发源于英国的工业革命，钢铁时代的到来，第二次动力革命，通讯革命等等。

（2）现代自然科学技术。19 世纪末和 20 世纪是现代科学技术迅速发展的时期，在科学技术的各个领域都取得了惊人的进步和发展，造就了一批科学巨匠，产生了一系列伟大的发明和发现。如电子的发现，放射性的发现，普朗克量子假说，相对论的建立，量子力学的建立，基本粒子和核裂变的发现，遗传信息载体的证明和遗传密码的破译，原子能的开发，电子技术的发展，电子计算机的发明和自动控制技术的出现等等。特别是进入 20 世纪中叶以来，由于原子能、电子计算机和空间技术的发展，还促进了整个科学与技术新的跃进和各学科之间的相互渗透，并产生了像系统论、控制论和信息论等新型基础理论学科，出现了诸如能源科学、材料科学、环境科学、分子生物学等综合性的科学技术部门。

（3）新技术革命。近年来，在西方发达国家中，随着传统工业的日渐萎缩，以信息技术为主的一系列高技术产业获得了蓬勃的发展。引人注目的新兴技术如光导纤维、机器人、空间技术、海洋开发技术以及生物工程等，正逐步取代工业化以来的电力机械性产品，促进整个社会经济结构的变化。传统的纺织机械、蒸汽动力、电力技术只是增强人的体力，而信息技术却扩大了人的智能。西方一些学者认为，这是新技术革命的最主要的标志。新技术革命一方面使科学技术不断分化，一方面又使科学技术高度综合，出现了代表时代技术水平的新兴技术群。这个新兴技术群是指以电子技术、生物技术、空间技术、海洋开发、光纤通讯、材料技术等为主导技术的新的技术体系。

（4）“第三次浪潮”。记者出身的美国的未来学家阿尔文·托夫勒于 1980 年正式提出“第三次浪潮”理论，并在《第三次浪潮》一书中详细地阐述了他的观点。托夫勒认为，“第一次浪潮”是农业革命，人类从原始的渔猎时代进入以农业为基础的社会，经历了一万年时间。“第二次浪潮”是工业革命，1956 年左右达到顶峰，基本上实现了生产、分配、教育以及通讯的群体化；产品、时间、语言以及文化的标志化；全社会的同步化；能源使用的集中化；生产和分配的大规模化。这以后人类社会便进入到了“第三次浪潮”，其主要特点是微电子工程、生物工程、宇航工程和海洋工程将成为新兴工业的骨干，信息产业是整个经济的支柱，形式是多样化、个体化、小型化。第三次浪潮的生产主要取决于知识和信息，认为新的社会是“信息社会”，也是“智力和知识社会”。科学技术的迅猛发展不仅改变了人类的经济活动，而且也给政治、文化、道德等精神活动带来了深刻的影响。托夫勒指出，中国应当优先发展以光导纤维为基础的先进通讯，为非集中生产提供条件，从而使第一次浪潮、第二次浪潮和第三次浪潮齐头并进。

有关科学技术的知识非常丰富，这里很难一一列举。还有一些比较重要的科技知识，如 3A 革命，即以电子计算机为核心的工厂生产、办公室事务和家庭生活的自动化技术革命，3C 革命，即电子计算机、控制和通讯革命，它们是信息革命的三个最主要因素，还有各基础科学、各应用科学、各尖端科学、各应用技术等领域的一些最新成就，也应当对它们有一定程度的了解。因为科技革命是社会生产力发展的先导，也是推动社会进步的杠杆，作为一个学习演讲与口才的人，他要关注社会，就必须关注科学社会的进步和发展，了解科技前沿的新动向和新成果。当然，学习演讲与口才的人主要作为一个社会人文宣传工作者，他不可能是科学技术的专门家，不可能对这每一个问题都有精深的研究，但尽可能多地了解一些自然科学方面的知识，不仅是必要的，也是应该的。

2. 文化知识

（1）哲学知识。哲学的本意是爱智慧。它是关于世界观的学说，是人们对于整个世界（自然、社会和思维）的根本观点和看法。哲学的基本问题是思维对存在的关系问题。对哲学基本问题的回答，是检验各种哲学派别的试金石，是理解哲学发展史的基本线索。在哲学知识方面，有许多重要的概念和范畴需要了解，如世界观、对立统一规律、质量互变规律、否定之否定规律、辩证法、矛盾、质、量、度、真理、本质与现象、动机与效果、自发与自觉、肯定与否定、内因与外因、具体与抽象、社会基本矛盾等。拥有一定的哲学知识能使人具有理论思维，培养正确的世界观，获得正确认识和解决问题的方法论，这些对于一个学习演讲与口才的人的知识结构来说是十分重要的。

（2）经济学知识。在我国的经济体制由计划经济向社会主义市场经济转变的过程中，经济生活在整个社会生活中占据着重要的地位。有一些基本的经济学知识，如生产关系、生产力、经济体制、计划经济、计划体制、经济杠杆、市场调节、价格体系、价值规律、商品生产、商品经济、商品交换、商品流通、生产、交换、分配、消费、企业自主权、劳动生产率、国民经济总产值、微观经济和宏观经济、“恩格尔法则”（西方经济学中关于家庭收入与家庭生活支出的比例关系的法则）、购买力、消费人口数、物价指数、买方市场与卖方市场、投入产出乃至财政赤字、通货膨胀、货币回笼、剪刀差、国际收支、审计、保险等，学习演讲与口才的人都应该有所了解。此外，还有社会主义市场经济的知识，如社会主义市场经济的市场结构与分类、社会主义市场经济的营销方式、社会主义市场的宏观调控、社会主义市场经济的保障体系以及中外市场经济的法规体系和国际市场方面的知识等。社会主义经济的这些新的观念、理论和知识体系是建设有中国特色的社会主义理论和重要成果，学习演讲与口才的人应当对它们有一定程序的了解。

（3）法律知识。法或法律是体现统治阶级意志，由国家认可，用国家强制力保证执行的行为规则的总称。凡法令、法律、命令、条例、决议、规则、章程等规范性文件和国家认可的判例、惯例等，都属于法的范畴。任何阶级在掌握了国家政权以后，都要把自己的意志变为国家的意志，制定成法律、法令等，规定哪些事是必须作的，哪些事是可以做的，哪些事是不许做的。这就是行为规则，或者叫做法律规范，用以调整统治阶级与被统治阶级之间的关系，调整国家与公民之间的关系，调整统治阶级的内部相互之间和公民相互之间的关系。法是阶级矛盾不可调和的产物及表现，是统治阶级的政治路线的反映，是实现阶级统治的重要工具。它是社会上层建筑的重要组成部分，是由经济基础决定的，同时它又反作用于经济基础，促进或者阻碍经济基础的形成和发展。社会主义国家的法是人民意志的反映，是镇压敌人、惩罚犯罪、保护人民、保障社会主义事业健康发展的工具。法律所规范的是一个国家的所有公民，学习演讲与口才的人自然不能例外。学习演讲与口才的人不仅要懂法、知法、守法，还要在自己的演讲活动中宣传法律，在日常生活中维护法律的神圣和尊严。因而，他必须懂得并掌握一定的法律知识，了解什么是法制，明了公民的基本权利和义务，熟悉宪法、民法、刑法、刑事诉讼法、民事诉讼法、经济法等有关法律法规的各种条文，对诸如犯罪与违法、法人、公证、律师、立法与执法、法律诉讼程序等概念应有一定程序的了解。

（4）政治学知识。学习演讲与口才的人应该对历史上出现的如国体与政体、议会制、君主制、共和国、内阁制、三权分立、民主集中制和人民大会制度以及阶级、政党等概念及相关的知识有所了解。对国际政治、特别是当前的国际政治方面的知识也应该有一定程度的了解。

（5）伦理学知识。学习演讲与口才的人要做一个有高尚的道德修养的人，他就需要熟谙伦理学知识，对诸如道德、良心、社会公德、职业道德、家庭美德、道德修养、道德评价、人道主义、爱国主义、集体主义、人生观以及基本的人伦情操等方面的知识，必须有较深入的了解。

（6）逻辑学知识。一个学习演讲与口才的人要使自己思路清楚，逻辑谨严，就必须懂得基本的逻辑学知识，懂得形式逻辑和辩证逻辑，懂得同一律、矛盾律、排中律、充足理由律等形式逻辑的基本规律，清楚诸如内涵与外延、种概念与属概念、论证、论题与论题规则、论据及论据规则、论证方式及论证方式规则、逻辑错误以及悖论等逻辑学上的一些基本概念和相关知识。

（7）教育学知识。从一定意义上说，学习演讲与口才的人就是教育者，都需要懂得教育学知识。应该从人的全面发展的角度了解什么是教育，了解我国的教育方针，掌握一定的教育规律，懂得一般的教学过程和教学原则。

此外，作为一个学习演讲与口才的人，应该懂得一些宗教知识，了解佛教、基督教、伊斯兰教、道教等世界几大宗教，了解基督教中的三大教派，了解《圣经》、《古兰经》，知道耶稣、释加牟尼和穆罕默德；懂得人才学知识，懂得人才成长规律、成才的内外因素以及不同人才类型的成才条件等。

总之，科学文化知识非常丰富，这里介绍的只是其中的一部分。还有许多没提到的知识也都需要学习演讲与口才的人去学习和积累。

（三）文艺美学知识

具体来说，文艺美学知识包括文学艺术知识和美学知识两部分。

1. 文学艺术知识

文学艺术是朗照人类精神世界的一缕阳光，是人类在一个虚拟的自由空间中对自身的生命形式和精神境界的一种特殊关照。在社会生活中，文学艺术具有特殊的功能。俄国的别林斯基曾说："文学有巨大的意义，它是社会的家庭教师。"前苏联作家高尔基说："文学的目的，是帮助人了解自己本身，提高他的自信心，激发他对于真理的企求，同人们的鄙俗行为作斗争，善于在人们身上得到好的东西，唤醒他们灵魂中的羞耻、愤怒和勇气，做一切使人能变得高尚坚强、能用美的圣洁的精神来活跃自己的生活的事情。"（高尔基《读者》）法国著名艺术家罗丹说："艺术就是所谓静观、默察；是深入自然，渗透自然，与之同化的心灵的愉快；是智慧的喜悦，即在良知照耀下看清世界，而又重现这个世界的智慧的喜悦。"（《罗丹艺术论》）这些论述很好地提示了文学艺术的本质特征。

从广义上说，文学和艺术都属于"艺术"这一大类，因为文学也是一门艺术，是语言的艺术，它和其他艺术门类之间有许多共同点。为了方便叙述，我们只介绍广义的艺术的有关知识。

（1）什么是艺术？艺术是一种通过艺术形象反映社会生活、表现作者的思想感情的社会意识形态。艺术起源于人类的社会劳动实践，是一定社会生活在人们头脑中的反映的产物。艺术是艺术家审美反映的创造物，它的根源存在于客观现实生活之中。不仅艺术创作的素材来源于客观现实生活，就连艺术家的激情、思想、灵感等也来源于客观现实生活。艺术虽然植根于生活，但它毕竟是由艺术家创造的。艺术家的审美创造实践要在他的作品中体现出他的思想意识、精神个性的创造性；并且，艺术的创造离不开艺术家对艺术技巧和艺术形式规则的艰苦探索和熟练把握。所以，来源于生活，又要超越感性存在的生活，高于物质现实的生活。

（2）艺术的特征。首先，艺术是形象的具体性与意义的概括性的统一。任何艺术都必须通过形象的方式来反映生活，而且这形象总是具有具体、生动、可感的特点。但这具体的形象又是经过艺术家选择加工并赋予一定的意义的结果，是经过艺术家典型化了的，是通过现象体现本质、通过个别表现一般的东西。如鲁迅笔下的阿Q这个人物，他是具体的、活生生的形象，但他同时又是典型化、概括化的，因为他身上所具有的那种被称做“精神胜利法”的个性特点，体现出“国民性”的某些弱点。其次，艺术是客观性与主观性的统一。从艺术反映对象来说是客观的，因为艺术只能以客观现实生活为反映对象，即使是表现主观的、幻想的东西，其最终的根源仍然是客观现实。但艺术品所反映的现实已不是纯的现实，而是主观化了的现实，是经过艺术家的头脑加工了的现实，它已打上了创造者思想感情的烙印，因而它是主观性与客观性的统一。同是画黄山，石涛笔下的黄山奇崛变幻；刘海粟笔下的黄山奔腾雄肆；张大千笔下的黄山缥缈神奇。同是画荷花，吴炳画得清容富丽；八大山人画得气势淋漓；潘天寿则画得清奇优雅……这说明艺术家在表现一个客观对象时，主观因素起着十分重要的作用。再者，艺术是艺术化了的内容与审美化了的形式的统一。任何艺术首先要有充实的内容，并且这内容是经过艺术家的主观认识和评价，经过艺术处理了的，不再是纯客观的。然而，通过符合艺术规律的形式必须通过审美化的艺术形式来体现出艺术的内容。其中，形式的美要表现内容的真和善，而形式美本身又具有相对独立的审美价值。脱离正确内容的形式，是艺术的形式主义；而离开形式美的内容，又会成为空洞的说教或干巴巴的教条。只有实现内容与形式的统一，真善美的统一，才是成功的、完美的艺术。最后，艺术又是认识、教育与审美娱乐的统一。艺术能帮助人们认识社会、认识人生、认识自我，能起到劝善惩恶的作用，能达到启迪智慧、丰富人的精神世界的目的；同时，艺术能给人以娱乐、给人以享受、给人以美感，使人感到精神愉悦、心灵畅快、情绪激动、身心放松。并且，艺术的认识和教育作用必须通过艺术的审美娱乐作用才能实现。审美娱乐作用既是艺术的目的，又是实现艺术目的的手段。一个艺术品如果没有或缺少审美娱乐作用，就会成为非艺术、伪艺术或缺少艺术感染力的艺术。

（3）艺术品的分类知识。艺术品的划分方式很多，一般是根据艺术品所使用的材料、用途和塑造形象的不同方式，把各种艺术划分为五个大类：第一类是实用艺术，如工艺艺术、建筑艺术、书法艺术等。这些都是偏重于表现的空间艺术。其共同点在于，它们不是纯艺术品，而是介于艺术品与非艺术品、实用与审美之间的艺术种类，既能满足人们的审美需要，又具有一定的实用目的和价值。第二类是造型艺术。造型艺术属于再现性的空间艺术。它是运用一定的物质材料，在二维或三维的空间中，通过构图、置形、透视、用光等艺术手段，塑造直观的平面或立体的形象，主要指绘画、雕塑和摄影等。第三类是表演艺术，主要指音乐和舞蹈。它们是时间性的表现艺术，通过视觉和听觉作用于欣赏者的感官。第四类是语言艺术，即文学。文学的第一要素是语言，它必须以语言为媒介来反映生活、表现感情，以语言为手段来塑造形象、构筑意象，所以文学被称之为语言艺术。第五类是综合艺术。戏剧、电影和电视剧是属于综合艺术。因为它们综合了文学、美术、音乐、舞蹈乃至现代科技手段等诸种因素来塑造形象，所以它们被称做综合艺术。同时，它们又都是通过视听感官进行空间再现和时间延续的时空艺术。

（4）艺术欣赏的一般知识。艺术欣赏是艺术品实现自身的艺术审美价值的唯一途径，任何艺术品只有通过欣赏才能被社会承认，其艺术价值才能从潜在的价值变为显在的、现实的价值。艺术欣赏一般要通过艺术感知、审美判断、体验玩味等阶段，而艺术欣赏的效果如何一方面取决于艺术品的感染力，另一方面取决于欣赏者的艺术欣赏水平的高低。不同类型的艺术品其欣赏的方式会有所区别，如欣赏文学要通过对语言的理解去把握间接的形象，欣赏绘画要通过对线条、色彩和造型的认识，领悟作品的意境等。但欣赏不同艺术又有一些共同的特点。例如，欣赏艺术必须从对艺术形象的精细感受开始，通过悦耳悦目和悦心悦意来实现悦志悦神，欣赏者的情感参与伴随着艺术欣赏的全过程；其次，成功的艺术欣赏具有欣赏者对艺术品的认同性和共鸣性。所谓共鸣，在这里是指艺术欣赏者在对艺术品的欣赏时产生的与艺术对象同爱同憎，同忧同乐的心灵感应现象。只有实现这种共鸣，艺术品才能为欣赏者所接受、所喜爱、所体验、所认同。还有，艺术欣赏又具有欣赏者对作品形象再创造的特点。作品中的形象是由艺术家创造的，而欣赏者脑海中的形象则是欣赏者感受和理解作品以后在自己的大脑中再创造出来的。再创造是二度创造，它一方面不能脱离作品原有形象的制约，另一方面又要根据欣赏者的主体条件和艺术欣赏水平对作品做出自己的理解和评判，不同的欣赏者对同一个作品的看法可能一致，也可能不一致，这是由于他们的主体条件不同所造成的。另外，艺术欣赏还具有主观性和个人偏爱等特点。

（5）中外文学史上的著名作家及其代表作知识。中外文学中，佳作如云，名家辈出，对那些最有名的作家及其代表作，学习演讲与口才的人应当有所了解。

（6）各个艺术门类知识。如音乐知识、舞蹈知识、绘画知识、书法知识、雕塑知识、摄影知识、戏剧知识、戏曲知识以及电影与电视知识等，学习演讲与口才的人应当了解它们的发展历史、艺术规律、代表作品和著名艺术家等。

2. 美学知识

美是研究人与现实的审美关系的一门学科。创造美、传播美、展示美，其本身就包含着许多美学因素。因而，学习演讲与口才的人要当好一个美的使者，自己就必须懂得下面这些基本的美学知识：

（1）美与丑。美，作为现实的物质产品、精神产品和艺术产品的各种肯定属性的总和，具有多样的特征，例如，各个部分的匀称性和比例性，鲜明性和新颖性，适宜性和完整性，多样性和统一性等。美总是与真和善紧密相连，一件事物如果它客观上符合规律，即符合“真”的科学性，主观上符合目的，即符合“善”的意图，形式上能让人赏心悦目，具有艺术性，我们就说该事物是美的。美与人类的生活、人类的劳动、人类的个性发展密切相关。它体现了人类对自我本质力量的欣赏和关照，体现了人类的对客观必然的认识和对现实有限性的超越，同时也体现了人类从对必然性认识中获得的自由。因而可以说，美是人类生存的太阳，是人类生活的理性升华境界。

丑，也是美学范畴之一。它用来确定和评价现实中的畸形的、片面的或否定性的事物和现象。丑，是在感性形式中包含着一种对生活、对人的本质具有否定意义的东西。丑和恶常常有着必然的联系，但丑并不等于恶，如仅仅是形式上的丑的东西就不一定是恶的，只有在内容上具有对人的本质力量的否定性的因素的丑才是恶。美和丑是相比较而存在的，它们常常相互映衬、相得益彰。在艺术创造中经常运用美丑对比的方法，或者在美丑对比中着重揭露丑，或者在美丑对比中着重显示美。艺术家的化丑为美，不是要改变丑的本质属性，而是通过精湛的艺术手法淋漓尽致地展示丑，并通过表现对象的丑来达到艺术目的的美，最终使人们去追求真善美，鞭挞假恶丑。

（2）社会美。社会美是指社会生活中的美。它主要表现在两个方面，一是经过劳动者创造的物质产品的美，它们是人类按照美的规律和生存需要而创造出来的社会财富，既满足人类的生活需求，同时又体现出人的智慧、才能和创造能力，是人本质力量在社会实践领域的感性显现。二是社会实践活动的主体——人的美。人是万物之灵，他是社会美的创造者，又是社会美的集中体现。人的美分为人的外在美（即人体美）和人的内在美（即心灵美），但人的内存的心灵美、精神美、情操美、性格美要高于人的外在形式美，决定一个人是美还是不美，主要不是看他的外表，而是看他的心灵和品质。从特征上说，社会美首先是要以“真”为基础，以“善”为目的，在真与善的前提下实现真善美的统一；其次，与自然美相比，社会美侧重于内容的美，并具有较大的稳定性。

（3）自然美。自然美就是客观存在的自然事物的美。它包括两个大类：一是未经人类加工改造的自然美，如明媚的阳光、灿烂的星空、皎洁的月色、澎湃的大海、逶迤的山峦……二是经过人类的实践活动改造加工过的自然美，如四通八达的铁道公路、星罗棋布的湖泊水库、绿油油的田野、荧灿灿的麦浪、雪白的羊群、鲜红的密橘……人是大自然之子，人类与自然之间有一种必然地相伴相依的亲密关系，而人类对自然美的认识则是人类在认识和改造自然的实践活动中逐步获得的。自然美属于共同美，它可以为不同阶级、不同信仰的人所共同喜爱。另外，自然美侧重于形式美，人们更多地从自然外在形态的美上对自然物倾注自己的爱美之情。

（4）形式美。形式美是指社会生活、自然界中各种事物的形式如色彩、线条、声音、形体的有规律的组合。在具体的美的事物中，形式的美不能脱离内容的美而独立存在，它要为内容的美服务，但在形式感的意义上说，形式美又具有相对的独立性，人们可以从某种纯形式的意义上去欣赏形式的美，获得纯形式的美感。如圆形的柔和、方形的刚正、水平线恬静、波状线的优美等，都可以暂时脱离物体的内容而独立存在。形式美的基本法则有：单纯统一、对称均衡、调和对比、节奏韵律、多样统一等。

（5）优美与崇高。优美指婉约柔和的美。其特点是美处于矛盾的相对统一平衡状态。

优美在形式上是属于柔媚、和谐、安静与秀雅的美。从美感上说，优美能给人以轻松、愉快和心旷神怡的审美感受。这种优美的表现是风和日丽、鸟语花香、莺歌燕舞，或是山清水秀、波平如镜、倒影清澈的自然景色，或是夕阳西下，一脉金晖斜映在山头水面，或是在蔚蓝色天空里的淡淡金色……这些境界都体现了优美，给人以和谐、安静的审美享受。崇高是美的一种壮美形态，它是那种豪放雄浑的美，常常以体积上的巨大或精神上的雄伟，令人惊心动魄，感到势不可当，从而心向神往。崇高美能提高和扩大人的精神境界，鼓舞人的意志和毅力，使人感到高临在平庸和渺小之上，促使人们自觉地去和卑鄙、猥琐作斗争。优美与崇高是美的两种不同的形态，前者给我们心旷神怡的审美愉悦，后者给我们的确是无限的力量感，它们都能给人很好的审美感受。

作业

根据所学的知识，阅读下面的材料，说一说你的看法。

（1）某校领导在第十六个教师节庆祝大会上的报告中说：我校的教师，来自五湖四海，是从全国各地选拔来的优秀教师，具有杂交优势。

（2）某演员在回答主持人的问题时，主持人问：请问，愚公移山移掉的是哪一座山？A. 泰山；B. 黄山；C. 华山；D. 王屋山。演员答：D. 王屋山。主持人问：肯定吗？答：肯定。主持人紧接着又问：为什么？演员答：我去过泰山、黄山、华山，有名的山我都去过，就没有去过王屋山，那肯定是被愚公移走了。

（3）在一场激烈的战斗中，上尉忽然发现一架敌机向阵地俯冲下来。在通常情况下，发现敌机俯冲时要毫不犹豫地卧倒，可上尉并没有立刻卧倒，因为他发现离他不远处有一个小战士还站在那儿，根本没有察觉到危险的到来。上尉也顾不上多想，一个飞身将小战士紧紧地压在了身下。此时一声巨响，飞溅起来的泥土纷纷落在他们的身上。上尉拍拍身上的泥土，回头一看，顿时惊呆了：刚才自己所处的那个位置被炸成了一个大坑。

（4）1992 年，拉萨市黑竹、工卡等县发生地震，任拉萨市副市长的孔繁森赶赴灾区。在那里，他收养了 12 岁、7 岁和 5 岁的三个孤儿曲尼、曲印和贡桑。孔繁森将他们带回拉萨，照管他们的生活，教他们读书识字，夜里孔繁森就同孩子们挤在一张大床上睡觉。年幼的孩子常在夜里尿床，他就不厌其烦地洗换床单。节假日只要有空，他就带上他们逛公园，逛商店，给他们买衣物。孔繁森虽然是副市长，但他每次下乡去，总要带些自己的钱给生活困难的乡亲，往往一月刚过半，工资就花光了，有时连伙食费也不够交。他自己经常吃榨菜拌饭，却不愿让孩子和他一样受罪，钱不够怎么办？孔繁森就献血换钱来给孩子添补营养。

（5）全国人大代表、贵州省水城矿务局大河煤矿前矿长、优秀共产党员龙世昌一年 365 天几乎天天在井下与工人一起挖煤，每次下井时，一般工人只扛一根木头，他却扛两根。干部楼他不住，住在平房里；工人去他家找他办事，如果提着东西，他就不接待；省里奖给他一部轿车，他不坐，把轿车加个拖箱，改装成工具车，给矿上运水泥。

（6）有一个即将死去的人想知道天堂和地狱究竟是什么样子的，有什么区别，然后再决定去哪，教士答应了他的请求。

教士先把他带到了地狱。在地狱里，他见到很多人围着一口巨大的锅，锅里煮着鲜美的肉汤，可是站在锅边的人却一个个面黄肌瘦，扶着锅边勉强地站着，原来他们每人手里都拿着一个长柄的勺子，勺子的柄实在太长了，无论怎样也无法把肉汤送到自己嘴里，他们只能看着汤锅发愁。

教士又把他带到天堂，那里也有一口巨大的锅，锅里煮着同样鲜美的肉汤，围着锅边的人手里拿着一柄同样的有着长柄的勺子，但是这里的每个人都是精神饱满，脸面红润，非常健康。仔细一看，原来这里的人都在用自己的勺子盛着肉汤喂到对面的人嘴里，而自己则喝着别人勺子里的肉汤。

这个即将死去的人看到这里不仅奇怪地问："为什么地狱里的人不这样做，这个方法是多么地简单而又实用呢？"

教士回答道："地狱和天堂的区别正在于此，天堂里的人因为帮助别人而又得到别人的帮助，所以能够健康而快乐地活着，而地狱里的人即使知道这个办法也不会去做，因为他们很自私，即使饿死自己也不愿意去帮助别人。"

（7）初，缪公亡善马，岐下野人共得而食之者三百馀人，吏逐得，欲法之。缪公曰："君子不以畜产害人。吾闻食善马肉不饮酒，伤人。"乃皆赐酒而赦之。（《史记·秦本纪第五》）

（8）郑贩卖贾人弦高，持十二牛将卖之周，见秦兵，恐死虏，因献其牛，曰："闻大国将诛郑，郑君谨修守御备，使臣以牛十二劳军士。"秦三将军相谓曰："将袭郑，郑今已觉之，往无及已。"（《史记·秦本纪第五》）

第二篇　口　才　篇

做一个会说话的人。

——这是学习演讲与口才的目的。

有人说，21 世的三大战略武器是：口才、美元、电脑。口才是开启成功大门的金钥匙，是人们在社会竞争中立于不败之地的法宝，拥有这法宝，你的人生会更加完美。

第四讲　社 交 口 才

学习目标

1. 把握社交语言的真谛，准确优雅地使用社交语言。

2. 学习交际的基本知识和技能，提高社会交际能力。

社交口才是一种技能、一种艺术，是一个人在社会交往活动中口语表达能力的表现。凡具有好口才的人，大都是受欢迎、具有魅力的人，他们精明睿智、风趣幽默的语言给人们的交往增添了无限风采。

一个人在社会生活中，与他人建立亲密、和谐、相互协作的人际关系，对于相互满足物质与精神的需要，保持健康的心理状态，获得事业和生活的成功是至关重要的。成功学权威陈安之说："一个人的成功等于30%的知识加上70%的人际关系，而社交口才是建立优质人际关系的桥梁和纽带。"

一、学会说话

从某种意义上讲，所谓学会说话，就是说话要学会看对象、分场合、明时机。也就是在这种场合、这个时间、面对这样一群 / 个人，我该不该说、说什么、怎么说，说了之后会产生什么效果，把这些考虑清楚之后，然后才决定是说还是不说。孔子说："言未及之而言谓之躁，言及之而不言谓之隐，未见颜色而言谓之瞽。"

有这么一个故事，从反面说明了在社交场合学会说话的重要性：

老五乔迁之喜，兄弟们都去祝贺。不知为什么，老大迟迟未到。老五就说："嗨，该来的还不来！"老二一听，起身走了。老五见老大未到，老二又走了，心里更急了，生气地说："嗨，不该走的又走了！"老三一听，也走了。老四知道老五不会说话，批评老五说："看你把老二老三都给气跑了！"老五憋屈地拍着桌子说："我说的又不是他俩！"老四气得目瞪口呆，半天才吐出一口气来，说："那我走，行了吧！"

在现实生活中，有些人却很会说话，我们的生活常常因为有这些人的存在而精彩。老张就是他们中的代表。老张的故事很多，其中的一个是这么说的：

老张有一次像往常一样被邀请参加朋友的聚会，受朋友之托，让他了解与会的朋友是怎么来的，是否需要用车接送。朋友甲说自己是开车过来的，老张竖起大拇指说："好，风光！"朋友乙说是打车过来的，老张也竖起大拇指说："好，潇洒！"朋友丙说是骑车过来的，老张还是竖起大拇指说："好，时髦！"朋友丁说是走路过来的，老张依然竖起大拇指说："好，健康！"最后一位朋友看老张这么能侃，就想刁难他，大声地说："你不用问了，我是爬过来的！"那知老张故作惊讶状，用手比划乌龟爬行的动作，突然竖起两个大拇指，同样大声地回答道："好，稳当啊！"

从老五和老张的故事当中，我们更加明白了“一句话能把人说跳，一句话能把人说笑”的道理，我们更不能忘记“一言可以兴邦，一言可以亡国”的古训。

二、学会介绍

介绍，在社交活动中占有很重要地位。有人说介绍就是一切社交活动的开始。这种说法是颇有见地的。因为人与人之间都要从不认识到认识，尔后方能进行交际，就连婴儿认识父母，也少不了反复的介绍或自我介绍，可见掌握一些必要的介绍用语，往往能使交际活动一开始就出现一种礼貌、和谐的气氛，有助于达到交际的目的。

介绍的对象，一般有三种：人、事、物。这里，我们主要谈谈人与人之间的介绍活动技巧，在这个范围内，可以把介绍分为“自我介绍”和“居间介绍”。

自我介绍就是介绍自己，是指在社交场合把自己推荐给别人，目的是给别人留下深刻而美好的印象，让别人记住自己。

自我介绍是一个人的“亮相”，人们的评价就从此开始，因此，要谨慎选择介绍用语，给人一个最佳的“第一印象”。

自我介绍的内容，通常包括本人姓名、年龄、籍贯、学历、简历、特长、兴趣等。至于是否“和盘托出”，你可根据交际的目的、场合、时限和对方的需要等做出恰当的判断，尽量使介绍能满足对方的期待。介绍用语一般要求重点突出、简洁明确、得体有礼。

例如，当你主动向别人介绍自己时，你要针对不同的对象，有分寸地用好表达歉意的语言（“恕我冒昧”、“打扰你了”等），适当表示渴望结识对方的愿望与原因，而当对方同意之后，自我介绍者还要用一定的应答语，来表达自己的高兴与感谢，如“久仰大名，认识你非常荣幸”或“认识你太高兴了”等。

有时，自我介绍的对象是一个集体。这种情况下，如果可能，自我介绍不但要注意到大家期望了解你的程度，也要尽可能使自我介绍同时成为展示自己个性的机会，因此，这时的介绍用语还要富有个性色彩，突出自己的特点，不讲泛泛而谈的空话。

请看例 1.1 中的一位语文老师的自我介绍。

【例 4.1】

×××，男，39 岁，陈朝开国皇帝陈霸先的后代，当代领袖毛泽东的老乡。个子不高，脾气可好，学问也不小。

诗叫李杜低头，文使韩柳折腰。——这是本人的奋斗目标。

五百年后，你们可以和你们的子孙后代说：从前，有一个人，叫——什么？——×××，曾经当过你爷爷/奶奶的老师！

抓住重点、突出特色是自我介绍的关键。作为语文老师，一句“诗叫李杜低头，文使韩柳折腰”就恰到好处，它突出了语文教师的本色。作为学生，在做自我介绍的时候，就要特别注意抓住重点，突出特色。例如，在应聘面试的时候，就要针对用人单位的需要，突出介绍自己的专长。

居间介绍，是介绍者站在第三者的立场，使被介绍双方相互认识并建立关系的一种交际活动。这是一种“复合”的社交活动，一方面，被介绍双方以介绍者为中介，开始交往；另一方面，介绍者以介绍为手段，同时与双方交往，因此，介绍者既要做好“媒人”，促成双方关系的建立，又要兼顾自己同双方关系的发展，这就是介绍者选择自己的介绍用语和介绍方式的双重出发点。

作为双方中介的介绍人，介绍时说话必须清楚明确，不要含糊其词，拖泥带水。举一个例子：如向人介绍“胡先生”时，最好补上一句“古月胡”；介绍“吴先生”时，紧跟着补上一句“口天吴”。这样就会使人听来更明确，可免误会。其实介绍人在介绍时，如果知道被介绍者及对方朋友有一定职位时，最好介绍时连同单位、职位一起简单介绍，如“××公司黄经理”或“××单位陈先生”之类，这样，可使对方加深印象，易于记忆，又使别人知道介绍者的身份，这是双方都会欢迎的。如果有一些人不喜欢别人知道他的工作住所，而事先又已经关照，那就要尊重他的愿望了。

在居间介绍时，要避免把一个朋友过分颂扬。一般来说，比较谦虚的人，即使在熟悉的朋友面前也是不喜欢自夸的，更何况是新朋友。如果你不问情况，替他人大肆吹嘘，会使他不好意思，同时这样会使他人对你产生替人“吹牛拍马”的感觉，这容易使人产生反感，造成尴尬的局面。这种情况，在介绍异性朋友时，尤其值得注意。

在居间介绍时，还要注意到，介绍顺序的问题。在国际礼仪中，自古以来介绍顺序原则上是这样的：

（1）先把男子介绍给女子。

（2）先把职位低的人介绍给职位高的人。

（3）先把晚辈介绍给长辈。

（4）先把未婚者介绍给已婚者。

（5）先把年轻人介绍给长者。

这几个原则，在交际中实际上常会因遇到交叉两难的情况而需灵活掌握，但仍可帮助介绍者根据不同情况组织好自己的介绍用语。

向尊长介绍他人时，目光注视他人，微笑着说：××长，请允许我向您介绍，这位是……”，或“尊敬的××先生，我非常荣幸地向您介绍，这位就是……”然后，转向另一方，同样含笑地说：“这位便是您一直希望见到的××先生”。

向同龄人介绍他人最好能从热情的招呼开始。“请让我向您介绍一下，这位是×××，××中学×号年级学生，”再转向另一方说：“这位是×号中学×××年级的×××，也是文艺爱好者。”

有时，大家相互比较亲密或随便，这种情况下，介绍人只要简单地说“××，你认识×××吗？”或“张英——王华”就可以了，这属于介绍的亲昵方式，有时更容易沟通大家的感情。把一个人介绍给一群人时，一般应介绍这个人的姓名、职业、特点等，然后按顺序介绍人群中各人的姓名。

三、学会恭维

恭维的话人人爱听，你对人说恭维话，如果恰如其分，他一定十分高兴，对你生起好感。恭维是深交的敲门砖。

越是傲慢的人，越是爱听恭维话，越喜欢受你恭维。还有一种人说自己不爱恭维，愿意接受批评，这是他的门面话，你如果信以为真，毫不客气地直言批评，他心里一定非常不快，表面上未必有所表示，内心却是十分不悦。

说说切合实际的恭维话，别人听了舒服，而且自己也不降低身份，所以说恭维话是处世的一门重要功课。

袁世凯窃取了中华民国临时大总统的权力后，每天都在做着皇帝梦，有一次竟在白天进入梦中。一位侍婢正好端进参汤，准备供袁世凯醒后进补，谁知不慎将玉碗打翻在地。婢女自知大祸临头，吓得脸色苍白、浑身打颤。因为这只玉碗是袁世凯在朝鲜王宫获得的“心头肉”，过去连太后也不愿用来孝敬，现在化为碎片，这是杀身之祸，罪是无论如何也逃脱不了的了。正当她惶惶唯思自尽之时，袁世凯醒了，他一看见玉碗被打得粉碎，气得脸色发紫，大吼道：“今天俺非要你的命不可！”侍婢连忙哭诉道：“不是小人之过，有下情不敢上达。”

袁骂道：“快说快说，看你编的什么鬼话！”

侍婢道：“小人端参汤进来，看见床上躺得不是大总统。”

“混帐东西！床上不是俺，能是啥？”

侍婢下跪道：“我说。床上……床上……床上躺着的是一条五爪大金龙！”

袁世凯一听，以为自己是真龙转世，要登上梦寐以求的皇帝宝座了，顿时一股喜流从心中涌起，怒气全消了，情不自禁地拿出一沓钞票为婢女压惊。

婢女在生死存亡关头，通过一句恭维妙语，不仅免了杀身之罪，还得到了对方的奖赏。

最妙的恭维是不漏痕迹，不让人看出你是故意“拍马屁”，既抬高了别人又不贬低自己。

一天，齐高帝萧道成提出要和王僧虔比试书法高低。

于是君臣二人都认真写完一幅字。写毕，齐高帝萧道成傲然问王僧虔：“你说，谁为第一，谁为第二？”若为一般臣子，当然立即回答说：“陛下第一”或“臣不如也。”但王僧虔也不贬低自己，明明自己的书法高于皇帝，为什么要做违心的回答呢?但他又不敢得罪皇帝，怎么办？王僧虔眼珠子一转，竟说出一句流传千古的绝妙答词：“臣书，臣中第一；陛下书，帝中第一。”

他巧妙地把臣子与帝的书法比赛分为两组，即“臣组”和“帝组”，并对之加以评比，既给皇帝戴了一顶高帽子，说他的书法是“皇帝中的第一”，满足了皇帝的冠军欲，又维护了他自己的荣誉和品格，使皇帝更敬重他的风骨，觉得他不是那种专门拍马屁的家伙。

果真，齐高帝萧道成听了，哈哈大笑，也不再追问两人到底谁为第一了。

恭维的效果在于见机行事、适可而止，真正做到“美酒饮到微醉后，好花看到半开时”。例如，作为丈夫，当你下班后走进家门，看见娇妻已经为你备好晚餐，你只要深情地望她一眼，说一句“看到桌上的菜我就饿了”，她一定会心花怒放的。倘若你酒足饭饱之后才说一句“你今天回来的真早”，那样的效果则是雨后送伞，她还能感受到你当时的那份亲情么？

每一个人都有希望，年轻人希望寄予自身，老年人寄希望于子孙，年轻人自以为前途无量。和年轻人交谈，你如果举出几点证明他的将来，大有成就，他一定十分高兴，引你为知己。你如果称赞他父母如何了不起，未必感到高兴，至多你说他是将门虎子，把他与他的父母一齐称赞，才适合他的胃口使他笑逐颜开。

但是老年人则不然，自己历经沧桑，几十年的光阴，如果他还未曾达到他预期的目的，对于自己，已不复十分自信，不复有十分希望。他的希望是他的子孙。你如果说他的儿子，无论学识能力，都胜过他，真是出类拔萃，虽然你是当面批评他，抑父扬子，他不但不会责怪你，反而十分感谢你，这是说恭维话对于年龄应特别注意的要决。

对于商人，你如果说他学问好，道德好，清廉自守，乐道安贫，他绝对无动于衷；你应该说他才能出众，手腕灵活，现在红光满面，日进斗金，他才听得高兴。

对于官员，你如果说，生财有道，定发大财，他一定不高兴；你应该说他为国为民，一身清正，廉洁自持，劳苦功高，他才喜形于色。

对于文人，你如果说，学有根底，笔下生花，他听了一定高兴。他做什么职业，你说什么恭维话。对于对方的职业，应该特别注意，这也是“看人说话”。

有了适当的恭维机会，我们就应该说出来。反正这时候谁都喜欢得体的恭维的。有个笑话：

某甲是拍马屁专家，连阎王都知道他的大名，死后见阎王，阎王拍案大怒，“你为什么专拍马屁？我是最恨这种人！”马屁鬼叩头回道：“因为世人都爱拍马屁，不得不如此，大王是公正廉明，明察秋毫，谁敢说半句恭维的话。”阎王听了，连说：“是啊，是啊！谅你也不敢！”

实则阎王岂不爱听恭维的话。不过说恭维话的方式，与普通不同罢了。这个故事，是说明世人之情，都爱恭维，某甲的恭维话相当有分寸，不流于谄媚，实在是得人欢心的一法呢！

四、学会批评

批评宜以理解人，摆事实，讲道理。批评的目的是改正错误，批评的出发点是帮助，批评的前提是尊重。你一味地挖苦，或者以对方的缺陷为笑柄，过分地伤害人的自尊，就会既得罪了人，又达不到目的。其实，人人都有自尊心，只要运用得法，含蓄隐晦地表达更容易让人接受，也更容易收到良好的效果。这种曲意讽喻的方式是我国传统的幽默表达技巧。

从前有个有钱人，非常吝啬，待人很刻薄。有一天吃饭的时候，来了客人，他把客人留在客厅里，自己偷偷地溜到里面吃饭去了。客人很生气，大声说到：“这座厅堂很可惜，许多梁柱被蛀虫咬坏了！”主人听见了，急忙走出来，问道：“虫子在哪里？”客人笑了笑，答道：“它在里面吃，外面怎么知道？”

客人的笑话是双关语，表面上是说蛀虫，实际上是指主人，主人自然能够听出话中话。

一般来说，批评应该适可而止，没有必要把对方置于死地，因为我们批评的目的是为了治病救人，是为了帮助别人。一个人犯了错误，对这个错误的某一点只要提醒一下就行了，再提第二次是没有必要的，提第三次就变的“婆婆妈妈”了。把过去的错误重新批评，总是纠缠不休，不仅于事无补，而且也显得愚蠢。因此说批评话的时候，一定要注意轻重适当，否则就有悖于批评的“治病救人”的目的了。

俗话说：“人非圣贤，孰能无过？”当我们面对着一个犯有某种过错的人时，能够做的补救措施之一，就是用语言向对方指点迷津，促其浪子回头、迷途知返。不过，批评含有过错的人，与平常的说话是有较大差异的：过或不及，都难于取得令对方口服心服的效果。因此，批评或劝戒含有过错的人，必须把握言语内容、言语形式和言语分寸，否则就会让对方丢面子。

张廷元是个脾气憨厚的北方汉子，感情粗糙，喜欢体育运动；妻子王丽则是典型的南方人，书香门第出身，喜欢绘画。结婚后二人生活得倒也美满。

有一次，展览馆举办书画展览，王丽想让丈夫陪她一同去看看。对美术不感兴趣的张廷元十分不情愿，但他拗不过可爱的妻子，于是二人一同来到展览馆。

刚刚踏进展厅，就见展厅中央有一群男人围着一幅画正在品头论足。王丽就对丈夫说："你看，人家多有品位，当今社会如果不懂艺术，会被人家耻笑的。"张廷元听了，满肚子不服气，对妻子说："你现在这儿看，我过去看看那是一幅什么画。"于是他挤进了人群。

王丽把展厅所有的画都参观了，看见中央那幅画前依然围着许多人。她很好奇，于是费了九牛二虎之力也挤了进去。这是一幅人体艺术画，画中有一裸体美女，下面只有一片树叶盖着，画得非常逼真。她看完之后才恍然大悟，终于明白这儿为什么围了这么多人。于是她想起了丈夫，用眼睛一扫，发现丈夫一手托着腮正目不转睛地盯着这幅画。王丽悄悄凑了过去，张廷元竟然丝毫没有察觉到。王丽用胳膊轻轻碰了一下正在聚精会神欣赏裸女画的丈夫说："嗨，别看了，那片树叶等到秋天才能落下来呢！"妻子冷不丁地说了一句。

张廷元脸一红，看了眼妻子，满脸羞愧，拉起妻子的手不好意思地走了出去……

当发现不良苗头，由于某种原因又不便正面对责任者提出批评时，便可通过"点事不点人"或"点单位而不点名"的方式提出警告。这样就可以既点出问题，令对方受到震动，又维护对方的面子，给他们改正的机会。

大多数领导学识渊博，很有涵养，他们在批评属下时措词得当，而且方法巧妙。

某单位为整顿劳动纪律，召开员工大会。会上领导说："最近一段时间，我们单位的纪律总体是好的，但也有个别同志表现较差。有的迟到早退，也有的上班时间聊天……"

这里，用了不少模糊语言："最近一段时间"、"总体"、"个别"、"有的"、"也有的"等。这样，既照顾了对方的面子，又指出了问题。他没有指名实际上又是指名，并且说话又具有某种弹性。

在批评他人的时候，最忌讳拿权威说话。个别上级如果和下属发生口角，气头上的口头语是："听你的，还是听我的？""这样做谁说了算？"他们不是平心静气地批评，而是用扣奖金、扣工资、调离岗位相威胁；不是以理服人，而是仗势压人，仗势欺人。这样做的结果，常常是压而不服，还结下了心病。

每个人身上都有或多或少的毛病和缺点，即所谓的"金无足赤，人无完人"。作为上级，应针对下属在工作当中出现的重要的和比较重要的问题提出批评，使对方能及时认识到，并加以改进，切忌犯吹毛求疵的毛病，对下属所犯的一些鸡毛蒜皮的小问题也横加挑剔。这样既显得你领导工作无重点，又让下属对你产生反感和抵触情绪。

值得注意的是，任何时候，你都不应以己之心度人之腹。以自己心里的想法去揣摩他人的心理和行为会使你的批评有失偏颇，因为即使是非常熟悉的人也不可能做到完全了解对方的心态。因此，揣测他人的心思是一种不公平的沟通技巧，有时更是一种卑鄙的攻击人的手段。批评他人时，要避免下列说法：“你这么做，还不是为了晋升”、“将工作做得好，仅仅是想讨好我而已。”等，就明显是以小人之心度君子之腹了。

我们都应该认识到批评具有责任与艺术两种性质。只有清楚地认识到这一点，我们提出的批评才可能公平、有力、正确、中肯而不招人怨。

据某单位几位老同志反映，晚上住在机关宿舍楼上的青年同志不注意保持安静，老同志在楼下睡不好。党委书记和这些年轻人闲谈时，讲了一则笑话进行暗示：

有个老头神经衰弱，稍有响动，就很难入睡。恰好楼上住了一个经常上晚班的小伙子。小伙子每天下午回家，双脚一甩，将鞋子“噔噔”抛了出去，重重地落在地板上，每次都将好不容易才入睡的老头子惊醒。老头提了意见。当晚小青年下班回来，又习惯地把脚一甩，将一只鞋抛了出去，当他用脚甩第二只鞋时，突然记起老头的话，于是轻轻地脱下第二只鞋。第二天一早，老头埋怨小伙子说：“你一次将两只鞋甩下，我还可以重新入睡，你留下一只不甩，害我等你甩第二只鞋等了一夜。”

笑话说完，小青年们哄堂大笑之后，悟出了笑话的所指，以后就注意改正了。

人不同于动物，从爱面子乃至维护自己做人的权利，都需要自尊和被他人尊重。自尊正是人生存和发展的支柱，是人克服各种困难，坚持不懈去取得成就的动力；而批评的最大弊端就是容易伤害到别人的自尊。

所以，做人不要动辄就批评别人，要试着了解他们，试着明白他们为什么会这样做，这比批评和斥责更有益处，也更有意义得多。当我们真正了解了他人之后，往往就会发现原来他们是值得原谅、值得同情的，这样我们也就更有自制力了。

如果在你要张口批评他人之时，先考虑一下：这个批评必要吗？也许，你的人际关系就会比现在好得多。

五、学会听话

恭维话是打开对方心扉的第一步，接下来他就会滔滔不绝地开始谈话，这时候你千万不要打断他，须知：“会说的不如会听的。”你也许有这样的感觉：当你同别人谈话时，如果他将头扭向一边，表现出一副爱理不理、漫不经心的样子，你谈话的兴致一定会大减：“看他这副样子，好像不大想跟我谈话，算了，不浪费时间！”有的时候对方在你说话时也附和着说两句“是吗”、“噢”、“是这样”、“原来如此”等一类的话，但他的神色闪烁不定，好像在提醒你：“别浪费口舌，我根本没听你在谈什么。”于是，好的兴致被破坏了，一场谈话也只有半途而废，你所有的准备却白费了。

相反，如果听众对你的话聚精会神，侧耳聆听，并且不时提几个问题，你的心情一定会大不一样，你谈话的兴致也会大增，你心里一定会说：“你瞧，他听话的样子真认真，似乎他对我说的挺有兴趣。”并且，如果对方边听边点头，并不断地说“嘿、嘿”之声，那么你一定会谈兴大增，同时你对自己也会产生更大的信心，话题也会源源不断地涌出，思路也变得清晰流畅，这场谈话一定能愉快地进行下去。

显然，这样良好的效果是由于善于倾听的人在无形中起到了鼓励对方的作用。如果你在交际场所要建立良好的人际关系，那么专注认真地倾听别人谈话，向对方表示你的友好和兴趣，将会对你有极大的帮助。

在谈话的过程中，你如果能耐心地倾听对方说话，这就等于向对方表示了你的兴趣，等于告诉对方“你说的东西很有价值”或“你很值得我结交”。无形中，你让对方的自尊得到了满足，使他感到了自己说话的价值。反过来说对于说者的感情也会有个飞跃，“他能理解我”“他真是我的知己啊！”于是，二人心灵的距离缩短了，谈话使两人成了好朋友。

既然要说话，怎样说才好呢？此种艺术不可不研究了。在任何地方和场合，最好能少说话，要说话则说自己经历过的感慨之话，说心灵深处的衷心之话，说自己有把握的话。说能够启迪人的话，说能警戒人的话，说能教育人的话，说能温暖人的话，说能使人排忧解难的话。自己无把握做到的话不要说，言不由衷的话不要说，伤人的话不要说，无中生有的话不要说，恶言恶语不要说，伤感情的话不要说，造谣中伤的话不要说，粗俗的话不要说。

六、学会说服

说服也要讲究艺术。所谓“说服”，就是要使自己的想法变成他人的行动。其中有一定的规律可循，同时又依赖于说服者的创造性运用。它是一门实实在在的科学，又是一门奇妙无穷的艺术。

劝说别人有多种形式，而无论哪一种，都离不开诱导。诱导的过程是说服对方的过程，也是对方的思想逐渐转变的过程。所以，诱导便成为说服他人的一个重要环节。

1. 预测式诱导

我们在去说服别人之前，心中要有个完整的谋划打算，对方会怎样讲，讲些什么，我们应如何回答，都要考虑到；每一步应怎样诱导，怎样发问，都应经过深思熟虑。这样，环环相扣、步步深入，才能诱使对方在无法解决的矛盾面前自我否定，使劝说获得成功。

一天晚上，李燕杰教授回家，有位青年从他后面跟上来要和他谈心。李燕杰一看这个青年，身穿大红衬衫，肩上挂着西装背带，胸前吊着个耶稣像十字架，心里已对这个青年的思想现状明白了七八分。于是，李燕杰的一连串发问开始了。

李：“你为什么要带这个十字架啊？”

青：“我觉得带上它好看，就带了。”

李：“你挂十字架，会念祈祷词吗？”

青：“不就是阿门吗？”

李：“不对。”（背了一段祈祷词）“你读过圣经吗？你知道圣经里都写些什么？”

青：“没读过，不知道。”

李：（李讲了《旧约全书》、《新约全书》的主要内容，转而又谈到“美”的含义）“比如有个小姑娘，身材长相都不错，她有一对水汪汪的大眼睛，笑起来还有两个小酒窝，表面看，还挺美。可是有人告诉你，她就是爱在火车上干这个（做扒手动作），你还认为她美吗？”

青：“内外不一致，不美。”

李：“有这么一幅油画，一个修女外表打扮得很肃穆，内心对耶稣很虔诚，胸前挂着十字架，你觉得她美吗？”

青：“内外相和谐，对基督教徒来说，还是美的。”

李：“那么，阁下，既不懂圣经，又不信耶稣教，胸前挂个十字架，你是美在哪儿呢？”

青：“李老师，我以后保证不带了。”

2. 利害式导

一个人最关心的往往是与自己有关的一些利益，所以，当你想要劝说某人时，应当告诉他这样做对他有什么好处，不这样做则会带来什么样的不利后果，相信他不会不为所动。

美国芝加哥大学的哈伯博士需要一百万美元来筹建新的建筑，他拿了一份芝加哥百万富翁的名单，研究向谁筹募这笔捐款，最后他选中其中两位，每位都是百万富翁，而且彼此都是仇恨很深的敌人。

其中一位是芝加哥市电车公司的总裁。博士选了一天中午去见总裁。因为这时的办公室人员，尤其是总裁的秘书都外出用餐了。悠闲地走入总裁的办公室，总裁对他的出现大吃一惊。博士自我介绍说：“我叫哈伯，市芝加哥大学的校长，请原谅我自己闯了进来。因为我发现外面的办公室并没有人，于是我便走了进来。”

他接着说：“我曾多次想到你以及你的电车公司，你已经建立了很好的电车系统，而且我还知道从这方面你赚了很多的钱，但是，每当一想到你，我就会想到，总有一天，你要离开这个世界，别人就会接管你的一切，而金钱一旦到手，很快就会被人忘记它原来的主人是谁。

于是，我想提供一个让你的姓名永垂不朽的机会。我可以允许你在芝加哥大学兴建一所新的大楼，用你的姓名来命名。本来我早想跟你说了，但校董事会的一位董事希望把这份荣誉留给××先生（××先生是这位总裁的敌人）。不过我私下里很欣赏你，而且现在我还是支持你，如果你能允许我这样做，我将会说服校董事会的反对人士，让他们也来支持你。

今天我并不是来要求你做出决定，只不过是我刚经过这里，想顺便来坐一下，和你见见面，聊一聊。你可以把这事考虑一下，如果你希望和我再谈这件事，麻烦你有空给我拨个电话，这是我的名片，再见了，先生，很高兴能有这个机会和你聊聊。”

说完这些，博士便低头致意，退了出去。不给总裁以发言的机会。结果，博士回到办公室不久，总裁便来电话说要见见博士，最后，这一百万就到了博士的手中。

3. 迂回式诱导

进行有效说服的一个较好的策略是采取迂回战术，不从正面入手。直接说服容易让对方产生抵抗心理。所以，不妨从侧面打开缺口。

俄国伟大的十月革命刚刚胜利的时候，象征沙皇反动统治的皇宫被革命军队攻占了。当时，俄国的农民们打着火把叫嚷，要点燃这座举世闻名的建筑，将皇宫付之一炬，以解他们心中对沙皇的仇恨。一些有知识的革命工作人员出来劝说，但都无济于事。

列宁得知消息后，立即赶到现场。面对着那些义愤填膺的农民，列宁很恳切地说："农民兄弟们，皇宫是可以烧的。但在点燃它之前，我有几句话要说，你们看可不可以呢？"

农民们一听这话，便知列宁并不反对他们烧皇宫，于是道答："完全可以。"

列宁问："请问这座房子原来住的是谁？"

"是沙皇统治者。"农民们大声地回答。

列宁又问："那它又是谁修建的呢？"

农民们坚定地回答说："是我们人民群众。"

"那么，既然是我们人民修建的，现在就让我们人民代表住，你们说，可不可以呀？"

农民们点点头。

列宁再问："那还要烧吗？"

"不烧了！"农民们齐声答道。

皇宫终于保住了。

总之，每个人都是喜欢以自我为中心的。我们若能暂时放弃自我，而提出对方感兴趣的问题，让他也发表见解，这将能使我们在人际关系上左右逢源。只有在满足他人心愿的同时，我们自己的心愿才能得到满足。

七、学会道歉

道歉也是人际交往中常见的交流活动。"人非圣贤，孰能无过。"如果你错了，就及时承认，与其等别人批评、指责，还不如主动认错、道歉，更易于获得谅解和宽恕。

凡是坚信自己一贯正确，从不认错道歉的人，根本得不到朋友或易交难处，没有知心的朋友。

真心诚意的认错、道歉，就不必找客观原因，做过多的辩解，就是确有非解释不可的客观原因，也须在诚恳地道歉之后再略微解释，而不宜一开口就辩解不休。一般人对于那些主动认错的人也是不会进一步责备的，请看下例。

王君是一位商业艺术家，他曾用这种主动承认错误的方法得到一个极易动怒的雇主的信任，王君在讲他这段故事时说：

"做广告图时，最要紧的是简明正确，有时不免发生些小错，我就知道有一位广告社主任专喜欢在小地方挑毛病，我时常是不愉快地从他的办公室走出来，不是因为他的批评，而是他攻击的地方不当，最近我于百忙中给他赶完一幅画，他来电话我去看他，到那儿果不出所料，他显得非常愤怒，已经准备好了要批评我一顿。我却想到要用责备自己的方法，因此我便说：'先生，你所说的话不假，一定是我错了，而且是不可原谅的。我替你画画多年，应该知道如何画才对，我觉得很惭愧。'他立刻替我分辩说：'是的，你说得对，不过这并非大错，仅只——'我马上插嘴说：'不论错的大小，都有很大的关系，别人看了会不高兴。'他打算插嘴说话，但我却不容他。我有生以来第一次批评自己，我很愿意这样做。我继续说道：‘我实在应该小心，你给我的报酬很多，你理应得到满意的东西，所以我想把这幅画重新画一张。’‘不！不！’他坚决地说，‘我不打算太麻烦你。’他夸奖我所作的画，说只需稍加修改就可以了，而且这一点小错，亦不会使公司受损失，仅是一点小节不必太过虑了。我急于批评自己，使他的怒气全消。最后他邀我一起吃点心，在告别之前他开给我一张支票，并又委托我画另一幅新的广告。我承认自己错了，以显示他的正确，抬高了他的地位，他高兴之余也不会再苛责我了。”

八、学会开导

受到暂时的不幸和挫折的人，由于一时无法摆脱感情的羁绊，往往会垂头丧气、消极悲观，沉溺于一时的悲痛之中，看不到光明的前途和幸福的未来，此时，最重要的是要通过积极鼓励，给他信心和勇气，让他在困难的时候看到光明的前景。最忌讳的是消极埋怨，例如，一位父亲骑车带儿子去看电影，路上不慎发生车祸。尽管父亲为护儿子而受伤，但儿子仍被撞死了。这时父亲的心里已经很痛苦，如果家人再一味埋怨、指责，会使他产生强烈的自责情绪，甚至导致精神失常。反之，如果家人积极开导他：“人死不能复生。家里人只希望你早日恢复健康，为保护孩子你已经受了伤，如果再因悲痛过度而影响健康，孩子在九泉之下也会感到不安的。”父亲于是感到了过分的悲痛于己于人都是无益的，终于接受了大家的劝导。

安慰丧亲的不幸者，不要急于劝阻对方的哭泣。强烈的悲痛如巨石积压在心头，愈久愈重，不吐不快，让其宣泄、释放出来，反而有利于加快恢复心理平衡和平静的状态。应当注意倾听对方的回忆、哭诉，并多谈死者生前的优点、贡献等。

对生老病死之类的悲伤事件，要注意及时安慰。时过境迁不仅失去意义，而且会使朋友已经平复的心灵重又勾起伤心的回忆，这是很不妥当的。当然也不是说一定要在对方情绪激动的时候去安慰开导。一个人的情绪处于失控的情况时，任何人的安慰都无法入耳，只能火上浇油惹是非。还是等他冷静下来，恢复了理智，再交谈为好。当然，也可以先同他闲谈，直到话语投机了再逐渐引入正题，帮他分析，对他开导，给他安慰和鼓励。劝慰效果的好坏，在很大程度上取决于能否选择恰当的时机。

如果是探望身患重病的人，不必多谈病情。如果对方本来就背着重病的精神包袱，你再谈及过多，势必给病人加重包袱。安慰者要善于控制自己的感情，即使病人病情很重，两人友情很深，也不能在病人面前流露出哀伤情绪。要同病人多谈愉快的事，不宜多讲病情，要多讲安慰的话、鼓舞的话。交谈中不要把自己当中心人物特别不要多谈自己的功绩，以免加剧病人的伤感情绪。

有时，在劝慰中可以使用一些适当的谎言，谎言不一定全是坏话。对于身患绝症的病人，只能把病情如实告诉其家属，而对其本人，仍应重病轻说。如果谎言唤起了他对生活的热爱，增强了他对病魔斗争的意志，就有可能使生命延续得更长久，甚至战胜死神。

善良的谎言，其用心当然还是善良的，即为了减轻重病者的精神痛苦，帮助其重振生活的勇气。如果他以后明白了真相，只会感激，不会埋怨。即使当时半信半疑甚至明知是谎话，通情达理者仍感到温暖、宽慰。如果以真话相告，加重对方的精神痛苦，如不算坏话，也该算蠢话。

有时可以使用慢斟细酌、热情感化的劝慰法。例如，“果真会那么困难么？别伤心，先说给我听听，说不定我能帮上忙呢……我提几点意见，你看有没有用？”

劝慰还可以当头棒喝，一步到位。例如，

小赵有个朋友叫田华，在乡下种田。由于父亲年老多病，长期卧床，儿子腿有残疾。正是大忙季节，妻子赶集时又被汽车撞伤住院，而家里一分钱也没有了。田华就想喝“敌敌畏”一死了之。恰好被赶来的小赵看见了，他一把夺过“敌敌畏”大声说：“想死吗？可别浪费了这瓶敌敌畏，十几块钱呀，为什么不去跳河？哦，你以为一死就可以摆脱了吗？你对得住躺在医院的老婆吗？嫁给你十多年了，累死累活和你在一起而毫无怨言，现在你死了，老婆怎么办？老爹和小孩又怎么办？还是男子汉呢，没出息，你以为就你一个吗，你把我和几个朋友怎么看呀，死要脸，拿着吧，这是我和朋友借的几百块钱，下午你去医院先交上医药费，田里的事我们慢慢再想办法。”田华很受感动，打消了死的念头，并在小赵的帮助下在村里开了个小卖部，渐渐地生活便好起来。

有时也可以反向说服，迂回劝慰。例如，

小李从大学一年级就谈上恋爱，三年了，最近不知何故“吹了”，他很伤感，学习一落千丈，他父亲的一位朋友张老师知道后，特地来做思想工作。一见面，张老师就说：“知道你失恋了，我是来向你道贺的！”小李很生气，转身就走，张老师说：“难道你不想问问为什么？”小李停下来，听张老师说：“大学生都希望自己快点成熟起来，失败能使人的心理、思想进一步成熟起来，这不值得道贺？大学生的恋爱大多数只能属于非婚姻型。这种恋爱时间长，随着知识的积累，人也慢慢成熟了，就有可能重新考虑对方，婚姻恋爱观也就悄悄地改变了。应该说，这是心理成熟的重要标志。越到高年级，大学生就越趋于理智处理爱情。这时，感情是否相投，性格是否和谐，理想和追求是否一致，学习和工作是否互助互补，都会成为择偶的标准，甚至双方家庭有时也会成为重点考虑的条件。你女朋友是否出于这种考虑，你又有没有全面地考虑一下你的女朋友呢？如何处理这种感情上的失落，你心中该有数了吧？”

这种劝慰法经常收到发人深思的效果。

安慰他人，有时可以交换立场，使自己成为被安慰者。例如，

某厂有位中年干部，因和厂领导闹意见，厂领导很武断地决定将他调离原岗位。此事对这位干部来说，当然是十分难过的。这样一来，任何言语的安慰，恐怕都无济于事，这时，一位同事看了这情况便对他说：“要不是您的帮助，我哪能有今天的成绩，现在您要走了，今后我该怎么办呢？”这位中年干部原是眉头紧锁，郁郁寡欢。听了同事的话，立刻收起自己难过的心情，对他说：“不，你已经能独当一面了，厂领导调我，是工作的需要，今后希望你能好好发挥所长……”

由于这位同事的机智，无形中缓和了沉闷的气氛，安慰了真正的苦恼者。

九、学会公关

1. 言之有理

公关人员与人交往时，举止要有礼貌，语言更要有礼貌。没有人愿意和一个没有礼貌的人打交道。

礼貌用语中“以诚为本”，就是要态度真诚，讲出实情，开诚布公，也要“以信为本”，使公众感到可亲可信。

礼貌用语要“以谦为怀”，就是要态度谦逊，出言谨慎，做到虚怀若谷，绝不可盛气凌人。一个公司对待大小客户都要诚信有礼。

礼貌语言要“以和为重”，就是谈论问题要兼顾各方利益，求同存异；喜怒皆豁达，得理也让人，古人说“和气生财”“以和为贵”就是这个道理。

2. 言之有的

一次公关活动总有一个目的，所以公关人员说话，不仅要明确目的性，而且要具有针对性。不说空话，不讲官话。

一要扣紧中心。要使语言形象生动，可以利用修辞进行修饰，但讲到实质问题要一针见血，一语破的，简明扼要。

二要看人说话。公关人员讲话要看准对象，弄清身份。对不同的公众采用不同的语言。就是要做到见什么人说什么话。

3. 言之有度

公关是人与人之间的交流，所以公关人员讲话要有理有节，问候寒暄适可而止，分析判断恰如其分，充分考虑对方的立场。

一要适时。公关人员讲话，既要积极主动，又要谨慎小心。该说话时不说就会冷场，不该讲话时讲了就是多嘴。冷场会使人难堪，多嘴又令人讨厌。

二要适量。公关人员讲话，既要追求质量，又要掌握分量。话语当长则长，该短则短；音量当大则大，该小则小，既不能使人不明不白，也不能讲个没了没完。

三要适当。公关人员讲话。要周密思考，用词准确，语言得体，分寸恰当。既不能辞不达意，又不能言过其实，虽然难以字斟句酌，也要做到言之有理。

下面举一个公关人员临场应变的例子：

有一家中外合资企业的公关部，要招聘两名公关小姐。报名的有 20 多人，基本符合条件的有 14 人。人事部和公关部决定当场面试，择优聘用。

考试那天，这些应考的姑娘一个个神采飞扬，穿戴各异，款式新颖，色彩缤纷，宛如一朵朵含苞待放的花朵，显示出落落大方的美好气质。要是从体貌举止上取人，差不多个个都够条件。尽管姑娘们好像都充满自信，可是竞争仍然十分激烈。

第一回合——笔试。要求报考者在 20 分钟内填好自己的履历并回答为什么应聘的问题。考查他们的学历、资历、书写水平。

第二回合——口试。姑娘们轮流朗读一篇短文，考察她们的口齿、普通话和表情达意能力。

第三回合——演试。让应聘者以公关人员身份接待“客人”回答问题，考察她们的交际和应变能力。

前两个回合都顺利地通过了，成绩似乎不相上下。

第三回合开始后，轮到陈小姐应考。一位“客人”走到公关部。

陈小姐："先生，请问您找谁？"

客人："我找你们经理。"

陈小姐："对不起，请您登记一下。"

客人往前走，不予理睬，陈小姐拦住了他。客人不悦，说道："对我不放心？我同你们唐总打了多年交道了，还登什么记？"说完继续往里走，陈小姐茫然无措。

评委中不少人摇头，看来陈小姐处理失当。

轮到金小姐应试时，"客人"又进去了，仍然说要找唐总经理，金小姐把客人让到沙发上坐下。

金小姐："先生，请问您怎么称呼？让我向总经理通报一下好吗？"

客人做了回答。他用电话通报后，笑容可掬地对客人说：

"对不起，让您久等了？总经理欢迎您的到来，请往里边走吧！"

"客人"满意地点点头，评委们的脸上露出了笑容。

下面是李小姐应考，主考人给她来了个电话："喂，你是公关部吗？我是康泰公司总经理。我们现在有急事要用车，请你们支持一下，马上派一部小车来好吗？"

李小姐："好的，我们马上就派去。"

评委们认为太轻率了。另一考官从旁插话说："这会儿公司没有小车在家。"李小姐无言以对。

下一个轮到石小姐，她仍然接到同样的要车电话。

石小姐："康泰公司的朋友，很对不起，我们公司这会儿没有车，请您向别的单位借吧？"

直来直去，评委们仍不满意。

接着吴小姐应试，她接到电话后说："哎呀真对不起，我们公司的车都出去了。这样吧，我马上帮您向别的单位联系，找到车了立即通知您，您看好吗？"

这下考官和评委们都满意了。

从这个例子可以看出公关工作的复杂性和挑战性，若想成为公关工作人员的青年都要有这样的准备。

公关人员的素质是搞好公关工作的基础，一个称职的公关人员应当具备一定的条件，这些条件一般包括：

第一要求品德好。公关人员可以说是一个组织在公众面前的代表，因而必须树立公道正派、诚实可靠、讲究信用、不谋私利的良好形象。"真实"是公关的生命。公关人员最基本的职业道德就是实事求是，诚实无欺。要使一个组织获得公众的信任，公关人员必须先获得公众的信任。

第二要求知识广。广博的知识和良好的教育是公关工作的必备条件。公关人员应有的知识包括政治学、经济学、法律学、社会学、市场学、公关学、心理学、伦理学、传播学、口才学、文学、美学等。不要求各门学科精通，只要求对各种知识都有所了解，都能够运用。因为公关人员接触面广，公关工作应急性强，工作对象复杂，可能遇到的难题较多，没有较高的知识水平，是难以担当此类重任的。

第三要求能力强。能力是一个人的知识加经验，是人的基本功能产生的力量。公关人员的实际能力，分为一般能力和特殊能力两类：一般能力包括观察力、记忆力、思维力、创造力等；特殊能力包括组织能力、交际能力、表达能力、应变能力等。公关人员开展活动要善于组织，联系公众要善于交际，宣传疏导要善于表达，遇到问题要善于处理。如果没有较强的实际能力，是难以打开公关局面的，更难以树立组织的良好形象。

第四要求形体美。爱美之心，人皆有之。公关工作是人际交往工作，公关人员是抛头露面的人员，犹如组织的外交官，在台上，好似节目的主持人。他们的形体、仪表、姿态、举止是使人愉悦的基本条件，是塑造美好形象的重要因素，因此，选用公关人员虽不能要求人人仪态万方，但也不可个个其貌不扬。

十、学会幽默

所谓幽默，是指人的语言、表情或动作有趣、可笑而且意味深长。幽默是智慧的结晶。莎士比亚说："幽默和风趣是智慧的闪现。"它通过影射、讽喻、双关等修辞手法去揭示生活的哲理，让人们从笑声中得到某些启迪。

幽默能给人以美的享受，幽默的人生是美好的人生。说话或演讲的风趣幽默，既能博得听众的欢声笑语，又能使个人的聪明才智得到超常的发挥。

幽默是那样博得人们喜爱，以至于形成了多门以幽默为基础的艺术：相声、喜剧、小品、漫画、杂文等。幽默艺术不仅在文化领域得到空前发展，而且还在政治、外交、人际关系以及社会生活的各个角落展示着它迷人的魅力。

幽默以愉悦的方式表达真诚、大方和心地的善良，是人类面对共同的生活困境而创造出来的一种文明。它像一座桥梁拉近人与人之间的距离，填补人与人之间的鸿沟；它是希望发展人际关系，走向事业辉煌的人不可缺少的动力。幽默是人类健康的保护神。幽默能使我们精神健康，富于创造性，它是通过一种娱乐形式，减少我们的压抑和忧虑，通过笑解释人与人之间的隔膜与冷漠，消除困扰人类的敌意，消除人类交流活动中的偏见与误解，使人类真正达到共同的和谐与融洽。

贫嘴瞎逗，装傻充愣，固然能使人发笑，但这种笑是由于事情的荒唐怪诞而引起的，并没有什么内涵和新意，更没有什么可回味的东西。

滑稽的笑是荒唐可笑，而幽默的笑是启人心智的笑。一个是浅薄的逗乐，而另一个是智慧的闪现。

一句幽默的话，引得众人大笑不已。这样的笑话，不仅使人感到轻松、愉快，而且寓意深刻，也使人在笑声中领悟到其中的哲理。

考察一个国家的幽默文化是否兴盛发达，老百姓是否笑得自由自在，无拘无束，便得知这个国家是否人道、文明、进步、开放。不敢笑的民族绝无希望，不允许笑的社会必然黑暗。同样，缺乏幽默感的人也就缺乏生活质量、人格魅力。

一句得体的俏皮话，立刻就会让你和听众之间的距离缩短，获得好感；几句对付难题的机智回答，不但会使自己一下子摆脱困境，还会体现美好的自我形象，获得人们的同情和赞美。西方政界领袖和社会名流很注重自己有无幽默才能。他们认为幽默是智慧、才能、学识和教养的象征，是自我表现、取悦于人的极好手法。为了总统竞选、当众论辩、演讲致辞，社会交往等活动，必须要充分显示自己的幽默感。所以，在许多国家不仅总统有幽默顾问，而且社会各界还创办各种新奇的报刊、活动和组织，如幽默杂志、幽默协会、幽默俱乐部、笑话公司、设有开心护士的幽默诊所等，人们借此消除疲劳，增进健康，松弛绷紧的心弦，开展社会交往活动。

幽默的讽刺具有外圆内方的机敏品质。例如丘吉尔与女议员阿斯特的对话就含有讽刺的意味，很幽默，阿斯特风趣地说："如果我是你的妻子，我会在你的咖啡里下毒。"而丘吉尔回答："如果我是你的丈夫，我会喝下那杯咖啡的。"

有时人们把幽默理解为油腔滑调、取消逗乐，这是对幽默的误解。幽默产生的笑是含有严肃内容的笑。如果把幽默理解为油腔滑调地耍滑头、装滑稽、出洋相，那是对幽默的歪曲和庸俗化。幽默的语言要具有高雅的风趣。例如，

在一次语言学课堂上，有几个女同学嗑瓜子，"嗑嗑……"之声令人心烦，许多认真听课的同学不好意思阻止，只好眼巴巴地望着正在讲课的老师。突然，老师停下来，扫视了一下教室。大家鸦雀无声，拭目以待，等着老师大动肝火，批评那几个馋嘴的女孩子。可沉寂片刻后，老师却微笑着问："请问你们班 1972 年出生的同学有多少个？"同学们莫名其妙，不知是谁冒出了一句："有二十多个。"接着他又问："72 年出生是属什么的？""属耗子"。"哦！是耗子，怪不得嗑瓜子的声音这么响。"话一出口，笑声四起，而那些嗑瓜子的同学不得不知趣地放下手中的美食，专心听老师讲课。

幽默风趣，妙语连珠，谈笑风生，能使交际双方很快熟识起来。人们有这样的体会，疲劳的旅途上，焦急的等待中，一句幽默话，一个风趣的故事，能使人笑逐颜开，疲劳顿消。那个幽默风趣、自然洒脱的人，立即受到众人的青睐，成为社交场上最受欢迎的人。例如，

沈醉的女儿沈美娟有一次因外出听课，匆忙中未把家中的火炉封好。等她回来，已经很晚了，孩子放学后没能吃上饭，就饿着肚子趴在桌子上睡着了。丈夫比她早一点到家，见家里冷锅冷灶，顿时火冒三丈，见她进门，劈头盖脸骂道："你怎么在家里就像个活死人，连火都看不住。"沈美娟没有火上浇油，反唇相讥，而是心平气和地笑道："你火什么？火再大，也点不着炉子呀？"一句话，丈夫脸上的肌肉松弛了，但仍然怒气未消地说："你呀，要没有我，怕是连屎都吃不到肚子里。"沈美娟说："所以我才离不开你呀！"丈夫终于"扑哧"笑了。

（一）幽默的条件

（1）心态。有一个良好的心态，一种坦然开放的心态。这种心态取决于两个方面：一是热爱生活，笑对人生。坚信我们的社会是美好的，我们的人生也是美好的。只有热爱我们的社会，热爱我们的人生，我们才会肯定所是，抨击所非。对社会，对人生，冷若冰霜，愁眉不展，这也不是，那也不该，眼前一片漆黑，满肚子的牢骚，这种心态怎么能开放呢？二是充满自信，无所畏惧。幽默是一种"优势的表现"。形成这种优势感，除了地位、权势、财富之外，更多地还是源于自信心。尤其是在说话或演讲中，还没上台，心就扑通扑通地跳，站上台，腿打哆嗦，手发颤，头上冒汗，生怕讲不好，如此这般的紧张畏惧，还能幽默吗？心态开放，幽默自然而来。

（2）机智。这种机巧的智慧外化为幽默，表现为说话或演讲的内容给人以庄重严肃、

深刻隽永的恍然大悟以及形式给人以新奇别致的意外享受。

（二）幽默的使用

幽默的使用主要是把三个时间控制好：

第一个时间是进入幽默之前，不动声色，不做解释，悄然进入，造成突兀感，使听众摸不着头脑，没有任何心理准备。在平日的说话中，有的人一开口就说："下面我要跟大家讲个笑话"，"讲一个很好笑的故事"，"要让大家笑得打滚"。结果不仅引发不了笑声，反而落得个没趣。

第二个时间是造成悬念之后，反接之前，渲染要充分，要足以把听众引向一个与反接截然相反的歧途，并形成一个极为鲜明的心理定势，反差越大，心里扑空才越强烈，这是个关键。例如，

从前，有一个自认为是弹琴高手的人住在一家旅店，半夜三更，他又弹起琴来了。正弹得起劲，忽然听见传来一个女人凄凉的哭声，一连几晚都是这样。他把店主找来，问那个女人是谁。店主告诉他，是个寡妇，丈夫刚死不久。他想，当年司马相如不是因为琴声打动了卓文君吗？他连忙叫店主把那妇人找来了。他问："你为什么每晚都要哭呢，是不是因为听了我的琴声？"

"是的。"

"为什么？"

"因为一听你的琴声就想起我死去的丈夫。"

"你丈夫也很会弹琴吗？"

"他不会。"

"那他是干什么的？"

"他是弹棉花的。"

第三个时间是反接之前，要有较大的停顿，停顿的时间要足以迫使听众参与想象、参与思索，并产生极为强烈的期待感。例如，

相传，明代才子唐伯虎，给一位朋友的母亲贺寿，席间泼墨挥毫，画了一幅《蟠桃献寿图》献给老人，主宾皆喜，众人乘兴请他再给这幅图配一首诗，唐伯虎张口就出：

这个婆娘不是人，

话一出口，举座皆惊，主人满脸愠色。他不慌不忙接下一句：

九天仙女下凡尘。

全场转怒为喜，老太太更是乐不可支。可唐伯虎又来了一句：

生的儿子都是贼，

大家又愣住了，怎么这样说呢？老太太要发作了。

偷来蟠桃献母亲。

唐伯虎最后一句一出口，大家交口称赞，老太太更是开怀大笑。

试想，当初唐伯虎不间断地一口气把这四句诗念出来，能收到渐张渐弛，喜怒骤变，最后开怀大笑的效果吗？即使今天我们再来讲这则笑话，也同样不能一股脑儿讲出来。由此可见，这则笑话的原创者，是很懂得说话技巧的，尤其精通逗笑技巧。这种技巧的精妙之处，就在于巧妙地运用停顿。

十一、学会圆场

如果你能在他人处在尴尬的境遇中，巧妙地为其化解难堪，这样于人于己都有好处。所以，怎样为他人打圆场也是一门十分有用的交际技巧。

让人下不了台的事大多发生在人们料想不到的时候，但是，只要能及时地转换角度，巧说妙解，不但能给他人找个台阶，甚至能给生活增添某种乐趣。为他人打圆场的妙处在于真则假之，假则真之，正话反说，反话正说，让对方体面的从困窘中“拨”出来。

（1）有一次，一位导演有急事去女澡堂寻找一位女演员。在澡堂外喊了几声没有反应，就推门进去到更衣室，只想女演员在浴室，哪知她已回到更衣室，蒙着头巾在擦头，当然丰满的胸部以下完全暴露。女演员“啊”了一声，急忙转身隐蔽。同时，导演赶紧把门关上，也叫了一声“啊，对不起，大三郎先生！”导演顿时喊出了男明星的名字！室内的女演员一定在惊恐之余，抚摸着那丰满的胸部而长吁一口气。

这位导演故意干脆疏忽到底的做法了结此事，不使女演员感到羞怯，真是高明。

（2）在滑铁卢战役中打破拿破仑的英军元帅凯旋返回伦敦时，英国举办了一个想法相当隆重而盛大的庆祝宴会，不仅所有的士兵都参加了，而且还有许多名流和各阶层的人士。

晚宴开始，宾客落座，每人座前置一碗清水。这时候，竟有一位士兵端起清水喝了起来，所有的贵族都窃笑不已，这位士兵不知自己为什么被人取笑，整个脸都涨红了。

其实这碗清水是餐前洗手用的，士兵不懂得这一礼节，这才闹出了笑话。

这时，元帅端起清水：“各位，这位英勇的士兵在战斗中曾被围困在荒山，七天没有喝到水。让我们用这碗清水来敬他一杯！”宾客一听这话，不由得对那位士兵肃然起敬，士兵才从紧张尴尬的气氛中解脱出来。

十二、学装糊涂

莎士比亚在其著作《第十二夜》中，让主人公说出了这样一句话：“因为他很聪明，才能装出糊涂人来。彻底成为糊涂人，要有足够的智慧。”特殊场景中的假装糊涂其实是一种机智的应变。

某先生酷爱下象棋，但又好面子。一次与一高手对弈，连输三局。别人问他胜败如何，他回答道：“第一局，他没有输；第二局，我没有赢；第三局，本是和局，可他又不肯。”咋一听来，似乎他一局也没有输：第一局他没输，不等于我输，因下棋还有个和局；第二局我没赢，也不等于我输，还有和局嘛；第三局也不等于我输，本是和局，可他争强好胜，我让他了。

十三、学会自嘲

自嘲是缺乏自信者不敢使用的技术，因为它要我们自己骂自己，也就是要拿自身的失误、不足甚至生理缺陷来“开涮”，对丑处、羞处不予遮掩、躲避，反而把它放大、夸张、剖析，然后巧妙地引申发挥，自圆其说，博得一笑。没有豁达、乐观、超脱、调侃的心态和胸怀，是无法做到的。自以为是、斤斤计较、尖酸刻薄的人更难以望其项背。

著名的喜剧演员葛优秃顶，他就说：“热闹的马路不长草，聪明的脑袋不长毛！”全国人民喜欢的小品演员潘长江个头比较矮小，他却自豪地说："浓缩的都是精品!"

嘲笑自己的缺点是一个人人生态度的最高境界，是一种良好修养，一种充满魅力的交际技巧，使自己活得轻松洒脱，使别人感到你的可爱和人情味，有时还能更有效地维护自己的面子，建立起新的心理平衡。

作业

1．下列说法存在什么问题，应该怎么说？

（1）王某的同事得了病，王某安慰道："没关系，我的表哥得的病跟你一模一样，花了好几万块钱，跑了好几家医院，不到一年就死了。"

（2）张女士刚烫了头发，显得比平时更漂亮了。刘女士见了，赞美地说："你后边看起来怎么这么好看啊!"

2．下列问题应该怎样回答？

（1）李局长因工作失误挨了市长助理的一顿批评，很不服气，对助理说："今天市长都没有批评我，你凭啥批评我？"

（2）某人建议要健全监督机制，对领导也要实行监督，领导说："领导还要监督吗？"

3．下面的故事说明了一个什么道理？

明朝开国皇帝朱元璋，少年时当过放牛郎，交了一些穷朋友。称帝后，他总有一种高处不胜寒的感觉，总想找昔日的朋友叙叙旧。

一天，果然来了两位旧友，一人抢先说："我主万岁！皇上还记得吗？从前你和我都替财主放牛。有一天我在芦苇荡里，把偷来的青豆放在瓦罐里煮。没等煮熟，大家都抢着吃。你把罐子都打烂了，撒了满地的青豆，汤都泼在地上了。你只顾从地上抓豆吃，不小心把红草叶子送进嘴里，卡住了喉咙。还是我的主意，叫你把青菜叶吞下，才把卡在喉头的红草叶咽进肚里去。"朱元璋听了，脸一沉，厉声喝道："哪来的疯子，替我乱棍打出去!"

另一位旧友纳头便拜，然后叙起旧来："我主万岁！皇上还记得吗？当年微臣随驾扫荡芦州府，打破了罐州城，汤元帅在逃，拿住了豆将军，红孩儿挡道，多亏菜将军。那次战斗我们大获全胜。"朱元璋对旧友吹嘘的那场战争心知肚明，他把丑事说得含蓄动听，面上有光。又想起当年大家饥寒交迫有难同当的情景，心情激动，立即封这位旧友为御林军总管。

4．说服主要有三种诱导方式，下面的三则故事各使用了哪一种？

（1）《说苑》云："秦始皇太后不谨，幸郎嫪毐[lào'ǎi]，始皇取毒四支车裂之，取两弟扑杀之，取太后迁之咸阳宫。下令曰：'以太后事谏者，戮而杀之，蒺藜[jílí，名词作动词，用蒺藜打]其脊。'谏而死者二十七人。茅焦乃上说曰：'齐客茅焦，原以太后事谏。'皇帝曰：'走（自称的谦词）告若，不见阙下积死人耶？'使者问焦。焦曰：'陛下车裂假父，有嫉妒之心；囊（名词作状语，用口袋装着）扑两弟，有不慈之名；迁母咸阳，有不孝之行；蒺藜谏士，有桀纣之治。天下闻之，尽瓦解，无向秦者。'王乃自迎太后归咸阳，立茅焦为傅，又爵（名词作动词，授予爵位）之上卿。"

（2）《战国策·触龙说赵太后》：赵太后新用事，秦急攻之。赵氏求救于齐，齐曰："必以长安君为质，兵乃出。"太后不肯，大臣强谏。太后明谓左右："有复言令长安君为质者，老妇必唾其面。"左师触龙愿见太后，太后盛气而揖之。入而徐趋，至而自谢，曰："老臣病足，曾不能疾走，不得见久矣。窃自恕，而恐太后玉体之有所郄也，故愿望见太后。"太后曰："老妇恃辇而行。"曰："日食饮得无衰乎？"曰："恃鬻耳。"曰："老臣今者殊不欲食，乃自强步，日三四里，少益耆食，和于身。"太后曰："老妇不能。"太后之色少解。左师公曰："老臣贱息舒祺，最少，不肖；而臣衰，窃爱怜之。愿令得补黑衣之数，以卫王宫。没死以闻。"太后曰："敬诺。年几何矣？"对曰："十五岁矣。虽少，愿及未填沟壑而托之。"太后曰："丈夫亦爱怜其少子乎？"对曰："甚于妇人。"太后笑曰："妇人异甚。"对曰："老臣窃以为媪之爱燕后贤于长安君。"曰："君过矣！不若长安君之甚。"左师公曰："父母之爱子，则为之计深远。媪之送燕后也，持其踵，为之泣，念悲其远也，亦哀之矣。已行，非弗思也，祭祀必祝之，祝曰：'必勿使反。'岂非计久长，有子孙相继为王也哉？"太后曰："然。"左师公曰："今三世以前，至于赵之为赵，赵王之子孙侯者，其继有在者乎？"曰："无有。"曰："微独赵，诸侯有在者乎？"曰："老妇不闻也。""此其近者祸及身，远者及其子孙。岂人主之子孙则必不善哉？位尊而无功，奉厚而无劳，而挟重器多也。今媪尊长安君之位，而封之以膏腴之地，多予之重器，而不及今令有功于国，一旦山陵崩，长安君何以自托于赵？老臣以媪为长安君计短也，故以为其爱不若燕后。"太后曰："诺，恣君之所使之。"于是为长安君约车百乘，质于齐，齐兵乃出。

（3）《战国策·邹忌讽齐王纳谏》：邹忌修八尺有余，而形貌昳丽。朝服衣冠，窥镜，谓其妻曰："我孰与城北徐公美？"其妻曰："君美甚，徐公何能及君也？"城北徐公，齐国之美丽者也。忌不自信，而复问其妾曰："吾孰与徐公美？"妾曰："徐公何能及君也？"旦日，客从外来，与坐谈，问之客曰："吾与徐公孰美？"客曰："徐公不若君之美也。"明日，徐公来，孰视之，自以为不如；窥镜而自视，又弗如远甚。暮寝而思之，曰："吾妻之美我者，私我也；妾之美我者，畏我也；客之美我者，欲有求于我也。"于是入朝见威王，曰："臣诚知不如徐公美。臣之妻私臣，臣之妾畏臣，臣之客欲有求于臣，皆以美于徐公。今齐地方千里，百二十城，宫妇左右莫不私王，朝廷之臣莫不畏王，四境之内莫不有求于王：由此观之，王之蔽甚矣。"王曰："善。"乃下令："群臣吏民能面刺寡人之过者，受上赏；上书谏寡人者，受中赏；能谤讥于市朝，闻寡人之耳者，受下赏。"令初下，群臣进谏，门庭若市；数月之后，时时而间进；期年之后，虽欲言，无可进者。燕、赵、韩、魏闻之，皆朝于齐。此所谓战胜于朝廷。

5．读了下面这篇杂文，请把你的感想说出来。

肚子里的战争

王小波

我年轻时，有一回得了病，住进了医院，当时医院里没有大夫，都是工农兵出身的卫生员——真正的大夫全都下到各队去接受贫下中农再教育去了。话虽如此说，穿着白大褂的，不叫他大夫又能叫什么呢。我住院的第一天，大夫来查房，看过我的化验单，又拿听诊器把我上下听了一遍，最后还是开口来问：你得了什么病？原来那张化验单他没看懂。其实不用化验单也能看出我的病来：我浑身上下像隔夜的茶水一样的颜色，正在闹黄疸。我告诉他，据我自己的估计，大概是得了肝炎。

这事发生在 20 多年前，当时还没听说有乙肝，更没有听说丙肝、丁肝和戊肝，只有一种传染性肝炎。据说这一种肝炎中国原来也没有，还是 3 年困难时吃伊拉克蜜枣吃出来的——叫做蜜枣，其实是椰枣。我虽没吃椰枣，也得了这种病。大夫问我该怎么办，我说你给我点维生素吧——我的病就是这么治的。说句实在话，住院对我的病情毫无帮助，但我自己觉得还是住在医院里好些，住在队里会传染别人。

在医院里没有别的消遣，只有看大夫们给人开刀。这一刀总是开向阑尾——应该说他们心里还有点数，知道别的手术做不了。我说看开刀可不是瞎说的，当地经常没有电，有电时电压也极不稳，手术室是四面全是玻璃窗的房子，下午两点钟阳光最好，就是那时动手术——全院的病人都在外面看着，互相打赌说几个小时找到阑尾。后来我和学医的朋友说起此事，他们都不信，说阑尾手术还能动几个钟头？不管你信也好不信也罢，我看到的几个手术没有一次在一小时之内找到阑尾的。做手术的都说，人的盲肠太难找——他们中间有好几位是部队骡马卫生员出身，参加过给军马的手术，马的盲肠就很大，骡子的盲肠也不小，哪个的盲肠都比人的大，就是把人的个子小考虑在内之后，他的盲肠还是太小。闲着没事聊天时，我对他们说：你们对人的下水不熟悉，就别给人开刀了。你猜他们怎么说？“越是不熟就越是要动——在战争中学习战争！”现在的年轻人可能不知道，这后半句是毛主席语录。人的肠子和战争不是一码事，但这话就没人说了。

我觉得有件事情最可恶：每次手术他们都让个生手来做，以便大家都有机会学习战争，所以阑尾总是找不着。刀口开在什么部位，开多大也完全凭个人的兴趣。但我必须说他们一句好话：虽然有些刀口偏左，有些刀口偏右，但所有的刀口都开在了肚子上，这实属难能可贵。

我在医院里遇上一个哥们，他犯了阑尾炎，大夫动员他开刀。我劝他千万别开刀——万一非开不可，就要求让我给他开。虽然我也没学过医，但修好过一个闹钟，还修好了队里一台手摇电话机。就凭这两样，怎么也比医院里这些大夫强。但他还是让别人给开了，主要是因为别人要在战争里学习战争，怎么能不答应。也是他倒霉，打开肚子以后，找了三个小时也没找到阑尾，急得主刀大夫把他的肠子都拿了出来，上下一通紧倒。小时候我家附近有家小饭铺，卖炒肝、烩肠，清晨时分厨师在门外洗猪大肠，就是这么一种景象。眼看天色越来越暗，别人也动手来找，就有点七手八脚。我的哥们被人找得不耐烦，撩开了中间的白布帘子，也去帮着找。最后终于在太阳下山以前找到，把它割下来，天也就黑了，要是再迟一步，天黑了看不见，就得开着膛晾一宿。原来我最爱吃猪大肠，自从看过这个手术，再也不想吃了。

时隔近 30 年，忽然间我想起了住院看别人手术的事，主要是有感于当时的人浑浑噩噩，简直是在发疯。谁知道呢，也许再过 30 年，再看今天的人和事，也会发现有些人也是在发疯。如此看来，我们的理性每隔 30 年就有一次质的飞跃——但我怀疑这么理解是不对的。理性可以这样飞越，等于说当初的人根本就没有理性。就说 30 年前的事吧，那位主刀的大叔用漆黑的大手捏着活人的肠子上下倒腾时，虽然他说自己在学习战争，但我就不信他不知道自己是在胡闹。由此就得到一个结论：一切人间的荒唐事，整个社会的环境虽是一个原因，但不主要。主要的是：那个闹事的人是在借酒撒疯。这就是说，他明知道自己在胡闹，但还要闹下去，主要是因为胡闹很开心。

我们还可以得到进一步的推论：不管社会怎样，个人要为自己的行为负责——但作为杂文的作者，把推论都写了出来，未免有直露之嫌，所以到此打住。住医院的事我还没写完呢：我在医院里住着，肝炎一点都不见好，脸色越来越黄；我的哥们动了手术，刀口也总是长不上，人也越来越瘦。后来我们就结伴回北京来看病。我一回来病就好了，我的哥们却进了医院，又开了一次刀。北京的大夫说，上一次虽把阑尾割掉了，但肠子没有缝住，粘到刀口上成了一个瘘，肠子里的东西顺着刀口往外冒，所以刀口老不好。大夫还说，冒到外面还是万分幸运，冒到肚子里面，人就完蛋了。我哥们倒不觉得有什么幸运，他只是说：妈的，怪不得总吃不饱，原来都漏掉了。这位兄弟是个很豪迈的人，如果不是这样，也不会拿自己的内脏给别人学习战争。

6．阅读、品味和领悟下面三则故事，然后再说一说什么是幽默。

（1）一个大款坐飞机，他对空中小姐说："小姐，请给我来杯咖啡。"小姐没理他，这时，一只鹦鹉说："妈的，来杯咖啡。"小姐立刻端了一杯给它，大款见了，就说："妈的，给我也来杯咖啡！"小姐于是也端了一杯给他。小姐不高兴了，就把这件事告诉了机长，机长说："把他们两个给我扔下去！"这时，鹦鹉问大款："你会飞吗？"大款说："不会！"鹦鹉说："不会飞，你牛啥？傻了吧！"

（2）一个山民因冤狱被关进牢里，春天，他收到妻子的来信，信中描述了生活的种种困难，最后写道："眼下就该播种了，可咱家的地却没人翻。"山民看了很是难过，思量了一夜，第二天给妻子回信道："种地的事不急，我进来之前在地里埋了一坛元宝，等我出去以后咱们不用靠种地过活了。"犯人的信看守都要检查，这封信也不会例外。几天后，山民的妻子又来信道："昨天，来了一帮人，把咱们的地全翻了个遍，比你在家时翻得还要深。他们是你的朋友吗？"山民马上回信道："不要管那么多，现在可以种地了，明年的日子还要靠秋天的收成呢。"

（3）有一个乞丐守着一只破碗，懒洋洋地躺在路边晒太阳。因为刚才有一个富人经过时，扔给他 10 元钱，那么他就不用为今天的饭钱担心了，所以，他要美美地睡上一觉。

这时候，一个西装革履的年轻律师走过来，并客气地说："先生，请你在上面签个名。"乞丐感到很惊讶，当签完名后，他才彻底弄明白：原来，他的一个远房亲戚死了，临终时，把百万遗产留给了他。眨眼之间，他便从一个乞丐变成了百万富翁。这件事情，很快就在这个城市传开了。后来有一个记者特意采访了他，问道："你得到了这么多的遗产，最想做的事情是什么？"

他回答说："首先，我想去买一只像样一点的碗，然后再去买一根漂亮的棍子，这样，我就可以像模像样的讨饭了。"

7．自创或收集 1～3 个幽默故事或笑话。

第五讲　谈 判 口 才

学习目标

1. 懂得谈判的重要意义。
2. 学习并掌握谈判语言的运用技巧。

自从有了人类，谈判就存在了。在当代社会，谈判是一种协调人们行为的基本手段。大到解决国际争端，小到协调人际关系，都离不开谈判。哈佛大学教授、美国语言学家约克·肯说：“生存，就是与社会、自然进行的一场长期谈判，获取你自己的利益，得到你应有的最大利益，这就看你怎么把它说出来，看你怎么说服对方了。”一般说来，我们必须掌握以下几种谈判的技巧。

一、倾听的技巧

谈判就是需要更多倾听的交际活动之一。“多听少说”是一个谈判者应具备的素质和修养。通过听，可以发掘材料，获得信息，了解对方的动机、意图并预测对方的行动意向。从某种意义上讲，“听”比“说”的重要性更大，请看下例：

爱迪生在作某公司电气技师时，他的某项发明获得了专利。一天，公司经理突然派人把爱迪生叫到经理室，表示愿意购买爱迪生的发明专利，并让爱迪生先报价。爱迪生想了想，回答道：“我的发明对公司有怎样的价值，我是不知道的，请你先开个价吧。”“那好吧，我出40万美元，怎么样？”经理爽快地先报了价。谈判顺利结束了。事后，爱迪生这样说：“我原来只想把专利卖5000美元，因为在实验上还要用很多钱，所以，再便宜些我也是肯卖的。”

这里有两点值得注意：

（1）首先，在倾听时不要抢话和急于反驳，这样不仅会打乱别人的思路，还会耽误自己倾听。即使要反驳对方的某些观点，也应在听完对方阐述之后，对别人讲话的全貌和动机尚未全面了解就急于反驳，不仅会使自己显得浅薄，而且往往会使己方陷于被动。其次，在倾听的过程中要学会忍耐。当对方说出你不愿意听，甚至冒犯你的话时，只要对方未表示已经说完，都应当倾听下去，切不可打断说话，甚至反击或离席，以免掉入对方为你设下的“陷阱”里。再次，在倾听过程中，要适当地做记录，尤其是在长时间且比较复杂的谈判中，谈判者应当对所获得的重要信息做适当的记录，作为后续谈判的参考，不要过分相信自己的理解力和记忆力。最后在倾听的同时，还应结合其他渠道获得的信息，理解所听到的信息。把从不同途径、不同方法获得的信息综合起来进行全面理解，判断对方的真实意图。

（2）给自己创造倾听的机会。一般人往往以为在谈判中，讲话多的一方占上风，最后一定会取得谈判的成功。其实不然，如果谈判中有一方说话滔滔不绝，垄断了大部分时间，那也就没有谈判可言了。因而应适当地给自己创造倾听的机会，尽量多给对方说话的机会。通常在简明地表达自己的意见以后，加上一句："我很想听听贵方的高见。"或："请问您的意见如何？"从而把发言的机会让给对方。

三位日本商人代表日本航空公司和美国一家公司谈判。谈判从早上 8 点开始，进行了两个半小时。美国代表以压倒性的准备资料淹没了日方代表，他们用图表解说、电脑计算、屏幕显示以及各式的数据资料来回答日方提出的报价，而在整个过程中，日方代表只是静静地坐在一旁，一句话也没说。终于，美方的负责人关掉了机器，重新扭亮了灯光，充满信心地问日方代表："意下如何？"一位日方代表斯文有礼、面带微笑地说："我们看不懂。"美方代表的脸色忽地变得惨白："你说看不懂是什么意思？什么地方看不懂？"另一位日方代表也面带微笑地说："都不懂。"第三位日方代表以同样的方式慢慢答道："当你将会议室的灯关了之后。"美方代表松开了领带，斜倚在墙边，喘着气问："你们希望怎么做？"日方代表同声回答："请你再重复一遍。"美方代表彻底地失去了信心，因为他们不可能将长达两个半小时的介绍重新讲一遍，美方终于不惜代价，只求达成协议。

总之，倾听不仅可以了解对方真实的需要，感知对方的心理状态，而且可以改善谈判双方的关系，促进谈判的进程和双方的合作。倾听是谈判语言的一个重要形式，也是谈判者必须具备的一个素养。

二、提问的技巧

提问首先要有一定的目的，然后通过一定的方式表达出来。为了获得良好的提问效果，需掌握以下提问要诀：

（1）提问的时机必须把握好，既不能太早，又不能太晚。太早容易过早地将谈判意图暴露给对方，太晚又影响谈判的进程。在对方发言时，如果我们脑中闪现出疑问，千万不要中止倾听对方的谈话而急于提问题。这时我们可先把问题记录下来，等待对方讲完后，有合适的时机时再提出问题。通过总结对方的发言，可以了解对方的心态，掌握对方的背景，这样发问才有针对性。此外，不要在对某一话题的讨论兴致正浓时提出新的问题，而要先转移话题的方向，然后再提出新的问题，这样做有利于对方集中精力构思答案。

（2）适当的时候，可以将一个已经发生，并且答案也是我方知道的问题提出来，验证一下对方的诚实程度及其处理事物的态度。同时，这样做也可给对方一个暗示，即我方对整个交易的行情是了解的，有关对方的情况我们也是掌握很充分的。这样做可以帮助我方进行下一步的合作决策。

有一次，华盛顿家里丢了一匹马，他获悉是一位邻居偷走了，就同一位警官去索要。但邻居声称那是他自己家的马，华盛顿灵机一动，走上前去，用双手捂住马的眼睛，然后对邻居说："告诉我，你的马哪只眼睛瞎了？""右眼。"邻居答道。华盛顿放开蒙右眼的手，马的右眼并不瞎。"我说错了，马的左眼才是瞎的。"邻居急着争辩道。华盛顿放开蒙左眼的手，马的左眼也不瞎。"我又说错了……"邻居还想狡辩。"是的，你错了。"警官说，"已经证明马不是你的了，你必须把它还给华盛顿先生。"

注意要以诚恳的态度来提出问题。这有利于谈判者彼此感情上的沟通，有利于谈判的顺利进行。

三、回答的技巧

（1）回答问题之前，要给自己留有思考时间。为了使回答问题的结果对自己更有利，在回答对方的问题前要做好准备，以便构思好问题的答案。回答的准备工作包括三项内容：一是心理准备。即在对方提问后，要利用喝水、翻笔记本等动作来延缓时间，以稳定情绪，而不是急于回答。二是了解问题。即要弄清对方所提问题的真实含义，以免把不该回答的问题也答了出来。三是准备答案。答案应只包括那些该回答的部分。

（2）部分回答。谈判中有一种“投石问路”的策略，即谈判方借助一连串的发问来获得己方所需要的信息和资料，此时不应对其所有问题都进行回答，以免使其获得我方许多重要的情报而使我方谈判处于不利地位。这时可只做局部的答复，使对方不了解我方的底牌。

（3）“答非所问”。当有些问题不好回答时，回避答复的方法之一是“答非所问”，即似乎在回答该问题，而实际上并未对这个问题表态。

（4）拖延答复。谈判中有时在表态时机未到的情况下可采取拖延答复的方式。你可用“记不得了”或“资料不全”来拖延答复。有时还可以让对方寻找答案，亦即让对方自己澄清他所提出的问题。例如，可以这样说：“在回答你的问题之前，我想先听一听你的意见。”

（5）模糊答复。这种答复的特点是借助一些宽泛模糊的语言进行答复，使自己的回答具有弹性，即使在意外情况下也无懈可击。它可以起到缓和谈判气氛，使谈判顺利进行，同时保护己方机密的作用。例如说：“这件事我们会尽快解决。”这里的“尽快”就很有弹性，具体时间到底是什么时候，并没有说清楚，有很大的回旋余地。

（6）反问。其特点是在倾听完对方的问题后，通过抓住关键的问题向对方反问以掌握主动。例如，买方：“请谈一下贵方价格比去年上涨10%的原因。”卖方：“物价上涨与成本提高的关系是不言而喻的。当然如果你对这个提价幅度感到不满意的话，我很乐意就你觉得不妥的某些具体问题予以解释澄清，请问什么方面使你觉得不妥?”

总之，回答问题的要诀在于知道该说什么，不该说什么，回答到什么程度，不必过多考虑所回答的是否对题。谈判毕竟不是做题，很少有“对”或“错”那么确定而简单的回答。在答复时，若对方打岔，则让他这样做下去，不要干涉他。这会对你以后的答复提供有用的信息。

四、辩论的技巧

辩论具有较高的技巧性，作为一名谈判者，要不断提高自己的思辨能力，从而能在辩论中取得良好的效果。

（1）要观点明确。谈判中的辩论就是论证自己的观点、反驳对方观点的过程，因此必须做好材料的选择、整理、加工工作。辩论中，事实材料要符合观点的要求，以免出现漏洞。在充分讲理由、提根据的基础上，反驳对方的观点，从而达到“一语中的”的目的。

（2）要逻辑严密。谈判中的辩论过程常常是在相互发难中完成的。一个优秀的谈判者应该头脑冷静、思维敏捷，才能应付各种各样的局面。在辩论时要运用逻辑的力量。真理是在相互辩论中产生的，在谈判条件相差不多的情况下，谁在辩论中能思维敏捷、逻辑严密，谁就能取得胜利。

（3）态度要客观公正。谈判中的辩论要充分体现现代文明，不论双方的观点如何不同，态度要客观，措辞要准确，要以理服人，决不能侮辱诽谤、尖酸刻薄和进行人身攻击。

（4）不纠缠枝节。参加辩论的人要把精力集中在主要问题上，而不要陷入枝节问题的纠缠中。反驳对方的错误观点要抓住要害，有的放矢，坚决反对那种断章取义、强词夺理等不健康的辩论方法。论证自己的观点时要突出重点、层次分明、简明扼要，不要东拉西扯、言不对题。

（5）适可而止。谈判中辩论的目的是证明自己观点的正确，以争取有利于自己的谈判结果。因此，辩论一旦达到目的，就要适可而止，不可穷追不舍。切记，谈判不是进行争高比低的竞争。

（6）处理好优劣势。辩论一旦占有上风时，要以强势压顶，气度恢弘，并注意借助语调、手势的配合，渲染自己的观点，但不可轻狂、放纵、得意忘形、口若悬河、独占讲坛。须知，谈判中的优劣势是相对的，而且是可以转化的。谈判桌前不是显示表达能力的地方，那种不看场合、不分对象的做法，反而会弄巧成拙。

（7）注意举止气度。谈判中的辩论应注意举止气度。这样不仅能给人留下良好的印象，而且在一定程度上能促使辩论气氛的健康发展。须知，一个人的良好形象有时会比他的语言更有力。

五、说服的技巧

在说服艺术中，运用历史经验或事实去说服别人，无疑比那种直截了当地说一番大道理要有效得多。善于劝说的谈判者懂得人们做事、处理问题都是受个人的具体经验影响的，抽象地讲大道理的说服远远比不上运用经验和例证去进行劝说。请通过下例看萨克斯是怎样说服罗斯福总统接受制造原子弹的建议的，工厂老板如何说服工人代表而平息罢工事件的。

第二次世界大战期间，一些美国科学家试图说服罗斯福总统重视原子弹的研制，以遏制法西斯德国的全球扩张战略。他们委托总统的私人顾问、经济学家萨克斯出面说服总统。但是，无论是科学家爱因斯坦的长信，还是萨克斯的陈述，总统一概不感兴趣。为了表示歉意，总统邀请萨克斯次日共进早餐。第二天早上，一见面，罗斯福就以攻为守地说："今天不许再谈爱因斯坦的信，一句也不谈，明白吗？"萨克斯说："英法战争期间，在欧洲大陆上不可一世的拿破仑在海上屡战屡败。这时，一位年轻的美国发明家富尔顿来到了这位法国皇帝面前，建议把法国战船的桅杆砍掉，撤去风帆，装上蒸汽机，把木板换成钢板。拿破仑却想：船没有帆就不能行走，木板换成钢板就会沉没。于是，他二话没说，就把富尔顿轰了出去。历史学家们在评论这段历史时认为，如果拿破仑采纳了富尔顿的建议，19 世纪的欧洲史就得重写。"萨克斯说完，目光深沉地望着总统。罗斯福总统默默沉思了几分钟，然后取出一瓶拿破仑时代的法国白兰地，斟满了一杯，递给萨克斯，轻缓地说："你胜利了。"萨克斯顿时热泪盈眶，他终于成功地运用实例说服总统做出了美国历史上最重要的决策。

英格兰某地有一家著名的鞋厂闹起了罢工，工人们组成工会，推举了三个代表去向老板要求增加15%的工资，就这家鞋厂本身来说，还是可以维持下去的，但如果工潮还这样闹下去，则工资增加以后，就会濒临破产。

老板对这一点当然是知道的。当那三个代表出来交涉时，他也知道来者不善，便小心翼翼地应付，郑重地去和他们个别谈话。结果，这场严重的工潮后来竟然获得了平息。你可知道这是为什么吗？

这主要归功于老板是一位很有手腕的人，当第一位代表前来谈判时，他装出十分合作的神情笑着说："我今天请你来不是想和你辩论，而是要通过谈话来彼此了解。你们工人，为什么都觉得必须要增加工资呢？"

那个代表毫不犹豫地回答道："老板，你问我们要求增加工资的理由吗？那是因为生活费用提高了，我们当工人的，只是希望获得的工资能满足一家人的开支，那不是很公平吗？"

"是的，那很对！我很明白由于货币贬值，使你们的工资打了折扣。可是你们也得帮我们想想，如果再抬高工资的话，我这个工厂能否支持下去呢？"

"这一点我们承认，但我们没有必要站在你们的立场上考虑问题！"

"你这话理由不充分。因为，我工厂现在的情况，和你们的工资是密切相关的。你要知道，目前我们所用有原料的价格，也在一天比一天高涨啊！"

"不错，原料价格也确实在张。"

"不但是原料价格上涨，而且我们的税赋也在增重，你们知不知道？"

"这与我们工人相距较远，所以我们不知道！"

"你们不知道？但你们应该看见现在厂中货物及销售量减低啊！"

"那跟我们没关系，我们只知道工资不能满足一家人的支出，因而想要求增加工资。"

"这些都是有连带关系的，你们家中的情况我绝对知道。不过，现在问题的重心不是我给不给你们加工资，而是要不要给你们付工资。"

"这话有点蹊跷，请问这是什么意思？"

"意思是这样的，我厂中此刻的收入连开销都不够，如若再要加工资，虽然仅是一个小小的数目，也许我们就维持不下去了！"

"这些话都是真的吗？老板！"

"当然是真的，我可以把账目公开给你们看。"

老板说话时，一边把账目拿出来摆在桌上，接下去说道："这是我们去年买进的一批劣等货，但是这一笔数目已经这么大了。"他清楚而简单地说明了工厂的处境，那个工人代表是个很有头脑的人，自然明白了。

第二位代表一进门，老板的态度立刻完全变了，他说道：

"对不起，我已经考虑过你们的要求了，不过我无论怎样都不能答应的！"

"不能答应？那么我只有辞职！"

"好的，好的！请你们尽管放心，你们走出我的工厂后，我决不会再找第二批工人来继续做工，我会关门大吉！”

“工厂一关门，你的损失不是会更大。”

“老实告诉你吧，也许我现在关门，倒不会有一点损失。千做万做蚀本的生意我不做，就是我有足够的财产我也不愿做的。对于你们，我原本希望给你们公平的待遇，但我不能赔本给你们加工资。”

“老板，这一部分是你的事，你另想办法解决！我只想知道你到底给我们加不加工资？”

“我不能加！”

“好，我们既然没有其他的法子可想，我们就只能采取罢工这一条路了！

“随你的便吧。但我要你们记住一条，我在这个地方住了几十年了，大家都知道我是一个很公平的人。无论是外面的人还是厂里的工人，都明白我对雇员和工人从不刻薄。我一向一言为定，罢工的事是你们工人自己的事，你们工人一定比我更痛苦，但这是谁的错呢？还有你，简直是一个鼓动工潮的激进分子，前次罢工你也曾经煽动，好，我决定将你的底细告诉大家，我想大家一定会明了谁是扰事者。你尽管鼓动罢工吧，工厂若今天关门，全体失业的工人都会找你算账。我的话到此为止。”

于是，在老板这一片严肃决断的说话声中，他只好退出门去了。老板于是更加镇定。

第三个进来的是位女工代表，名叫马利亚。老板对她又换了另一个态度。他说：“哦，我请你来是为了要你告诉我，这次你们究竟为了什么事罢工？”

“你现在还不明白吗？老板！总之你不能给我们加工资，我们便无法在继续工作下去了。”这是马利亚的回答。

“你们不工作好了，我这工厂也不想再开下去了。工厂关了门，你们就会失业，你们有这个决心吗？反过来说，假使我增加了你们的工资，我厂里就要增加开支，但现在我厂里根本无法赚到这笔钱，这赔本生意我做不起！”

“但是我们好好工作，是为了换取劳动力的代价，我们只是要求这个代价公平。”

“马利亚，你太不顾我们厂方的困难了！我得请问：你有没有从你的工资里积蓄起钱来？”

“谈不上积蓄，因为我每个月都要养活我的父母！”

“但是你们工人中间，有许多人是积蓄了钱的对不对？”

“厂主，这可不见得，因为，一般工人都靠辛苦挣来的钱养家糊口！”

“真的吗？这可大大遭了！既然是这样，我可真替你们担心这个冬天了！”

“请告诉我，这几句话是什么意思？”

“好，我告诉你，我是说现在物价昂贵了，开支大了，一些既无职业又无积蓄的人，他们冬天的日子将怎么过呢？”

“老板，你既然知道我们可怜，给我们增加工资吧。”

她变成了哀求的口吻。“是啊！我应当可怜你们，也知道你们的痛苦，我也自信能帮你们的忙，这当然是在工厂开工的情况下。但若工厂关了门，我也就无可奈何了！”

在老板的一片自言自语之中，马利亚也很快退了出去。

就这样，一场严重的工潮圆满地解决了。

作业

1．谈判语言的运用技巧有哪些？

2．案例分析。

（1）一位世界著名谈判家的邻居是一位医生，在一次台风过后，医生的房子受到了严重的损害。医生希望能从保险公司多获得一些赔偿，但自感自己没有这种能力，于是找到了这位谈判家。

谈判家答应帮忙，并问医生："你希望能得到多少赔偿呢？"

医生回答："我希望通过你的帮助，保险公司能赔偿我500美元。"

谈判家点点头，然后又问道："那么请你实实在在地告诉我，这场台风究竟使你损失了多少钱？"

医生回答道："我的房子实际损失在500美元以上。"

几个小时以后，保险公司的理赔调查员找到了谈判家，并对他说："我知道，像您这样的专家，对于大数目的谈判是权威，但这次您恐怕无法发挥才能了，因为根据现场的调查情况，我们不可能赔得太多。请问，如果我们只赔您300美元，您觉得怎么样？"

谈判家沉吟了一会，然后对调查员说："你的顾客受到这么大的损失，你居然还有心思开玩笑？任何人都不可能接受这样的条件。"双方沉默了一会儿，理赔调查员打破了僵局："您别把刚才的价钱放在心上，不过我们最多也就能赔400美元了。"

谈判家回答说："看一看毁坏的现场，你就会知道这点钱是多么的可怜。绝对不行！"

"好吧，好吧，500美元总该行了吧？"

"小伙子，别轻易下结论，我们再一起去看看现场吧。"

在谈判家的一再坚持下，这一桩房屋理赔案的谈判，最终竟以不可思议的1500美元的赔偿费了结，这大大出乎医生的预料。

问题：谈判家到底从理赔员的谈话中听出了什么，以致他放心大胆地与对方讨价还价，甚至当对方已出到他和医生预先设定的价格时仍不让步？

（2）A公司是一家实力雄厚的房地产开发公司，在投资的选项上，相中了B公司所拥有的一块极具升值潜力的地皮，而B公司正想通过出卖这快地皮获得资金，以将其经营范围扩展到国外。于是双方精选了久经沙场的谈判干将，对土地转让问题展开磋商。

A公司代表："我公司的情况你们可能也有所了解，我公司是某公司、某某公司（均为全国著名的大公司）合资创办的，经济实力雄厚，近年来在房地产开发领域业绩显著。在你们市去年开发的某某花园，收益很不错，听说你们的周总也是我们的买主啊。你们市的几家公司正在谋求与我们合作，想把他们手里的地皮转让给我们，但我们没有轻易表态。你们这块地皮对我们很有吸引力，我们准备把原有的住户拆迁，开发一片居民小区。前几天，我们公司的业务人员对该地区的住户、企业进行了广泛的调查，基本上没有什么阻力。时间就是金钱啊，我们希望能以最快的速度就这个问题达成协议，不知你们的想法如何？"

B公司代表："很高兴能与你们有合作的机会。我们之间以前虽然没有打过交道，但对你们的情况还是有所了解的。我们遍布全国的办事处也有多家住的是你们建的房子，这可能也是一种缘分吧。我们确实有出卖这块地皮的意愿，但我们并不是急于脱手，因为除了你们公司外，兴华、兴运等一些公司也对这块地皮表示出了浓厚的兴趣，并且正在积极地与我们接洽。当然了，如果你们的要求比较合理，价钱比较合适，我们还是希望优先与你们合作的，我们可以帮助你们简化有关手续，使你们的工程能早日开工。"

问题：你对 A、B 两公司代表的叙述技巧如何评价？

3．实战演习。

民族团结，祖国统一，是人心所向，大势所趋。将学生分成两组，一组作为台湾代表，一组作为大陆代表，双方就"台湾回归祖国，实现祖国统一"进行模拟谈判。

第六讲 推 销 口 才

学习目标

1. 真正领悟和掌握推销语言艺术。
2. 学会推销。

俗语说："货卖一张嘴。"

在推销活动中，语言的优劣，确实能带来推销效果的巨大差异。美国新泽西州一对老夫妇准备卖掉他们的住房。他们委托一位房地产经纪商承销。这家房地产经纪商请老夫妇出钱在报纸上刊登了一个广告。广告的内容很简短："出售一套住房，有六个房间，壁炉、车库、浴室一应俱全，交通十分方便。"

广告刊出一个月后无人问津。老夫妇又刊登了一个广告，这次他们亲自拟写广告词："住在这所房子里，我们感到非常幸福。只是由于两个卧室不够用，我们才决定搬家。如果您喜欢在春天呼吸湿润新鲜的空气；如果您喜欢夏天庭院里绿树成荫；如果您喜欢在秋天一边欣赏音乐一边透过宽敞的落地窗极目远望；如果您喜欢在冬天的傍晚全家人守着温暖的壁炉喝咖啡时的气氛，那么就请您购买我们这所房子。我们也只想把房子卖给这样的人。"广告登出不到一个星期，他们就搬家了。

这就告诉我们，只有优秀的推销语言才能起到刺激购买欲望的作用，所以若想取得优异的业绩，推销员必须在语言上下一番功夫。

一、推销语言艺术

先看三个事例：

（1）有一次，一个朋友向胡小姐介绍了一个企业的老总，胡小姐兴冲冲地去了。没想到，一见面，老总就给她来了一个下马威，说："你这么年轻、漂亮，又有高的学历。你干什么不好？偏偏要去干保险。我就没有发现保险有什么好，起码我就从来不买保险。"这盆凉水泼下来，胡小姐的心立即凉了，但她很快调适好自己的心情，满脸笑容地对老总说："您说得太对了，说到我的心坎儿上去了！"老总一愣：明明我不想买保险才拒绝你，怎么说得太对了呢？

只听胡小姐说："您说得很对。我年轻，也不算难看，又有高的学历，怎么跑到保险这一行业中来了呢？我是朋友介绍到这个行业来的。做了一段时间，正在矛盾。既然您提到做保险有什么好，那就请您帮我总结一下：保险到底有什么不好，我好以此作为不干这个行业的依据。"紧接着，她就拿出一个本子来，准备记录。

一见她这样虔诚，老总就开始一一讲述保险不好的地方来了，共四条。讲完四条之后，再也讲不出来了，加上看到这么可爱的一个姑娘在自己面前，也不应该太过分。于是就说了一句："当然，保险也不是什么都不好，也有它好的一面。"

胡小姐等的就是这句话，立即接着说："我知道您是学经济的，关于保险的好处，想必您也肯定会总结得好的。"于是，这位老总就开始总结起保险的好处来了，胡小姐又擅长引导，老总不知不觉越谈越开心。当谈到一定程度的时候，胡小姐一笑，说："谢谢您的总结。您看，您总结的保险的好处有七条，短处有四条。您看，我应不应该选择这个行业呢？"

老总一听，愣了，之后哈哈大笑，说："好吧，我本来对保险是有很大抵触的，但经你这么一说，我就下决心投保了"于是，胡小姐签下了平生最大的一个保单。

（2）一对夫妇希望购买一辆旧车，但看了好几次都不满意，迟迟下不了决心。根据仔细观察，推销员发现这对夫妇自尊心很强，而且还爱挑剔。于是，他对他们的挑剔不但一点也不抱怨，反倒夸奖他们有眼光，既使不买，他每次还是十分热情地送他们出门，并恳切地表示以后还要向他们请教。

几天后，"请教"的机会来了。一位顾客到店里想卖掉自己的旧车，经过讨价还价，最后以 500 美元的低价成交。之后，他打电话给那对夫妇，说有人向他推销一部旧车，但他拿不太准，所以想请他们夫妇过来指教。在热情的邀请下，那对夫妇很高兴，很快就过来了。他带他们仔细看了这辆车，然后说："经过几次接触，我越来越敬佩你们。你们都是通晓汽车的人。这辆车，麻烦你们看一看，它到底能值多少钱？"

受到这样的尊敬，这对夫妇既吃惊又感动，对这辆车又摸又看，最后说："我们认为，如果车主愿意以 800 美元卖掉，你就立即买下来吧。"

推销员对他们的建议再次感谢，然后提出："假如我花这么多钱把车买下，你们不想再从我这里买走吗？"

"很愿意啊！"当妻子的立即说，不过马上又开始犹犹豫豫，说："你先买下的话，不要加价吗？"

"没关系，这点你们不用担心，既然是你们看准的，就照 800 美元给你们吧！"

那对夫妇高高兴兴地从推销员手上将这辆车买走了，双方皆大欢喜。

（3）一个名叫辛迪的美国家庭主妇，突发奇想，要依靠自己的力量，三年内购买一栋六百多平方米的房子，对一个家庭主妇来说，这是一个不大可能实现的规划。

辛迪决定写一本畅销书，卖出 100 万本，她把这个点子一讲，换来老公一阵嘲笑。辛迪想："别人可以做的事，我一定也能做到。"

女性通常去超级市场、美容院等地方，所以辛迪专门打电话给超级市场的采购员以及美容院的老板。

"我是作家，最近出了一本书，一定会成为畅销书。摆在你们这里，能够帮你赚不少的钱。"辛迪说，"我寄给你一本样书，一周后，我再打电话给你。"

辛迪不是对别人说："你到底有没有兴趣购买？"而是直接就问："你要订购多少本？"

一周后，她打来电话："我是辛迪，你看过我的书没有？你准备订购 5000 本，还是 1 万本？"

对方说："辛迪，你可能不了解，我们这个超级市场销售任何一本书，从来没有超过 2500 本。"

辛迪说："过去等不等于未来？"

对方说："不等于。"

"所以，总有一个开始，你准备订购5000本，还是1万本？"

对方说："那……我订4000本。"

第一笔生意就这么成交了。

辛迪打电话问第二个人："我是辛迪，收到我的书没有？你将订1万本，还是2万本？"

对方说："你的书很幽默，我和同事都很欣赏。但是，我们订书从来没有这么大的量，我订购4000本。"

辛迪说："你简直在侮辱我，像你这么大的连锁店，才订4000本？你不止侮辱我，还在侮辱你自己，难道连你都不相信你的连锁店卖得出去吗？

对方吓了一跳，说："别人一般订购多少本？"

辛迪说："1万本到2万本。"

对方说："那我订1.2万本。"

之后，辛迪卖书给军队。

对方说："这里的人不会有兴趣的，我们都是男人，你不可能在这里销售任何书。"

辛迪说："请问，你的上司是谁？"

"不，我上司也不可能买。"

辛迪说："把这本书交给你上司，下周，我打电话找你的上司。"

一周后，对方打电话："辛迪，我的上司说，我们决定订购4000本。"

因为他的上司是女的，她想："天天被男士兵这样整，我现在弄一本书来整你们。"

不管多少人对你说"不"，都不重要，关键是找到下一个说"是"的人，这是辛迪得到的一个经验。她的书从未在任何一家书店卖过，完全是自己推销的。

以后，她又写了几本书，都很畅销。这时，辛迪的愿望已不仅仅是买一栋大房子了。

从以上的三个例子中，我们可以得到以下推销口才的技巧：

1. "问"

推销最应该做的事情，是学会把"！"变为"？"，即不要强力推销，而要更多地了解和满足别人的需求。这是一门大功夫，也蕴藏着大智慧。这期间，巧妙设问是关键。比如，当推销中遇到"不要"、"今天不买"、"先看看"、"再说吧"等托词时，推销员要能够分析出顾客的心理状态：他们可能对价格不满意；可能时机不到；可能不喜欢这个牌子；可能根本无意购买……针对多种状况，推销员就可以有的放矢地发问了。只要顾客有了一次回答，就要抓住机会继续发问，在交谈中进一步了解顾客，以促成交易。

通过各种有效的"问"的语言艺术，推销员可以探知顾客的心理类型，洞悉顾客的心理活动，了解销售障碍的形成原因，从而为促使顾客达成购买行动奠定基础。

例如，一位年轻的女士来到服装柜台前，仔细观看着挂在衣架上的几款"亚历山德拉"牌羊毛衫。稍倾，她从一架上取下一款红黄相间几何图案的羊毛衫，端详了一会儿对售货员说："请问这件多少钱？""80元。"售货员回答道。"好，我要了！"那位女士把毛衣放在服务台上，边掏钱边对售货员说。

为她包衣服的时候售货员恭维了她一句："小姐真有眼力，很多人都喜欢这种款式的。"不料，那位年轻的女士听了售货员的话，沉吟片刻，然后微笑着对售货员说："抱歉，我不要了！"

没想到，售货员的一句恭维话反倒使客户中止了购买！售货员客气地问："怎么，这样子您不喜欢吗？""有点。"她很客气地回答，然后准备离开。这位售货员立即意识到，自己刚才那句恭维话可能是个错误，必须赶紧补救。售货员趁她还未走开，赶紧问："小姐，您能否告诉我您喜欢哪种款式的？我们这几款羊毛衫是专门为像您这样气质高雅的年轻女士设计的，如果您不喜欢请留下宝贵意见，以便我们改进。"

听了售货员的话，她解释道："其实，这几款都不错，我只是不太喜欢跟别人穿一样的衣服。"噢！原来这是位不追求时尚，喜欢标新立异，与众不同的顾客。"小姐，请您原谅。我刚才说很多人都看中的这种款式，但由于质量好，价格高一点，所以买的人并不多，您是这两天里第一位买这种衣服的顾客。而且，这种款式我们总共只做了 10 件……"经过售货员的一番争取，那位女士终于买走了那件羊毛衫。

在这看似平常的案例中，包含了一个比较复杂的问题：如何发现顾客拒绝购买的深层理由。顾客之所以中止购买，是因为喜欢标新立异、不愿从众随俗。售货员以征求意见的方式了解顾客中止购买的原因，显得十分自然，也体现了对顾客的尊重，使顾客很难拒绝回答，这也反映了这位售货员具有良好的素质。

2. "诱"

诱发顾客的消费欲望，需要与众不同的鲜明的语言。最常用的有层层诱导和定向诱导两种。层层诱导是指在不让顾客感受压力的原则上，一层一层地推进，把顾客诱入推销的导向，促其完成购买行动。定向诱导是指有目的地诱导顾客做定向回答的说话艺术。如卖甜酒的小商贩，常常有这样两种问法，却带来了两种销售结果：①要不要加鸡蛋？②请问，您是加一个鸡蛋还是加两个鸡蛋？显然，第二种问法要聪明得多。第二种发问就属于定向诱导，把顾客诱入了扩大鸡蛋销售量的导向。

一位顾客走到玩具摊前，伸手拿起一只声控的玩具飞碟。"您好！您的小孩多大了？"售货员彬彬有礼地试探信息。"10 岁。"顾客不经意地回答是售货员顿时兴奋起来："10 岁，这样的年龄正是玩这种飞碟的时候。"她一边说，一边打开玩具飞碟的开关，拿起声控器，熟练地操作着，并诱导说："玩这种飞碟，可以让孩子从小培养强烈的领导意识。""多少钱？""80 元。""太贵了！""70 元好了。"话题转移到了价格的议定。售货员洞悉家长的心情，为了孩子的成长，一般家长都是不惜代价的，于是，她又进一步诱导说："跟培养孩子的领导才能相比，这实在是微不足道。"售货员机灵地拿出两节崭新的电池，说："这样好了，这两节电池免费奉送。"说着，便把一个原封的声控玩具飞碟，连同两节电池，一起塞进备用的塑料袋里递给顾客。"不用试一下吗？""质量绝对保证。"付款，递上发票之后，售货员又补充说："如有质量问题，三天之内凭发票掉换。"

这场交易，虽然历时短暂，但也十分曲折，话题有介绍商品，到议定价格，到质量保证，依次递进，层层诱导，体现了售货员高超的语言诱导技巧。

3. 幽默

幽默的推销语言本身就是一种具有艺术性的广告语。例如，一位推销员在市场上推销灭蚊剂，他滔滔不绝的演讲吸引了许多顾客。突然有人问：“你敢保证这种灭蚊剂能把所有的蚊子都杀死吗？”这位推销员机智地回答：“不敢，在你没打药的地方，蚊子照样活得很好。”结果，几箱子灭蚊剂很快就销售一空。

有位农村大娘去商店买布料，售货员小陈迎上去打招呼：“大娘，您买布吗？您看这布多结实，颜色又好。”不料，那位大娘听了并不高兴，反而嘀咕起来：“要这么结实的布有啥用，穿不坏就该进火葬场了。”对大娘这番话，小陈不能随声附和，但不吭声又等于默认了。略一思索，小陈便笑眯眯地说：“大娘，看您说到哪去了。您身子骨这么结实，再穿几百件也没问题。”一句话说得大娘心头发热，不但高高兴兴买了布，还直夸小陈心眼好。

这位农村大娘开始不想买的原因是担心自己的身体状况。售货员小陈用“身子骨这么结实”这句赞美之语，去掉了大娘的自卑心理；用“再穿几百件”这句幽默之语，引得大娘心里高兴，使得这位大娘心情愉快地购买了布料。

4. 赞美

“这位女士，您的脚形真漂亮。这双鞋的样式现在正流行，也正好适合您，您穿上一定很好看。您买不买没关系，试一下就算找个感觉吧。”“先生好眼力。这套西装是名牌，价格适中。您穿上这套衣服会显得特别大气，衣服的颜色与您的肤色也特别相配。不信您穿上试一下，肯定不错的。”如此，一赞，一试，说不定推销就成功了。甜言蜜语，有几人能抗得住？

有位名人曾说过：“各人有各人优越的地方，至少也有他们自以为优越的地方。在其自觉优越的地方，他们固然喜爱得到他人公正的评价，而在那些希望出人头地却不敢自信的地方，他们更喜欢得到别人的恭维。”事实的确如此。

日本有一家关西药房，这家药房的老板人缘极好，因为他总能满足顾客的虚荣心，不管是真话还是假话，只要从他嘴里说出来，总是那么动听，因而生意兴隆。每当顾客一上门，他就马上起身相迎，满脸带着客气的打躬作揖说“欢迎光临”，使进店来的顾客感到心情愉悦，产生被人重视的满足感。接下来，药房老板开始发自内心地说他的假话，例如，对于年纪大的人，就说“你看起来真年轻”，对于爱美喜欢打扮的小姐太太，说些“你身上穿的这套衣服真漂亮”之类令人听了舒坦又温馨的话。

菲德尔费电气公司的约瑟夫·韦普先生就用赞美的办法，使一个拒他于千里之外的老太太十分乐意地与他达成了一笔大生意，顺利地完成了推销用电的任务。

那天韦普走到一家看来很富有的整洁的农舍前去叫门。当时户主布朗肯·布拉德老太太只将门打开一条小缝。当他得知是电气公司的推销员之后，便猛然把门关闭了。韦普再次敲门，敲了很久，大门尽管又勉勉强强裂了一条小缝，但未及开门，老太太却毫不客气地破口大骂了。

经过一番调查，韦普又上门了，等门开了一条缝时，他赶紧声明：“布拉德太太，很对不起，打扰您了，我的访问并非为电气公司，只是要向你买一点鸡蛋。”老太太的态度温和了许多，门也开得大多了。韦普接着说："您家的鸡长得真好，看它们的羽毛长得多漂亮。这些鸡大概是名种吧！能不能卖一些鸡蛋呢！"

门开得更大了，老太太反问道："您怎么知道是名种的鸡呢？"韦普知道，恭维之计已初见成效了，于是更加诚恳而恭敬地说："我家也养了这种鸡，可像您所养的这么好的鸡，我还从来没见过呢！而且，我家的鸡只会生白蛋。附近大家也只有您家的鸡蛋最好。夫人，您知道，做蛋糕得用好鸡蛋。我太太今天要做蛋糕，我只能跑到您这里来。"老太太顿时眉开眼笑，高兴起来，由屋里跑到门廊来。

韦普利用这短暂的时间瞄了一下四周的环境，发现这里有整套的奶酪设备，断定男主人定是养牛的，于是继续说："夫人，我敢赌，您养鸡的钱一定比您先生养牛的钱赚得还多。"老太太心花怒放，乐得几乎要跳起来，因为她丈夫长期不肯承认这件事，而她则总想把"真相"告诉大家，可是没人感兴趣。

布拉德太太马上把韦普当作知己，不厌其烦地带他参观鸡舍。韦普知道，他那恭维的话以渐入佳境了。但他在参观时，还不失时机地发出由衷地赞美。

在赞美声中，老太太毫无保留地传授了养鸡方面的经验，韦普先生极其虔诚地当学生。他们变得很亲近，几乎无话不谈。同时，老太太也向韦德请教了用电的好处。韦普针对养鸡的需要详细地予以说明，老太太也听得很虔诚。

两星期后，韦普在公司收到了老太太的用电申请。不久，老太太所在地的申请用电者源源不断。老太太已成为韦普的热心帮手。

由此可见，一句赞美的话，犹如一泓清泉，透彻、晶莹，沁人心脾，流经之处充满了温馨与滋润。它不仅在人与人之间吹散了冷漠的雾霭，而且让友谊得以加深，让交际更得人缘，让推销一帆风顺。

二、特别提示

1. 从对方最感兴趣的事情谈起

会推销的人在每个领域都能够如鱼得水，这跟他善于抓住对方的兴趣是分不开的。

一个华人在美国西雅图开了餐厅，为招揽顾客，每当客人餐后离去时，总要奉送一盒点心，内附精致"口彩卡"一张，上印有"吉祥如意"、"幸福快乐"等吉言。有一对情侣是这家餐厅的老主顾，他们俩在结婚的那一天，满怀喜悦来到这家餐厅，在他们期待良好祝愿的时刻，打开点心盒，却意外地发现没有往常的"口彩卡"，顿感十分不吉利，心里老大不高兴，他们便向老板"兴师问罪"，不论老板怎样赔礼道歉，他们就是觉得扫兴。看到这种情景，老板刚到美国探亲的弟弟微笑着走上前去，说了一句美国常用谚语："没有吉言就是最好的吉言"。听到这句话，新娘破涕一笑，新郎转怒为喜，高兴地和他握手拥抱，连连道谢。

在意外事件面前，兄长的做法不能消除意外事件给这对新婚夫妇造成的不祥之感，越赔礼道歉越加重这种情绪。弟弟通过对意外事件（没有口彩卡）做出机智的解释，直逼要津，较好地满足了对方的心理需要，既掩盖了过失，又消除了对方的不祥之感。

打动人心的最佳方式是：跟他谈论他最感兴趣的事物。杜威诺先生一直试着要把面包卖给纽约的某家饭店。一连四年，他每天都要打电话给该饭店的经理。他也去参加该经理的聚会。他甚至还在该饭店订了个房间，住在那儿，以便成交这笔生意，但是他都失败了。

杜威诺先生说："在研究过这位饭店经理为人处世之后，我决定要找出那个人最感兴趣的是什么——他所热衷的是什么。"

"我发现他是一个叫做'美国旅馆招待者'组织的一员。他不只是该组织的一员，由于他热忱，还被选为主席以及'国际招待者'的主席。不论会议在什么地方举行，他一定会出席，即使他必须跋涉千山万水。"

"因此，这次我见到他的时候，我开始谈论他的那个组织。我看到的反应真令人吃惊。多么不同的反映！他跟我谈了半个小时，都是有关他的组织，语调充满热忱。我可以轻易地看出来，那个组织是他的兴趣所在，他的生命火焰。在我离开他的办公室之前，他'卖'了他组织的一张会员证给我。"

"虽然我一点也没提到面包的事，但是几天之后，他饭店的大厨师见到我的时候说，'但你真的把他说动了！'"

想想看吧！我缠了那个人四年，一心想得到他的生意，如果我不是最后用心去找出他的兴趣所在，了解到他喜欢谈的是什么的话，那我至今仍然只能是缠着他。

有一位学者说过这样一句话："如果你能和任何人连续说上十分钟而使对方感兴趣，那你便是一流的沟通高手。"

这句话看来简单，其实也并不容易，因为"任何人"这个概念范围是很广泛的，也许是工程师、律师、教师或艺术家。总之，无论三教九流、各阶层人物，你能和人谈上十分钟使他们感兴趣的话，需要很高的说话涵养，要做到这一点很不容易。

2. 唤起顾客的好奇心

在实际推销工作中，推销员可以首先唤起客户的好奇心，引起客户的注意和兴趣，然后道出商品的利益，迅速转入面谈阶段。

一次贸易洽谈会上，卖方对一个正在观看公司产品说明的买房说："你想买什么？"买方说："这儿没什么可买的。"卖方说："是呀，别人也说过这话。"当买方正为此得意时，卖方微笑着又说："可是，他们后来都改变了看法。""哦，为什么？"买方问。于是，卖方开始了正式推销，该公司的产品得以卖出。

该事例中，卖方在买方不想买的时候，没有直接向其叙说该产品的情况，而是设置了一个疑问——"别人也说过没有什么可买的，但后来都改变了看法。"——从而引发了买方的好奇心。于是，卖方有了一个良好机会向其推销该产品。

3. 借人口中言，传我心腹事

两个素不相识的人初次谈生意，可能一时半会儿找不到共同话题。在这种场合下，如果借他人之言说到主题，你的目的就会即刻达到。

一个推销员到茶叶零售点批发茶叶。他事先知道开茶庄的老板与他的一个朋友相识，便打听到茶庄老板的住处，略备薄礼，前往拜访。几句寒暄后，他语重心长地说："这次能找到您的门是得到了李先生的介绍，他还请我替他向您问好。"

“说实在的，第一次见面就使我十分高兴。听李先生说，你们茶庄现在需要一批茶叶。”

第二天，向该茶庄推销茶叶便成交了。

此人高明之处是有意忽略自己，用“得到了李先生的介绍”这种借人口中言，传我心腹事，令对方很快就接受了。

社会纷纭复杂，推销产品时利用第三者，切要提高警惕，以防有些人钻空子。

一位办理房地产转让的房产公司推销员来到一位朋友家，带着朋友的介绍信。彼此一番寒暄客套之后，就听他讲开了：“此次幸会，是因为我的上司乔科长极为敬佩您，叮嘱我若拜访阁下时，务请先生您在这本书上签名。”边说边从公文包里取出这位朋友最近出版的新著。于是这位朋友不由自主地信任起他来。

在这里，乔科长的仰慕和签书的要求只不过是个借口。目的是对这位朋友进行恭维，使他开怀。此种情况，由不得人家不照他的话去做。这种社交手段，确实难以招架。

素不相识，陌路相逢，如何让所求之人了解你与他是朋友的朋友、亲戚的亲戚，显然十分牵强，但一般人不驳朋友的面子，断不至于让你吃闭门羹。这是一条推销的捷径。

作业

1. 说说看，“三个事例”各运用了哪些推销技巧？

2. 阅读下面三个故事，说说买卖成交的奥秘是什么？

（1）飞机推销员拉埃迪到新德里，想在印度航空市场占有一席之地。没想到，当他打电话给有决定权的拉尔将军时，对方反应十分冷淡，根本不愿见面。最后，在拉埃迪的一再要求下，拉尔将军才勉强答应给他10分钟的时间。拉埃迪决定要利用这10分钟的时间扭转乾坤。当他跨入将军的办公室时，他满面春风地说：“将军阁下，我衷心地向您道谢。因为您使我得到了一个十分幸运的机会，在我过生日的这一天，又回到了出生地。”“什么，你出生在印度吗？”将军半信半疑地问道。“是的！”拉埃迪借机打开了话匣子，“1923年的今天，我出生在贵国的名城加尔各答，当时我的父亲是法国密歇尔公司驻印度的代表。”10分钟过去了，将军丝毫没有结束谈话的意思，他被拉埃迪绘声绘色的讲述深深地吸引住了，他邀请拉埃迪共进午餐。拉埃迪从公文包中取出一张颜色已经泛黄的照片，双手捧着，恭恭敬敬地请将军看。“这不是圣雄甘地吗？”将军惊讶地问。“是的，您再仔细看一下那个小孩，那就是我。4岁时，我和父亲一道回国，在途中十分荣幸地与圣雄甘地同乘一条船，照片就是那时我父亲为我们拍摄的。我父亲一直把它当做最珍贵的礼物珍藏着，这次因为我要去拜谒圣雄甘地的陵墓，父亲才给我。”“我十分感谢你对圣雄甘地和印度人民的友好感情。”将军紧紧握住了拉埃迪的手。午餐自然是在亲切无比的气氛中进行的。拉埃迪和将军像是一对久别重逢的老朋友，越说越投机。当拉埃迪告别将军时，不用说，这宗本来希望渺茫的大买卖已经成交了。

（2）毛姆是英国著名作家。在他未成名前，生活很困窘，写的书卖不出去。后来，他想了个办法，在一家最有名的报纸上登了一则广告：“本人是一位年轻有教养、爱好广泛的百万富翁，希望找到一位与毛姆小说中的女主角一样的女性结婚。”结果，毛姆的小说很快就被抢购一空。

（3）一天，化妆品推销高手玫琳·凯与朋友正在一家成衣店里购物，听到旁边有一对女孩子在说话。两位女孩一位金发，一位黑发。金发女孩买了一件新衣服，穿起来很好看，黑发女孩赞她："刚才你放下的那件衣服，扣子挺漂亮的。"金发女孩突然有点生气："那是什么破衣服，扣子难看死了，看看这个。"

这时，玫琳·凯和朋友走了过去。玫琳·凯面带笑容对金发女孩说："这件衣服的领子很漂亮，衬得你的脖子像高贵的公主一样有气质，要是再配上一条项链，那就简直完美极了。"金发女孩听后很高兴，因为她也是这么想的。她骂黑发女孩没有欣赏眼光，黑发女孩不服气："我也是这么觉得的，只不过没有说出来罢了。"

玫琳·凯对黑发女孩说："其实你可以试一下这件，它特别能衬托出你优美的身材。"黑发女孩听后也高兴起来了。"当然，要是你们的脸上肤色再稍微护理一下，会显得气质更加优雅。"三人就开始聊起了美容化妆的话题，这是玫琳·凯最擅长和最希望的。

后来，两人都成了她的忠实顾客。

3．每人试着推销一件物品（教师要和学生一起对推销者适时做出评价）。

第七讲　求 职 口 才

学习目标

学习和掌握求职的语言艺术，为谋求理想职位奠定坚实基础。

求职面试是我们获得理想职位的一道难关。发挥出色，可以在一定程度上弥补其他条件如学历、专业上的不足。要想从求职中脱颖而出，关键是要能把握面试中应答的原则，熟悉和掌握面试应答的策略和技巧，很好地展示自己。

一、问候与介绍

（一）开场问候

开场问候是给面试考官的第一印象，自信、微笑、大方是必不可少的。进门时应该面带微笑，行45°鞠躬礼，并根据对方职务称呼，如果把握不准的时候，称呼一声"老师好"就足够了。声音要洪亮，底气要足，语速自然。要做到彬彬有礼、大方得体，不要过分殷勤，也不要拘谨或过分谦让。

（二）自我介绍

俗话说"万事开头难"，自我介绍是面试非常关键的一步。我们在这 5 分钟内的表现，很大程度上决定了我们在考官心里的形象，为接下来的面试定下了基调。考官一般都会先提出"谈谈你自己好吗？""你认为自己最成功的经历是什么？"之类的问题，实际就是让我们进行自我介绍。

通过自我介绍，可以考察求职者自我认知以及能否抓住重点、突出特长地介绍自己，进而了解求职者的语言表达和逻辑思维能力及个性特征等。另外，还可以考察求职者能否把个人背景与所要应聘的岗位结合起来。

进行自我介绍要把握以下几个重点：

（1）要展示个性，使个人形象鲜明。求职自我介绍不要记流水账般谈生平简历，更不要复述递交的简历，要谈一些自己做过又能突出自己能力的独特事例。例如，被选举为班长、写了一篇综合性的校报文章、在辩论赛中获胜等。

（2）要根据应聘岗位要求突出个人的优点和特长，但不要简单罗列自己的优点，最好能具体介绍一下自己负责的成功案例。例如，岗位要求具有实际管理经验时，自我介绍就要突出自己在管理方面的优势，如成功地创建了一个全校性的学生社团，并且取得了较好声誉等。为了增加可信度，还可以适当地引用别人的言论，如老师、朋友等的评论来支持自己的描述。

（3）语言表达要口语化，切中要害，条理清楚，层次分明，重点突出，适当运用态势语。例如，有一位学生在参加北大求职面试。考官提问：你们都希望到北大来，可是北大今年只有260个招生名额，能否谈谈北大为什么要选择你。该考生在回答时，就把介绍的核心集中在证明自己值得学校录取，而不是急切地表明获得入学机会的渴望。因为他清楚地认识到北大的招生原则就是宁缺毋滥，北大希望录取的考生是全国最具有潜质的青年。

（4）自我介绍要反复模拟练习，并找不同的听众提出修改意见。面试考官都有很强的鉴别能力，如果我们在面试中的表现有不严密的地方，很容易被他们抓住，进而不断追问，这样一来就会乱了阵脚。为了避免这样的情况出现，最好的办法就是把准备工作做得尽可能充分。

请参看下例求职信。

××公司总经理：

您好！

从××日报招聘启事上，看到贵公司急需几名通信工程方面的人员，非常高兴，真心希望能成为贵公司的一员，尽自己的微薄之力。我叫×××，男，1985年4月6日出生，是××邮电学院电信工程系2006级毕业生。我学习的专业是“通信工程”，与贵公司专业对口。附表是我所学的课程及成绩。

为了拓宽自身的知识面，弥补专业的局限性，我自学了邻近专业和相关学科的一些课程，主要有数学信号处理、随机过程、数值分析、纠错码等课程，并广泛涉猎了锁相同步理论、编码调制理论、综合业务网、卫星通信、统计无线电技术等多方面的知识，使自己能够适应现代技术的发展，为从事不同方向的工作打下一个良好基础。

在技术实践方面，除了圆满完成学校所规定的实习和设计课程外，我还参加了学校的科技协会，并且是科技协会的一名负责人，组织和参加了许多科技活动，如电子小制作竞赛、校外无线电义务维修等。我曾经亲自设计和制作过数字报时钟、抢答器、电子门锁、无线对讲机等多种电子产品的电路，在实践中积累了较多的经验，并且在参加“全国第一届电子设计大赛”的活动中，获得了“××省赛区三等奖”的证书。

我的业余爱好比较广泛，尤其喜好体育运动及书法艺术。足球运动和篮球运动是我所擅长的。自上高中起我便多次获得校、市书法大赛的一等奖和特等奖，作品曾在市展览馆展出。大学期间曾任电信系报《电信绿鸽》的责任编辑，该报在校内受到广大师生的好评。

希望以上资料能引起单位的兴趣并得到回复，祈盼佳音。

谨祝

顺达

×××

××××年××月××日

联系地址：××邮电学院男生公寓315室

邮编：××××××

电话：×××××××

附表：在校四年所学课程及成绩一览表

评析：这是一份典型的求职信，写得颇为成功。首先，从格式上讲，称呼、问候、致敬语、署名、日期、附注都写得正确、完整，符合书信的规范。从内容上讲，体现了简要性、目的性和诚实性。求职者简明扼要地写明了自己的简历、学业、特长，给人留下一个年轻好学、动手能力强、热情活泼、参与意识强的深刻印象，为日后的面试打下了良好的基础。其次，详略得当，重点突出。求职者将自己在校学习的课程及成绩略写，只以附表的形式在信后表述，而重点突出了扎实的专业知识和丰富的实践经验，使应聘单位了解求职者的理论水平、动手能力。最后，层次分明，语言得体，显示出求职者良好的语言表达能力。内容井然有序，行文流畅简练，用语不卑不亢。

本文的不足之处就是被录用之后的打算和决心写得较少，仅在第一段写出"自己想成为贵公司一员，尽自己的微薄之力"。应该最后另起一段，写写自己的设想，说明如果被录用后将如何发挥作用，这种置身于公司以主人翁的身份出现的态度，会一下子缩短求职者和所应聘单位之间的距离，促进感情交流，有助于求职的成功。

二、策略与技巧

（一）关于求职动机

这类问题旨在发现求职者对应聘岗位（单位）的态度、了解程度和求职诚意，并在此基础上判断求职者是否对获得这个职位有足够的动力和信心。

提问的方式："为什么应聘这份工作？""你对我们公司有多少了解？""你为什么想为我们工作？""你怎么知道这份工作是我们这个组织的？""除了本公司外，你还应聘了哪些公司？""你认为这份工作最吸引你的是哪些地方？不吸引你的是哪些地方？"等。

回答策略：要回答好此类为题，需要求职者对应聘岗位（单位）有较深入的了解。应该向考官表明应聘岗位对自己有强烈的吸引力，自己有足够的专业知识和技能来完成工作，并提供能验证自己观点的事例。回答过程要始终表现出对求职岗位（单位）的热情、诚意和愿望。

参考回答："从我的经历来看，贵公司提供的是最适合我的一份工作。我一直在关注贵公司，也一直希望能有这样的面试机会。我拥有的技能可以证明我非常适合这一职位，例如，……（事例证明）"

（二）关于成功经历

成功经历是进入优秀企业的最重要的前提。这类问题旨在通过了解求职者以往取得的成绩，判断其事业心、责任感和敬业精神等，求职者选择谈论的事情将揭示出他的道德标准、价值观、工作方式，甚至可以反映出影响其成功的因素，同时也可能反映出存在的缺陷。

提问方式："谈谈你经历中最值得自豪的事情。""竞争对你的成就有什么积极或者消极的影响？""在你的学习（工作）的经历中，哪些因素是取得事业成功的关键，为什么？""在这里工作六个月后，你期望在这个岗位上取得什么样的成绩？""到目前为止，你做出过让你感受成功的事吗？"等。

回答策略：有效地向考官证明自己是一个有成功经历的人，会增加面试成功的概率。一方面，要尽量找到自己的经历与岗位的需求之间的联系；另一方面，要选择自己过去所经历的一件事或参加的一项活动来进行说明，并重点介绍自己在活动中所扮演的角色、承担的责任、付出的辛劳和取得的收获等，以此来说明自己有能力，事业心和责任心很强，具有协调能力和团队精神。

参考回答："面对每一次竞争，我都是竭尽全力，全身心地投入，这是我获得成功的法宝。我曾代表班级参加演讲比赛……"

（三）关于人格品行

这类问题旨在通过求职者的回答了解求职者的人品、性格、价值观、人生态度等。

提问类型："能介绍你的朋友吗？""你身边的人都怎样评价你？""你和同事（朋友）怎样相处？""你会帮助自己的竞争对手吗？"等。

回答策略：要向考官表明自己是一个积极向上的人，有良好的个人修养，待人诚恳，讲信用，有责任感，值得信赖，从而反映出自己是一个成熟的应聘者。一定要提供一个真实的事例，虚假的事例只会损害自己的形象。

参考回答："我很重视自己身边的每一个人，在我看来彼此的信赖是最重要的。即使是在一个充满竞争的环境中，我都会尽力照顾和我在一个团队里的人。进入一个新的团队，我会想办法了解每一个人的长处，当他们有困难时我会伸出援助之手，当然我在需要时也会向他们求助。"

（四）关于自我评价

这类问题旨在了解求职者的优势和劣势，同时可以看出求职者的价值观，以及能否对自己做出客观的评价。

提问方式："你主要的优缺点是什么？""你最大的长处和弱点分别是什么？这些长处和弱点对你在企业的业绩会有什么样的影响？"等。

回答策略：应聘者介绍自己的长处时，不需要过分谦虚，要举例说明并结合所应聘的岗位谈自己的优点。暴露缺点时，要运用正确的回应技巧，做到适度、婉转、能够提出改善自己不足的方案。

参考回答："从长处来讲，我相信我最大的优点是我有一个高度理智的头脑，能够从混乱中整理出头绪来。我最大的弱点是，对那些没有秩序感的人，可能缺乏足够的耐心。我相信我的组织才能可以帮助企业尽快地实现目标，而且有时候，我处理复杂问题的能力也能影响我的同事。"

（五）业余爱好

这类问题表面上是一个无关紧要的问题，但可以通过应试者对此问题的回答，了解应试者的个性、与人共事的能力。

提问方式："请谈谈你的业余爱好，有何特长？""你最近读了什么书？""描述一部你看过的、确实对你有启迪的电影""说说你放弃的一个兴趣""假如你有许多业余时间，你会怎样利用它？""什么业余活动有利于你将工作做得更好？"等。

回答策略：回答问题时，不要泛泛而谈，最好提供一些与求职岗位工作有联系的特长和爱好，以证明对专业领域的最新发展状况的把握，能够良好地管理自己的时间，表达对生活的热爱，展现个人的魅力等。

参考回答："拥有大量的业余时间是再好不过的事情了，也许我会去旅行，学另一门语言，我还会学更多的有关会计学的课程。"

（六）关于工作能力

这类问题是为了了解求职者的工作能力、组织能力、管理能力、计划能力等，同时通过回答确认求职者是否是一个努力工作的人，最终判断求职者是否适合岗位需求。

提问方式："如果你被录取了，你将如何开展工作？""为了实现自己的目标你会怎样努力工作？""你个人的长期和短期目标分别是什么？你是如何确定这些目标的？你准备怎样实现这些目标？""你在5年内的个人目标和职业目标分别是什么？"

回答策略：回答这个问题的关键在于要显示出自己履行责任的意愿和能力，并能通过具体的案例反映自己的计划和组织能力，同时要表明求职者管理个人事务的能力，以及对未来的设计规划能力。

参考回答："同所有现实目标一样，我的目标经常改变。不管在长期还是短期，我的个人策略是根据当前目标评价自己所处的位置，然后相应地修改自己的计划。比如，我每5年就制定一项个人计划，这个计划中包含一个总体目标和一系列短期目标。每6个月我就回顾一下自己的进展，然后做出必要的修改。很明显，我当前的计划就是实现职业转变，也就是找到更满意的工作。除此之外，我已经实现了近期制定的个人目标。"

（七）应变能力

这类问题可以考察求职者面对突发情况的应变反应能力和机敏程度，以及恰当处理反对观点、承受额外压力的能力和自信程度。

提问方式："你没有工作经验，而我们希望得到一名熟手。""我们只聘用漂亮的女生，你好像不太合适？""如果你在销售一种产品，遇上一位客户一直抱怨你的售后服务很糟糕，这时你会怎么办？""当你确信自己是正确的，但是其他人不赞同你时，你会怎样做？""假如你未被录用，你会怎么想？"等。

回答策略：遇到这类问题时，尽可能发表积极的看法，表明自己能够对压力和变化做出良好的反应。

参考回答："在从事有价值的工作时，任何人都会在工作中不时地遇到压力。我能够应付一定量的压力，甚至在有些情况下还可以承受极大的压力。对我来说，应对压力的关键是找到一种方法控制形势，从而减轻压力的剧烈程度——通过这种方式，压力就不会影响我。我知道任何工作都有压力，我会在压力下工作得很好。"

三、方法和要求

1. 对目标公司做调查和研究

面试的时候，考官提出问题后，希望求职者能在很短的时间内，以较快的速度做出回答。如果求职者事先能够尽可能全面地了解公司的现状、发展趋势，在同行业中的地位、主要产品、服务以及主要客户群体等，并对拟应聘职位的主要职责、主要能力比较熟悉，无疑会提高面试的成功率。

2. 认真倾听问题

倾听，是人际交流的一个重要技巧。在与考官面对面的交流中，耐心地听不仅能够帮助我们清楚而准确地理解问题，而且能够为我们提供思考的时间，同时也向考官表明了我们对他的尊重。因此，倾听是我们在求职面试中不容忽视的一个法宝。

3. 用实例来证明观点

在回答考官提问时，要注意为自己的每一个观点提供实例。实例不仅能够增强可信度，而且有助于让考官更注意我们说的内容。例如，“我自学了计算机故障诊断，由此我们实验室的电脑出现故障，我在系管理人员来维修前，让所有的计算机启动并运行。”我们提供的证据不用很多，只要简明地突出其中的闪光点，就能够让我们成功的机会增大。

4. 要对提问做出正确的反应

准确而有针对性地回答面试提问是赢得考官青睐的关键点。听清考官的问题后，不要急于回答，应该留下 2～3 秒钟的思考时间，一方面可以判断考官问题背后所要获得的信息，在此基础上给出与求职公司、职位相联系的回答；另一方面可以让考官感受到自己是在认真地思考每一个答案。

在回答问题时，不能三言两语，但也不要海阔天空、漫无边际，冗长的解释会给考官避重就轻的感觉。此外，在回答问题时，要避免“是的，但是……”“我想，可能……”“也许……”等模棱两可、含糊其辞等类型的回答，这样的回答给人的感觉是没有抓住重点。

如果遇到自己不了解的问题时，不要回避，更不要不懂装懂，而应该坦诚地回答：“很抱歉，这个问题我没有思考过，不会回答。”诚恳坦率地承认自己的不足，反倒会给对方留下诚实的好印象。

5. 努力营造融洽的谈话氛围

面试中往往因为应试者的紧张、心不在焉、傲慢、做作等使谈话气氛变得不融洽，这样会使考桌两边的双方都不舒服，自然会影响到考官的决定。我们在说话时，表现出放松、积极、自信、智慧、谦虚、有礼将使面试气氛融洽，从而受到事半功倍的效果。

四、求职语言的禁忌

语言是求职者在面试中与招聘人员沟通情况、交流思想感情的工具，更是求职者展示自己的知识、智慧、能力的一个机会。恰当得体的谈吐无疑会增强你的竞争力，并祝你赢得胜利。反之，不适宜、不恰当、不得体的语言就会损害你的形象，削弱你的竞争力，甚至导致求职的失败。

1. 缺乏自信的求问

比如："你们要几个？"这种问法显示求职者信心不足。对用人单位来说，问题不在于招几个，而是看你有没有竞争力。再比如："你们要不要女生？"这首先就给自己"打了折"，人家多半会顺水推舟，礼貌地回绝的。还有诸如："中专学历的你们招吗？""外地人你们要不要？""下岗工人你们招不招?"等等。

2. 急切地打听待遇

关心自己的待遇没有错，但不能一开口就问有什么待遇，如此心急是吃不到"热豆腐"的。如果你很唐突地问招聘者："你们的待遇怎么样？"对方很可能会抢白你："我们还没有决定要不要你呢！"

3. 不切实际的回答

"我可以胜任一切工作"、"我从来就没有失败过"，诸如此类的回答是不合逻辑的，也是不符合实际的。即使是如此，听起来也会给人一种虚伪的不诚实的感觉。

4. 不恰当的反问

如果招聘人员问你："关于薪金，你的期望值是多少？"而你反问道："你们打算出多少？"这样反问有点像在讨价还价，容易引起招聘者的不快。

5. 借熟人套近乎

"某经理是我的老同学"、"我认识你们单位的某某"，诸如此类的套近乎的话也会引起主考官的反感，如果主考官与你所说的某某本来就有矛盾，那你岂不是搬起石头砸自己的脚吗？

6. 洋腔洋调

洋腔洋调（特殊要求的除外），会给人一种卖弄、做作的感觉，给人留下你是"半桶水"的不良印象。如果招聘人员对外语不甚精通，那结果可能就更无法想象了。

作业

1. 请说说，下面这位青年是如何得到招聘单位人事经理青睐的？

一家外贸公司举行一次别开生面的宴会招聘考试，一位小伙子的良好表现吸引了招聘人员的注意力。在宴会席上，这位小伙子走到这家公司的人事部经理面前举杯致辞："邓经理，能结识您很荣幸，我十分愿意为贵公司效力。但如果确因名额所限使我不能效力，我也不会气馁，我会继续奋斗，我相信，如果不能成为您的助手，那我一定要当您的对手……"最后，公司录取了这位青年。

2．下面摘录的是一则真实的报道，请说说，从中应吸取哪些教训？

“哎！问一下，你们要计算机专业的吗？”昨天上午，一名男学生手捧简历，挤到一家银行招聘单位的摊位前，向正在面试的招聘人员大声询问。没等招聘人员抬头回话，这名学生就将简历放到摊位桌上。招聘人员抬起头，看了他一眼，笑着说：“计算机专业的，我们要很多，可是不敢要你，对不起。”“为什么？你还没看过我的简历啊？”这名学生面露疑惑。“自己想想吧。”招聘人员拿起他的简历，退还给他。该学生满脸通红，离开了摊位。

该银行的招聘人员事后告诉记者，“银行是服务行业，不懂礼仪的学生，条件再好我们也不会要。这名求职者连起码的问候语都不会，你说我们会考虑他吗？”

第八讲 辩论口才

学习目标

1. 理解辩论的真正含义。
2. 掌握辩论语言的运用技巧与方法。

什么是辩论？看“辩”字就明白。辩是一个会意字，由两个“辛”和一个“言”字组成，而辛就是辣的意思。辩论就是指持有异议的双方为了各自的目的利用辛辣的语言进行争论和辩解，包括日常生活中的争吵、竞选中的电视辩论、专题辩论赛等。

辩论，就是辩明是非，探求真理。《墨子·小取》对“辩”的作用做了十分精辟的阐述：“夫辩者，将以明是非之分，审治乱之纪，明同异之处，察名实之理，处利害，决嫌疑。”

一、辩论必须遵守的两个原则

（一）道德原则

辩论的最基本的道德原则是摆事实，讲道理。任何歪曲事实、无理蛮缠，直至恶言相向，进行人身攻击，侮辱对方人格的言行都是不道德的。辩论是真理与谬误的交锋，智慧和愚昧的较量，先进同落后的对峙。辩论的目的就是坚持真理，反对谬误；弘扬智慧，启迪愚昧；歌颂先进，鞭挞落后。因此，只有遵守“摆事实，讲道理”的基本道德原则，才能达到辩论的目的。

（二）审美原则

（1）语言美。辩论就是舌战，因此，犀利的语言是辩论语言美的标志。尽管事实铁证如山，道理千正万确，但如果缺乏语言的力度，再深邃的思想，再深刻的内容，也无法得到完美的表达，无法突出辩论“舌战”的特点。因为只有犀利的语言才具有攻击力，唇枪舌剑是辩论语言的最好注解。

（2）形象美。即美好的公众形象，这里主要是指儒雅的风度和高贵的气质，具体表现为语言表述，音色亮丽，节奏明快；庄谐适当，攻守有度；得理饶人，不骄不躁；失势不馁，屡败屡战。

二、辩论的技巧

（一）避实就虚

论战时，有时需要单刀直入，有时又要巧于迂回，避实就虚，闪开对方所期待的进攻路线和目标，从看似无关的话题入手，使其打消戒备心理，再引入原先准备提出的问题请看下例：

降清的明朝叛臣洪承畴，在南京时，曾审问抗击清军的夏完淳，企图诱使夏完淳归降。

洪承畴向夏完淳允诺："你小小年纪误受叛徒蒙骗，只要归顺大清，我保你前程无量！"

夏完淳对洪承畴的降清致使大明迅速灭亡恨之入骨，有意要讥讽他一番，便假装不认得洪承畴，故意高声回答说："你才是个叛徒！我是大明忠臣，怎说我反叛？我常听人说起我大明朝'忠臣'洪承畴先生在关外与敌人血战而亡，名传天下。我虽年幼，说到杀身报国，还不甘心落在他的后面呢！"

洪承畴瞠目结舌，手足无措，督府幕僚们以为他真不认识洪承畴，赶忙悄声告诉夏完淳："上座正是洪大人。"

哪知夏完淳听后故意勃然大怒："胡说，洪大人早已为国捐躯，天下谁人不知？当时天子亲自哭祭他，满朝群臣无不痛哭流涕。不要欺我年幼无知，上座这个无耻的叛徒是什么东西！竟敢冒名来玷污洪大人的在天之灵！"

夏完淳指着洪承畴骂了个痛快淋漓，使得高高在上的"总督大人"——洪承畴羞愧难当而又无话可说。

（二）以柔克刚

以柔克刚就像中国功夫中的太极一样，可以"杀人于无形"，看似温柔缠绵，实则绵里藏针，能给对手致命一击。例如，

据说，有一位商人见到诗人海涅（海涅是犹太人），对他说："我最近去了塔希提岛，你知道在岛上最能引起我注意的是什么？"

海涅说："你说吧，是什么？"

商人说："那个岛上呀，既没有犹太人，也没有驴子！"

海涅笑着答道："这个好办，我们俩一块去，就可以弥补这个缺陷！"

（三）小中见大

所谓"小中见大"，是说辩论者要善于从高层次上，以其敏感性和洞幽烛微的观察力，从要说的事理中，选取最典型、最有代表性、最能反映事物本质的那一点，触类旁通，引申扩张，上升到理论的高度，使其小而实、短而精、细而宏、博而深，令人回味无穷，收到片言以居要，四两拨千斤的感染启发，小中见大的论辩效果。

论辩中运用"小中见大"要注意选准突破口。从军事的角度来看，"突破口"是集中兵力于敌人最要害、最敏感而又是最易于击破的一点。论辩上的"突破口"也具有类似的属性。它应是关联着全局、最容易着力突破的"一点"，也是最敏感、最准确，牵一发而动"全身"的"一点"。例如，

在一场辩题为"对外开放是否带来了走私贩私"的辩论赛中，一方坚定地认为："走私贩私，是对外开放带来的必然结果！"

另一方对此进行了严厉批驳："如果你的说法能够成立的话，那么我的感冒就是开了窗的缘故。那么为什么开了窗之后，有些人感冒，更多人却身体健康地领略着大好春光呢？这答案只能从自身去找了。同样，改革开放了，其目的就是在于利用当前国际上的有利条件，借西方发达国家的财力、物力之水灌溉我国现代化之花。我们一是主权在握，二是开放有度。问题是国内有些不坚定分子，看见金灿灿的洋钱洋货眼花缭乱，犹如蝇之趋腥，营营追逐，这又能怪谁呢？……"

这就是利用"小中见大"，抓住了感冒和开窗这一小事，阐发了走私与对外开放的关系，颇具说服力。

（四）以虚掩实

我们讲的辩论技巧"以虚掩实"，就是指辩论中的以心掩物、以神掩形、以抽象掩具体、以略述掩详述等，使语言含蕴更加丰富、更加深刻，更加有力也更加有效。例如，

唐德宗时，刘玄佐屡建战功成为汴州节度使。玄佐性情豪爽，轻财厚赏，士卒乐为所用。就在他镇守汴州时，有人向他进谗言，说将军翟行恭如何如何。玄佐一听就火了，立即把翟行恭拿下，要杀他。这时，处士郑涉闻讯，马上要求见玄佐。郑涉这个人善于用开玩笑的形式隐藏要说明的问题和事理。他见刘玄左后就说：

"听说翟行恭已依法受刑，请将他的尸首让我看看，行吗？"

刘玄左听了非常奇怪，就问：郑涉是他的什么人，为什么要看尸首。郑涉回答说：

"过去，我曾听人家说，冤死的人面容异常。可是我从来也没有看过，所以想借来看看。"

刘玄佐这才醒悟过来，命人把将军翟行恭放了。

一桩冤案，就在郑涉的一席玩笑话中解决了，神！神在哪里？神在以虚掩实上：以"看其尸首"之虚，掩"为其伸冤"之实。

（五）引蛇出洞

在辩论中，辩手总是不自觉地保持一种戒备状态，只有麻痹对方，松懈其意志，放松其警惕，引"蛇"出"洞"，然后"出其不意，攻其不备"。当"蛇"出洞后，我们就可以手到擒来了。例如，

鬼谷子教授庞涓、孙膑兵法的时候，一天，他坐在山洞里，问两位弟子道："你们谁有本事骗我走出洞外？"庞涓抢先一步，连哄带吓，甚至扬言要放火烧洞，但不管庞涓怎么施法，鬼谷子就是不出来。这时孙膑走上前，承认自己愚笨，说自己无论如何也是无法将老师骗出洞外，不过，他接着说："如果老师在洞外，我倒有办法骗老师走进洞来。"鬼谷子当然不信，起身就朝洞外走去，哪知他的脚刚一踏出洞外，孙膑便拍掌叫道："老师，我这不是把您请出洞外了吗？"

（六）请君入瓮

在辩论中，请君入瓮特指诱使对方辩手自掘陷阱、自投罗网。对方中计后，常常有苦难言，无力回天。例如，

来俊臣遵武则天之命去惩办酷吏周兴，便请周兴喝酒，假意向他请教审讯办法。周兴不知是计，醉醺醺地说："这有何难，只要把犯人装进坛子里，放在炭火上一烧，便什么都招供了。"来俊臣依计烧好炭火，放上一口大坛子，然后脸色一变，厉声说："周兴，请你老兄入瓮吧！"

（七）环环相扣

组队辩论，要做到多路进攻、环环相扣，队员之间配合默契，也就是思想高度集中，不仅要能够发现和抓住对方的有关全局的重大疏漏之处，而且对同伴的一些带有暗示性的回答或反问要能够立刻领悟，连续跟上，以便集中全力突破对方的防线。

（八）巧用诡辩

诡辩是一种以非为是，以是为非，是非无度的辩术。然而，在辩论过程中，为了摆脱困境，避免难堪，同样不失为巧辩的一种，用得巧妙，还能生出奇趣。例如，

张作霖本是草莽出身，胸无点墨。一次出席名人雅宴，日本浪人蓄意让他出丑，请他即席赏字画。他当即挥毫写下一个"虚"字，并得意洋洋地落款："张作霖手黑"（亦即亲手写的）旁边的随从悄声对他说："你写的'墨'字少了一个'土'，'手墨'成了'手黑'。"他一看，愣住了，改也不是，不改也不是，于是故意呵斥随从："我还不晓得这个'墨'字下面有个'土'？这是日本人求我的东西，这叫寸土不让！"话音刚落，满堂喝彩，从此留下一段佳话。

这虽然不是辩论，而是为自己的丑行做辩解，化解丑态，但却是很典型的"以非为是"的诡辩。除了日常生活争论中经常出现类似的诡辩之外，在激烈的辩论中，同样有诡辩，尤其是在辩论赛中，双方的观点一般都是偏执的，因此，在辩论中很难说有正确与错误之分，很多时候只能靠巧辩取胜，这种巧辩自然包括了诡辩。

请看下面这段关于"艾滋病是医学问题，不是社会问题"的自由辩论：

朱天飙：艾滋病的病毒是在医院里被发现的，现在全世界有成千上万的医务工作者正在研究解决艾滋病的方法。

蒋昌健：我们从来没有否认过医学参与，请问，医学参与就一定等于医学问题吗？

朱天飙：请问，成百上千的医务工作者在研究，这只是简单的医学参与吗？

季翔：在医院里发现的就是医学问题吗？在医院里捡到别人丢的一把钥匙，这把钥匙就成了医学问题吗？（掌声、笑声）

朱天飙：对方辩友认为，成百上千的医务工作者在研究艾滋病，只是在寻找钥匙啊。（掌声）

……

蒋昌健：一个老太婆被车撞到了，请问，这是救人的问题呢还是撞人的问题？

陈惠：那不是病啊！（笑声）

季翔：但是她不也要去医院吗？那就是医学问题了吗？不，它是个交通事故！（笑声）

朱天飙：可是成百上千的医务工作人员在帮助这个老太太吗？艾滋病的研究是需要成百上千的工作人员、医务人员呀。

严嘉：一个人得了病不是社会问题，千百万人得了艾滋病，难道还不成为社会问题吗？

朱天飙：千百万人还曾得过感冒，千百万人还曾得过心脏病，难道心脏病是社会问题吗？

姜丰：一个人打喷嚏不是社会问题，但如果我们全场的人同时打喷嚏，还不是社会问题吗？（掌声）

这段辩论虽然很精彩，博得了场内听众阵阵喝彩声，但仔细琢磨双方的理由并不是很充分，甚至很难成立的。比较而言，正方（朱天飙等）的辩论还略显诚实些，至少提出了两方面的依据，一是“艾滋病是在医院里被发现的”；二是“有成百上千的医务工作者正在研究解决艾滋病的方法”。反方（蒋昌健等）一条根据都提不出来，却反而得到听众特别的赞赏。因为他们辩得机智，辩得巧妙。在这段辩论中，场内爆发掌声和笑声的是两处，即季翔和姜丰的发言，恰恰都是诡辩。艾滋病毒是在医院里被发现的，这是事实，正方以此来证明艾滋病是医学问题，虽然理由不很充分，但也不能说不是理。可季翔的发言，先把发现病毒这件事隐去，只留下“在医院里被发现”，然后以在医院里捡到钥匙的假设进行归谬，得出的结论是：在医院里被发现的，不是医学问题。这样的反驳，只是一种逻辑构成，并没有反驳事实本身，而这种逻辑构成正是诡辩。姜丰以“全场的人同时打喷嚏”就断定“是社会问题”的说法，同样是诡辩。别说是全场的人，就是有更多的人打喷嚏，也得不出“是社会问题”的结论。明明是诡辩，反而获得赞赏，因为诡辩也包含了机智。

作业

1．组织一场辩论赛：

正方：大学生就业难，是因为就业的机会太少；

反方：大学生就业难，是因为自身的素质不高。

2．请就下面的情景展开反驳。

（1）某同学洗手之后，没关水龙头，受到管理员的批评，他不仅不转身关水龙头，反而说：“‘流水不腐’嘛，难道连这个问题都不懂吗？”

反驳：____。

（2）某小姐和热恋中的男朋友在商场购物，专挑高档商品，站在旁边的另一个朋友过意不去了，对她悄声说：“这样做，你不觉得太过分吗？”不料她反而大声说：“‘生命诚可贵，爱情价更高’，当然要用高价才能换来爱情嘛。”

反驳：____。

（3）课堂上，某同学突然离座朝教室外面走去，老师见状问：“干什么去？”这个同学边走边说：“上厕所！”老师无奈地摇头叹息：“哎，是大——学——生呃！”不料台下冒出一句：“怎么啦，大学生就不上厕所啊！”

反驳：____。

第九讲 领 导 口 才

学习目标

学习和掌握领导语言艺术，提升领导能力。

第一节 出 色 口 才

语言传达的不仅是一种信息，更是一种力量。作为一个当代领导者，善于运用语言的艺术，不仅对领导活动的顺利开展和领导目标的顺利达成产生重要影响，而且对领导者树立良好的个人形象至关重要。

语言是随着为满足表达和交际的需要而产生的，具有社会性、工具性和符号性。古今中外的领导者，对语言的功用历来都十分重视。“一言可以兴邦，一言可以丧邦”、“一言之辩，重于九鼎之宝”、“三寸之舌，强于百万之师”等古语，把国之兴亡与舌辩的力量紧密联系起来，借“九鼎之宝”、“百万之师”比喻说话的力量，充分揭示了语言巨大的社会作用。

马雅可夫斯基说：“语言是人的力量的统帅。”在当今这样的信息时代、文明社会，领导者无论是开会讲话、上传下达，还是交际应酬、传递情感，都需要用语言交流。衡量一个领导者是否有力量，这种力量能否显现出来，在很大程度上要看他的说话能力。领导者精湛的口语表达能力，在实际工作中具有不可估量的作用。

第二次世界大战时期美国人把“舌头”、原子弹和金钱称为获胜的三大战略武器，进入21世纪又把“舌头”、金钱和电脑视为经济发展和社会进步的三大战略武器。这个比喻虽有牵强之嫌，但也不无道理，起码代表了两个时代的主要特点，而在这两个比喻中，“舌头”（即语言）能独冠于三大战略武器之首，可见其价值非同小可，因此我们都应清醒地认识到语言表达能力的重要性，进而更好地掌握这个能随身携带、行之有效、战无不胜、攻无不克的神奇武器。

能说会道，是一个人的素养、能力和智慧的全面而综合的反映。《论语•里仁》中讲：君子“讷于言而敏于行”。到了今天，这种旧的道德规范就不能不受到质疑和重新审视。领导者“敏于行”当然无可厚非，只要这种“行”有利于国家和大众，有利于别人和自己的进步，可是领导者“讷于言”，却与现代社会领导发挥职能的需要明显地不相适应。良好的口才，不仅是宣传鼓动的需要，还是传授知识、增进人际关系的需要。能说会道，充分表达自己的意愿、准确传递指挥信息，显然更有利于领导工作的开展。曾参加中央电视台《实话实说》节目创建的著名社会学家郑也夫谈到，《实话实说》要找到合适的“侃爷”真的不容易。多数人讲话刻板、干巴、模式化、冗长、没有风趣，甚至在学历高的人群中这种现象更突出。“我几乎可以断定，口语表达能力不足是普遍性的社会问题。”事实的确如此。

美国著名教育专家卡耐基非常强调口才的重要性，他说：“假如你的口才好……可以使人家喜欢你，可以结交好的朋友，可以开辟前程，使你获得满意的结果。譬如你是一个律师，你的口才便吸引了一切诉讼的当事人；你是一个店主，你的口才帮助你吸引顾客。”“有许多人，由于他们善于辞令而擢升了职位……有许多人因此而获得荣誉，获得了厚利。你不要以为这是小节，你的一生，有一大半的影响是由于说话艺术。”

有许多著名的政治家都是天才演说家，他们利用语言这把利器，圆满地完成了各项政治使命。周恩来、陈毅善于辞令，机智、雄辩，在风云变幻的国际政治生涯中大大提高了新中国的国际地位和声望。第二次世界大战时期，丘吉尔、戴高乐每一次铿锵有力的演说，都成为射向法西斯的利箭，极大地鼓舞了人们战胜法西斯的斗志。所有这些都说明领导者具有高超口语表达艺术，能够创造巨大的精神财富和物质财富。

所以，领导者不能仅仅满足于一般的语言沟通，而要善于说话，这是领导者不可或缺的才能。

第二节　领导魅力

领导的工作运行过程，大部分是以语言为媒介的，可以说，讲话水平体现在领导者行使权力的全过程中。讲话水平的高低，是领导能力的直接体现，也体现着领导魅力的强弱。因此，领导必须从八个方面构筑自己语言的动感地带。

1. 注重权威性

领导讲话的权威性是由领导者所处的地位和所起的作用决定的。领导的讲话不管是否经过深思熟虑，都可能对下属和社会产生大的影响。有时一句不经意的话，往往会带来不小的麻烦，造成无法预料的后果，所以，领导讲话必须非常注意原则性和政策性。

原则性是指领导不论在什么环境中，讲话都要有一定的限度、尺寸，不能脱离这个限度随心所欲地去阐述、说明、表现个人的思想观点，更不能无原则地评价某些事情、某些人，不能无原则地按照自己的意思，一味地表现自己。坚持原则，是保证各项领导活动成功的先决条件。如果脱离原则，自行其是，就没了章法，任何事情非乱套不可。语言是思想的体现，是行动的先导。讲话不讲原则，必然导致行动的无原则性。通常我们说某领导讲话不讲原则，说话很随便，随意表态，经常发表一些与集体意见不一致的观点，说一些不该说的话等，都是不讲原则的表现。讲话不讲原则，会降低领导者的威信，影响集体战斗力的发挥，阻碍正常工作的开展。

2. 注重通俗性

领导讲话的通俗性，是指讲出的话不仅要生动，而且要易懂，使人乐于接受。要善于使用大众语言。大众语言来自于人民大众，是人民群众发明创造的。它包括谚语、歇后语、惯用语等，在讲话中巧妙地运用，能够增强讲话的感染力。

毛泽东是驾驭语言的大师，讲话时善于运用这些精美的群众语言来深入浅出地宣讲革命道理，所以人民群众非常喜欢听他的讲话，读他的文章。“任何人都要有人支持，一个好汉三个帮，一个篱笆三个桩”“红花虽好，也要绿叶扶持”“看菜吃饭，量体裁衣”“对牛弹琴”“瞎子摸鱼”等，让人听后生动有趣，富有浓郁的生活气息。

群众语言也有雅俗之分，在具体使用时雅一点好，还是俗一点好，这要根据不同的场合、不同的听众而定。如果面向基层群众，就应当说得大众化一点；如果面对的是一些知识分子，则要尽量说得文雅庄重点。

3. 注重概括性

概括是人们进行抽象思维的一种表达能力，它是认识真理的重要途径和手段，也是语言表达更精确的一种技巧和艺术。

领导在讲话时，为了使人们能够很快了解自己的说话意图，领会要领，必须使用高度概括、凝练的语言，提纲挈领地把问题的本质特征表达出来，以达到“片言以居要，一目能传神”的效果。不少领袖人物都具有这种能力。他们善于高屋建瓴地把握形势，抓住问题的症结，且能用准确精当的语言加以概括表达。例如：毛泽东的“星星之火，可以燎原”“军民鱼水情”“枪杆子里面出政权”；邓小平的“实践是检验真理的唯一标准”等，所以，一个领导者的讲话，应该具备概括性，要时刻把握住概括的要领。

概括具有三个主要作用：一是“筛选”作用，就是丢掉事物中的无关紧要的部分，选取具有本质属性的内容；二是“归纳”作用，即将事物的共同点归结在一起，减少“水分”和避免繁复；三是扩大作用，即从认识个别事物进而扩大到认识一般事物，有利于逐步接近真理和掌握真理。

我国改革开放的总设计师邓小平，在巡视中国南方时，用短短几句话就讲清了中国改革开放的总纲。他说：“改革开放迈不开步子，不敢闯，说来说去就是怕资本主义的东西多了，走了资本主义的道路。要害是‘姓资’还是‘姓社’的问题。判断的标准，应该主要看是否有利于发展社会主义社会的生产力，是否有利于增强社会主义国家的综合国力，是否有利于提高人民的生活水平。”高度概括的“三个有利于”，一下子拉开了中国改革开放的序幕。

4. 注重目的性

一切领导活动都是有着明确的目的的，讲话也不例外，所谓目的，是指领导者为达到某些需要而形成的一定实践活动的目标、希望和要求。它是领导者对领导活动结果的自觉意识和在观念上的设计。

根据国外专家的研究，领导讲话的目的概括地说，主要有以下八种：

（1）明了。即让听众了解所传递的信息，或明白听众不知晓的事理。

（2）接受。即让听众在弄懂主题思想、观点、立场、看法的基础上，真正信服接受，并付诸相应的行动。

（3）解惑。即让听众学习并掌握有关的理论、知识、经验和技能，解决生活、工作和社会实践活动中的各种疑难。

（4）沟通。出于社交的需要，沟通人与人之间的思想感情，达到互相了解，互相支持，协调配合，行动一致。

（5）感动。引发听众心灵上的共鸣，让听众受到感动、激励、鼓舞，与表达主题同悲同喜，同忧同乐。

（6）说服。因势利导，说清道理，晓以利害，改变对方的某种观念或要求，阻止对方采取某种行动。

（7）拒绝。即让对方知道他的思想观点、立场、看法不能被接受，这是一种逆向交流，特别需要讲究方式、方法和技巧。

（8）反驳。即指出对方的观点、要求不合理、不合法甚至是错误、荒谬的，进而表明自己的观点和要求，先破后立，破中求立。

在一般情况下，讲话的目的比较单一，但有时也可能兼有几种目的。不管是哪一种情况，只要达到或基本达到了上述目的的一种或几种，就能称得上是真正地会说话，有口才。

5. 注重逻辑性

领导讲话，逻辑一定要严密，有条理，通过逻辑分析的方式，把自己讲话的目的明明白白地表露出来。

讲话首先要严格遵循形式逻辑的基本规律。形式逻辑是研究思维形式及其规律的科学。思维形式是指人们思考问题时所用的概念、判断、推理。思维规律是在运用概念、判断、推理进行思维活动时必须遵守的规律，即“同一律”、“矛盾律”、“排中律”、“充足理由律”，这些规律要求人们思考问题和表达思想时，要保持同一性，不能自相矛盾，不能模棱两可，要有充足的理由等，遵守这四条基本规律，是讲话具有严密逻辑性的总体表现和要求，必须贯穿于讲话的全过程，体现在讲话的每一个环节中。

6. 注重准确性

准确性是领导运用语言，与其他个人或组织进行交流的基本要求。任何一个领导者所说出的话，如果失去了准确性，不但没有任何水平可言，而且还会失去所有与之联系的个人或组织的信任。

领导者在领导活动过程中能够准确地运用语言，是十分必要的。领导者语言的准确运用，首先是指领导者语言运用的条件限定；其次是指准确地使用语言。所谓条件的限定，就是语言的运用是由各种特定的客观环境以及领导讲话的特定内容来决定的。任何一个领导者，不仅在社会活动中有特定的地位，同时，他又是一个现实的社会人，因此，他就需要运用语言来表达、反映自己的思想和意愿（其中包括决策等领导行为的表露）。但是，由于领导者在社会活动中的特定地位，所以领导者的语言表达，就不能是随心所欲的。正确地使用语言，就是语言运用的最大技巧，就是每个人驾驭语言的基本方式方法。在语言的运用过程中，如果恰到好处地使用一些有生命力的古代语言文字和国外的一些优秀语言，就可以更加丰富自己的语言。同时，还要尽量使用最少的词句，来准确地陈述出所要叙述的内容。恩格斯曾说过：“言简意赅的句子，一经了解，就能牢牢记住，变成口号，而这是冗长的陈述绝对做不到的。”

7. 注重生动性

生动是对领导讲话水平的基本要求之一。领导者无论在什么场合下，都需要使用易被接受、鲜明生动的语言，而忌讳那种艰涩难懂、空感乏味的说教。

领导运用语言的生动性，一个最基本的要求就是要使用自己的语言。有些领导往往愿意使用一些现代的“时髦词”，或者是流行的套话。把这些东西生拼硬凑在一起，乍听起来挺“新鲜”，事实上细细回味起来，有的是“生吞活剥”、“消化不良”；有的是似曾相识，改头换面；有的似是而非，很不真确。这些语言不仅不能给自己的语言增色，反而使之逊色。

8. 注重鼓动性

一个杰出的领导，首先应该是一个鼓动家。他要以语言去撞击人们的心灵，激励人们的情绪，坚定人们向前的意志。要做到这一点，就要求领导首先必须具有恢弘的气魄、宽阔的胸襟和无畏的胆略。其次，要有高超的语言运用技巧，使用在短时间就能振奋人们情绪的口号、格言、警句，因为这些经过加工、浓缩、简洁、凝练的语言，都蕴含着某种真理，容易为人民大众所接受。再次，领导语言鼓动程度以及戏剧性效果也与领导者在讲话中表明努力的目标以及展示实现这一宏伟目标后的灿烂前景有关。人们总是为了某种希望而活着，即使有些人暂时处于相对平静的生活中，他也期待能有人给他指点更明媚灿烂的前景。因此，杰出的领导者往往就是利用了某种普遍的社会心理，在报告、演讲、讲话中传达给人们某种可能达到的目标和希望，最大限度调动听众的情绪。

第三节　语 言 交 流

在语言交流中，领导的身份决定了其语言的特定性。肆无忌惮地夸夸其谈，会给人一种不稳重的感觉；患得患失的沉默寡言，又给人一种平庸无能的感觉；过于矜持，又有人说是矫揉造作，因此，在社会交往中，人们对领导的语言艺术有着较高的期待，领导如果不会交谈，很难想象能在社会上立足，而要使谈话顺当，确有所获，就必须掌握“诚”、“专”、“敏”三个基本要领。

一、要深入诚恳

古语说：“与人善言，暖若锦帛；与人恶言，深于矛戟。”坦诚率直、谦虚谨慎、尊重他人是领导必须具备的良好心理品质。苍白的语言只能换来苍白、冷漠的情感只能获得冷漠。只有知心，才能达到推心置腹、情感相容的境界。妄自尊大、盛气凌人、刚愎自用的作风和虚情假意，恭维逢迎、油腔滑调的习气是领导交际中的毒剂，它必然导致双方产生鸿沟。要谦逊有度，避免过于显露自己的才学。要做到平等待人，对某一话题，尽管有许多话要谈，但不应滔滔不绝，使他人无发言的机会。即使别人的意见与你相悖，也要让人讲完，然后再阐明你的见解。谈话中要少用“是”、“不”、“对”、“不对”、“可能”、“会好的”这类浅显字眼。只有心心相印，才能息息相通。对别人敷衍、搪塞地答复问题是做官样文章，空洞无物、或咄咄逼人像连珠炮似的连连发问，都会引起他人的反感。

领导待人以诚，就会洗耳恭听他人之言，而不会抢人话头，扰乱别人的思维；不会避实就虚，隐瞒自己的真情实感；不会强人所难，硬要人家听你的索然寡味的说教；不会故意闪烁其辞，摆迷魂阵，真伪难辨，使人捉摸不定，难以理解你的意图；也不会在别人给你提意见，或者表达不同见解时就火冒三丈，粗鲁地顶回去；更不会口出伤人之语、损人之词，即使一时失口，也定会坦率表达歉意，以达到相互谅解。

二、要神情专注

领导讲话不能心不在焉，听人说话，也要全神贯注，不要漫不经心。一位外交家曾感叹地说："一个好的听众确实如同撒哈拉沙漠中的清泉一样，稀有珍贵和受人欢迎啊！"要耐心倾听别人谈话，不要在别人说话时，对其评头论足，轻下断语。要让自己的思想紧紧"跟踪"发言者，就能分析出话中之意，体察出言外之音，明白谈话何时进入高潮，何时接近尾声，这样你发言时就能有的放矢，而不会不着边际，偏离话题。

领导在与人谈话时，还要专注于对方的表情。听话不能单用耳朵，如你的眼睛紧盯着发言者的唇舌，就能在"声波"中捕捉到所需之物。要同时注意对方的姿势、表情，将更体会对方言谈的意思，对方说话时的情绪状态，是高兴，还是愤慨、焦急、忧虑，有时比说话本身更为重要。心不在焉是不好的，若左顾右盼，或手上摆弄小东西，或显示出不耐烦之态度，都会影响交谈。有位外国学者说过："人们通常认为听别人讲话是件容易的事情，其实不然。真正地听别人讲话，意味着使自己受到别人的恐怖、热情或绝望的感染——或者也要受到自己内心与之相同的感情的感染。

三、要思路敏捷

领导与人谈话，是调动自己的知识和智力的过程。要做到"知人、察需、善问、会导"。敏锐的一个重要方面是要有应变能力。一般人认为，宽厚者，语多奖勉；刻薄者，词多贬抑；豪放者，语多激扬而不粗俗；潇洒者，言多风雅而不随便；谦逊者，含蓄而不猥琐；博学者，旁征博引而不芜杂；脚踏实地者，声调沉稳；只图虚名者，最好浮词。

领导在与人交往中，还要注意观察对方，要摸准交谈者的性格特征。若对方性格坦率、耿直，你的谈吐就要简洁，"迂回作战"往往适得其反，会引起隔阂。若对方自尊心强，爱面子，你提出问题，特别是不同意见时，就应该缓和婉转点，如遇到的是个比较固执，喜欢抬杠、啰嗦、重复、没完没了的情况，甚至出言不逊时，也不要急，而要冷静、耐心，或者见机行事，适时提出中肯之词，或让他把话讲完，然后再恳切地表述自己的见解，这样对方就会对你有信任感。在谈话时，或直陈己见，或委婉作答，都要分析对象，看准时机，一语中的，才能使交谈畅通无阻。当谈话出现僵局时，机智得体地运用幽默的话语，会有解救"危难"之效。要选用简明的词句，避免用对方所不了解的字眼，用较从容的语调陈述为好，不必过于曲折，以免使人不知所云或抓不注重点。假若一个人头脑僵化，反应迟钝，必不能紧扣话题。如当别人谈论学习所得时，你却横插一杠子，不适时宜地插入旅行见闻等，会使人"丈二和尚摸不着头脑"。

转换在交谈中至关重要。改变话题要顺应自然，掌握"火候"，过早则不免唐突，过迟则使人乏味。当他人对某话题兴味索然时，就应适时戛然而止，另择他径；当别人对某一问题谈兴正浓时，马上转换内容，显然是不高明的，谈话开头要巧妙地打开画匣子，结束谈话也要顺乎自然。圆满的谈话，总是进行到恰到好处时结束。

第四节　讲 话 七 忌

有些领导讲话之所以给人平庸的感觉，并不是因为他水平低，而是对讲话中存在的缺陷浑然不知。如果一个人的脸上长有疤痕，可以从镜中窥见，可以使用化妆品或药品加以治疗弥补。同样，谈吐方面的缺陷也可以改变，只要治疗之前，自己能够清醒地认识到自己的这些缺陷。如果不清楚自己说话的缺陷，也可以试着拿一面镜子对照自己说话的姿态：是否手势过多，是否翘起嘴唇，是否表情难看，是否过于冷漠、紧张、僵硬，是否强抑声调……

以下几点是我们说话中常有的缺陷，可以对照检查，并加以改正。

一、说话用鼻音

用鼻音说话是一种常见且影响极坏的缺点，当你使用鼻腔说话时，就会发出鼻音；如果你用大拇指和食指捏住鼻子，你所发出的声音就是一种鼻音。如果你说话时嘴巴张得不够，声音也会从鼻腔而出。在电影里，鼻音是一种表演技巧，如果演员扮演的是一种喜欢抱怨、脾气不好的角色，他们往往爱用鼻音说话。如果你使用鼻音说话，鼻音对于女人的伤害比对男人更大，你不可能见到一位不断发出鼻音却显得迷人的女子。如果你期望自己在他人面前具有极大的说服力，或者令人心荡神移，那么你最好不要使用鼻音，而应使用胸腔发音。正确的方法是，平时说话时，上下齿之间最好保持半寸的距离。

二、声音过尖

一个人受到惊吓或大发脾气时，往往会提高嗓门，发出刺耳的尖叫。一般女性犯此错误居多，要多加注意。因为尖叫的声音比沉重的鼻音更加难听。你可以用镜子检查自己有无这一缺点：脖子是否感到紧张？血管和肌肉是否像绳子一样凸出？下颚附近的肌肉是否看起来明显紧张？如果出现上述情形，你可能会发出刺耳的尖声，这时你就要当机立断，尽快让自己松弛下来，同时压低自己的嗓门。

三、说话忽快忽慢

一般来讲，说话的速度很难掌握，即使一些职业演说家或政治家，有时也不容易把握好自己说话的速度。说话太快，别人就听不懂你在说些什么，而且听得喘不过气来。说话太慢，人们就会根本不听你说，因为他们缺乏一种耐心。据专家研究，适当的说话速度为每分钟 120～160 个字之间，当我们朗读时，其速度要比说话快。而且说话的速度不宜固定，你的思想、情绪和说话的内容会影响你表达的快慢。说话中把握适度的停顿和速度变化，会给你的讲话增添丰富的效果。

为了测量自己说话的速度，你可以按照正常说话的速度念上一段演讲词，然后用秒表测出自己朗读的时间。如果你说话的速度每分钟不到上面那个标准，就可以试着调整说话速度，看是否会收到良好的效果。

四、口头禅过多

日常生活中，人们听到一些领导讲话带有口头禅，如“那个”、“你知道不”、“是不是”、“对不对”、“嗯”等。如果领导者在讲话中反复不断地使用这些词语，一定会损失自己说话的形象。口头禅的种类繁多，即使是一些伟大的政治家在电视访谈中也会出现这种毛病。

当谈话中“啊”、“呃”等声音过多，也是一种口头禅的表现，著名演说家奥利佛•霍姆斯说：“切勿在谈话中散布那些可怕的‘呃’音。”如果你有收音机，不妨将自己打电话时的声音录下来，听听自己是否有这一毛病。一旦弄清了自己的毛病，那么今后在与人讲话的过程中就要时时提醒自己注意这一点。

下面介绍几种克服口头禅的方法仅供参考。

（1）默讲。出现口头禅的原因之一，是对所讲的内容不熟悉，讲了上句，忘了下句，此时就要用口头禅获得一点思考的时间，以便想起下句话。事前默讲几遍，对内容、措辞十分熟悉，正式讲话时就能减少或不出现口头禅了。

（2）朗读。克服口头禅的朗读法，就是将自己的口语，从不清楚变为清楚、流利的语言。如果语言流畅贯通，就不会出现口头禅。出声朗读老舍、叶圣陶等语言大师的作品，有助于用规范的语言来改善自己不规范的语言。

（3）耳听。广播员、演员的语言，一般都较为规范，没有口头禅。平时听广播、看电影时，可边听边轻声跟和说。久而久之，你会惊喜地发现，自己的口语精练了，口头禅少了，连普通话水平也提高了。

（4）练习。听听自己的讲话录音，会对自己讲话中的口头禅深恶痛绝，这样，往往能使自己讲话时十分警惕，口头禅也会随之变少。

（5）慢语。在一段时间内，尽量讲慢些，养成从容不迫地思维和说话的习惯，一句句想，一句句说，对克服口头禅有很好的效果。

五、讲粗话

有些领导特别是资历比较深的领导，在日常工作中习惯于讲粗话，仿佛只有这样才能显示出自己的威望。其实，讲粗话是说话的恶习。俗话说，习惯成自然。随便什么事情，只要成了习惯，就会自然地发生。讲粗话也是如此，领导者一旦养成了讲粗话的习惯，往往是出口不雅，自己还意识不到。要克服这种不文明的习惯也并不是一件易事，比较有效的办法是，找出自己出现频率最高的粗话，集中力量首先改掉它。首先是改变讲话频率，每句话末停顿一下；其次讲话前提醒自己，改变原有的条件反射。出现频率最高的粗话改掉了，其他粗话的克服也就不难了。

请别人督促也很重要。当然，这里的“别人”最好是了解自己的人，这样督促起来可以直截了当。由于有时讲了粗话自己还不知道，请别人督促就能起到提醒、检查的作用。督促还有另一层心理意义，那就是造成一种不利于原有条件反射自然发生的外界环境，以促进旧习惯的终止。

六、结巴

"结巴"是口吃的通称。"结巴"对于极个别人来说是一种习惯性的语言缺陷，是一种病态反应，他们也被称为口吃患者。口吃就是说话时字音重复或词句中断的现象。讲话结巴，是领导语言交流的大忌。要想治愈说话"结巴"的毛病，除药物治疗外，更重要的是去除心理障碍。日本前首相田中角荣少年时代就是口吃患者，为了克服这个缺陷，他常常朗诵课文，为了发音准确，就对着镜子纠正嘴形，后来他成了一个著名的政治家、演说家。有口吃的人不妨试一试这个办法，坚持朗读文章，只要坚持不懈并保持良好心态，相信一定会产生好的效果。

七、毛手毛脚

毛手毛脚，即说话时动作过于频繁。领导者可以检查一下自己，是否在说话时不断出现以下动作：坐立不安、蹙眉、扬眉、歪嘴、拉耳朵、搔头皮、转动铅笔、拉领带、弄指头、摇腿等，这些都是影响你说话效果的不良因素。当你说话时，动作过于频繁，听者就会被你的这些动作所吸引，根本不可能认真听你讲话。

第五节　激情演讲

西方的一位哲人说过这样的话："世间有一种东西可以使人很快完成伟业，并获得世人的认识，那就是好口才。"

领导也许不是演讲大师，但只有善于演说的领导，才能成为一个杰出的政治家，则是不争的事实。

通过演讲阐发自己的政治观点、施政纲领，是现代智能型人才的基本素质。一个思维敏捷、能言善辩的领导，首先必须具有敏锐的观察力，能深刻认识事物，只有这样，说出话来才能一针见血、准确地反映事物的本质，其次必须有严密的思维能力，懂得怎样分析、判断和推理，说出话来才能滴水不漏，有条有理，最后，还必须有流畅的表达能力。

间接来说，只有知识渊博，话才能说得生动通顺、表达明确，也正是因为演讲具有综合能力的这个特征，所以我们说：善于演讲是知识渊博的标志，是事业成功的关键。

纵观古今中外的政治家，历来都把演讲当作发表政见、阐明观点、批驳政敌、争取盟友的一个有力武器，尤其是现代社会正处于激烈变革的年代，这种社会作用就会显得更突出。

谋臣启奏、策士应付、诸侯施令、辩士游说，无不以演讲作为手段。英国作家麦卡雷说："舌头是一把利剑，演讲比打仗更具威力。"拿破仑小时候出身寒微，在群雄角逐的年代，27 岁时，他就获得当时法国 3000 万人民的崇拜，他不无骄傲地说："一支笔、一条舌，能抵三千毛瑟枪。"

我国已故的周恩来总理就是一位出色的演讲大师。他的雄辩能力在当时蜚声海内外，无人不知，他的应变机敏与非凡的气魄还有那柔中有刚的犀利言辞，不但令国人敬佩骄傲，就连敌手见了也会情不自禁地赞叹起来。例如，曾经有一件这样的事，有一位美国人带有挑衅意味地向周恩来提出了这样一个观点："一个国家向外扩张，是由于该国的人口过多。"周恩来并不赞成这个观点，他直接反驳道："我们不同意你这种看法。英国人口在第一次世界大战前只有4500万，这并不算太多，但是英国在一个时期内曾经是'日不落'的殖民帝国。美国的面积和中国比较，中国也只是略大了一点点，但是中国的人口远远超过美国人口的5倍还要多，可是美国的海外驻军却达150万。中国的人口虽多，却没有一兵一卒驻在外国领土上，至于在外国建立军事基地更没有，由此就可看得出来，一个国家是否向外扩张，与它的人口多少是没有关系的，却与这个国家的社会制度息息相关。"

在这里，周总理以英美人口不多却向外扩张，与中国没有向外扩张相对照，真可谓是数据准确，论据翔实，顺理成章，最终让这个美国人无言以对。

美国的第四十任总统里根，以自己的睿智风采成为美利坚历史上最耀眼的政治明星。1984年，已年届73岁的里根，在竞选总统中与对手蒙代尔进行电视辩论。

辩论中，蒙代尔以自己年轻力壮为优势，攻击里根年龄大，不适宜担此重任。里根并没有为自己进行辩解，他回答说："蒙代尔说我年龄大且精力不充沛，我想我是不会把对手的年轻、不成熟这类问题作为一个有利的条件在竞争中加以利用的。"他的这一绝妙的回答立即博得全场的热烈掌声。最后，果然里根获胜当选总统。

面对年轻气盛的蒙代尔的如此攻击，里根并不以牙还牙，破口对骂，如果那样就会有失作为长辈的沉稳持重、老谋深算的优势；如果对此不理不睬的话，就会让人觉得自己是逆来顺受、装聋作哑，如果这样的话就会让自己与蒙代尔的锐气相比，显得老气横秋，没有什么作为了。

里根为了获得更多的支持，尽量显示作为年长者的足智多谋、宽宏大度，委婉地抨击和映衬对方作为年轻人的浅薄和狭隘；他拿自己的长处和对方的短处相比，用了那种以柔克刚的策略；采取将计就计、以守为攻，在不动声色之中，以己之长，显彼之短，并且在讲话当中并没有忌讳自己比对手年龄大一点，却以那种"居高临下"用长者面对后辈的挑衅不屑一驳的口气说：对手的年轻、不成熟这类问题我是不会作为一种弱点放在竞选中加以利用的。

这句话说得非常幽默，虽说他明里说的是"不会利用"，但是从他口里说出来这句话却毫不客气、一针见血地说出了对方的"不成熟"。

他的这点不管是在论点上，还是在人品上，都成了一种很有利的反击工具，他以自己的辩才在观众面前树立了比对方更能胜任总统职务的美好形象。

在我国政治民主化进程中，领导干部将会有越来越多的机会出现在大众面前，一定要利用演讲这个舞台，塑造有魅力的领导者形象。

第六节　说服下属的有效方法

有些领导说服人经常犯的弊病，就是先想好几条理由，然后去和对方辩论；还有的是站在长辈的立场上，以教训人的口吻，指点别人该怎么做。这样一来，就是等于先把对方推到错误的一方，因此，效果往往不好。那么，怎样才能取得更好的效果呢？

古人云："感人心者，莫先乎情。"领导者的说服工作，在很大程度上，可以说是情感的征服，只有善于运用情感技巧，以情感人，才能打动人心。感情是沟通的桥梁，要想说服别人，必须跨越这一座桥，才能瓦解对方的心理堡垒，征服别人。领导在劝说别人时，应推心置腹，动之以情，讲明利害关系，使对方感到领导的劝告并不抱有任何个人目的，没有丝毫不良企图，而是真心实意地帮助被劝告者，为他的切身利益着想。

一、说服下属的方法和技巧

适合领导者的说服下属的方法和技巧很多，以下几种是比较实用和简便的：

1. 激励

在一般情况下，每个人都崇尚高尚的道德、正派的作风，都有起码的政治觉悟和做人道德。所以在说服他人转变看法的时候，一个有效的办法就是，用高尚的动机来激励他。例如，说这样做将对国家、单位带来什么好处，或将对家庭、对子女带来什么好处，或将对自己的威信有什么影响等，这往往能够很好地启发他，让他做应该做的事。

2. 感化

当说服一个人的时候，他最担心的是可能要受到的伤害，因此，在思想上先砌上一道墙，在这种情况下，不管你怎么讲道理，他都听不进去。解决这种心态的最有效的办法就是，用诚挚的态度、满腔的热情来对待他，在说服他的时候，要用情不自禁的感情来感化他，使他从内心受到感动，从而改变自己的态度。

3. 交流

实践证明，不同的意见往往是由于掌握了不同的信息所造成的。有些人学习不够，对一些问题不理解；也有些人习惯于老的做法，对新的做法不了解；还有些人听人误传，对某些事有误解等。在这种情况下，只要能把信息传给他，他就会觉察到行为不是像原来想象的那么美好，进而采纳领导者的新主张。

4. 激发

要想让别人心甘情愿地去做任何事，最有效的方法不是谈你所需要的，而是谈他需要的，教他怎样去做到，所以有人说："撩起对方的急切愿望，能做到这一点的人，世人必与他同在；不能做到的人，将孤独终生。"

探察别人的观点并且在他心里引起对某项事物迫切需要的愿望，并不是指要操纵他，使他做只对你有利而不利于他的某项事，而是要他做对他自己有利，同时又符合你的想法的事。这里要掌握两个环节：一是说服人要设身处地地谈问题，要把别人的事当作彼此互相有利的事来加以对待；二是在促使他行动的时候，最好让他觉得不是你的主意而是他自己的主意，这样他会喜欢，会更加主动和积极。

5. 间接方法

说服人时如果直接指出他的错误，他常常会采取守势，并竭力为自己辩护，因此，最好用间接的方式让他了解应改进的地方，从而让他达到转变的目的。所谓间接的方法是多种多样的，如把指责变为关怀；用形象的比喻来加以规劝；避开实质问题谈相关的事；谈别人的或自己的错误来启发他；用建议的方法提出问题等，这就要靠说服者根据实际情况创造性地加以利用。

6. “期望”心理

被说服者是否接受意见，往往和他心目中对说服者的“期望”心理有关，说服者如果威望高，一贯言行可靠，或者平时和被说服者感情好，觉得可以信赖，就比较愿意接受说服者的意见，反之，就有一种排斥心理，所以作为说服者，平时要注意多与人交往，和他们建立深厚的感情，这样在工作的时候，就能变得主动有力。

二、指责下属过失的方法

指责下属的过失，是希望下属能引以为戒，改正不足，而不是领导者发一通脾气、消消气就完事，所以，一定要讲究方法。

1. 不要太离谱

我们经常可以发现，领导责备下属不是出自纠正过失的动机，而是由于怨恨，虽然我们常自我告诫，不可因怨恨而骂人。开始时，也许的确是想纠正对方，指责一二句就算了，但因对方态度不好可能使你脾气顿时发作起来，结果原本一两句就完了的事，却越骂越离谱，最后竟连他的态度一起骂起来了，这时已超越了指责的范围。

若下属一再反驳，领导应切记：要说明事实，绝不可走到岔路上。如果说出超越主题的话，那就难免形成双方的争论，而不是领导对下属的指责，而且即使在争论中赢了下属，也只不过使自己更像个莽夫罢了。你要找理由说明自己是对的，下属也要找出许多理由反驳领导。一旦下属占了上风，那么他就可能在同僚中吹牛：我“击败”领导了！

在双方即将展开争执时，作为领导应坚定地告诫他：“你做的这件事错了，不改正不行！”或是简单地说：“我说的是……”其余的话不必多说。

许多下属利用领导骂人的机会，找出空隙发泄他平日的不满。遇到这种情形时，你不可采取静听的态度，所以姿势也十分重要，绝对不可让下属坐着接受指责——这点要注意。当对方想找麻烦时，领导最好采取俯视的姿势，在对方想开口说话之前，先表示自己的意见，然后立刻站起来，这样有时反而有效。领导切不可因对方的态度、言辞而走上岔路。

指责下属实在不是件简单的事，所以有些领导对下属的错误往往视若无睹，这是很要不得的，即使你不善此道也要鼓起勇气，不可漠视不理。

2. 不要追究共同责任

有些领导认为一个下属犯了错，不应只指责他本人而需指责全体，更有的领导认为进行集体纠正、指导，更能有效地发挥组织的综合力。以实践的经验来说，这样做一点效果也没有。

发生一件事，以全体人员为对象，追究其共同责任，则所有下属大概都不会把它当成是自己的事。肇事的当事人虽知道是自己的错，但还可能抱着一种“大概还有其他人犯错”的心情，反正又不只是他一人的错，于是责任就分散了，到最后谁都不负责任。这种指责全体人员的情况还有一个缺点，人数多的团体更为显著，当领导指责某件事时，恰好此事曾发生在某人身上，旧事重提，使听者有“又算老帐”之感。

3. 不要冲动

一个公司的领导为了工作废寝忘食，对下属也全力指导，但是错误仍然一而再、再而三地发生，在发现下属是由于没有责任感而犯错误时，不禁怒气上升。

感受性强的领导，具有瞬间捕捉违规及错误的能力，且反应敏捷。不可否认，感受性强是身为领导的重要条件之一，但从另一方面来说，感受性强亦是造成冲动的重要原因。如何压制不合时宜的冲动，不妨试用下述一些办法。

（1）赶快离开。变换场合，远离造成冲动的现场，哪怕去卫生间一趟也可。

（2）喝茶。利用茶气将怒气一起吞下，也能收到效果。

（3）赶快转移方向。去忙别的事，转移注意力。

（4）看书看报。不必精读，很快地翻动，只读一些大标题就行。

（5）打电话。拿起话筒，找人谈点别的事，转移注意力，改变气氛。

总之，就是换气氛，而且要留下缓冲时间，不要使自己陷入恶劣气氛中。停一下，如果能觉得“怎么这么糊涂，真是迷糊蛋！”然后哈哈一笑的人，他的冲动在不知不觉间就会消失了。

4. 不要意气用事

领导的职责可分为自己动手和命令下属执行两种。企业为了既定的目标，从领导到下属，大家都应该付出相应的努力。下属忠贞不二地服从指示，创造性地执行指示，无疑将极大地分担领导的工作，这样的下属将是一流的、上乘的，但下属不可能个个都令人满意，或因能力上的差异，也有勤勉、懈怠之分，还有个性上的区别。有些人一心一意想干好，但缺少方法与技巧，或者性格内向，无法适应外向型的工作，这就需要领导给予指导，明确指出目标及方法，或者加以培育，给予锻炼和实践的机会，使其逐步成熟，适应工作需要。对懈怠的人，疏忽职守的人，无疑应予以指责、批评，不如此，既影响工作任务的完成，也会给他人带来消极影响。

领导发现下属的过失、懈怠或者不服从，如果缺乏冷静，特别是在对下属有某些成见时，难免怒气冲顶。领导心情不佳，赶上下属办错事或者在纠正对方时对方态度欠佳，难免气不打一处来。冲动之下，愤怒的感情闸门若大开，就会说出许多不该说、事后追悔莫及的话，甚至责骂人的话，这就不是指责和批评了，不管你主观用意多好，效果已是适得其反。盛怒之下发脾气不但降低了领导者的身份，也会使公司气氛低落，绝对于事无补。

指责是管理中不可缺少的，怒发冲冠却是断然不可取的。领导正确分清二者间的界限，既是坚定自信心与决心的体现，也是增强一个公司凝聚力所必需的。

由于职责方式不当而造成双方不愉快的情况是有的，但也有的使双方从此有个新开始，彼此去除心理障碍。在指责的场合中，千万不要使用令对方下不了台的话。

哪些是不可使用的话语呢？这根据下属的性格和环境而各有不同。至少身为领导，须舍身处地的将心比心，站在对方的立场上多想一下，千万不要说伤人的话。指责可纠正下属并给予希望和底气，也能削减当事人的锐气。以下列举一些禁忌。

（1）勿指责人的弱点。人与人之间是有差别的。当别人指责其弱点时，犹如短刀插心般痛苦。例如，在个子矮的女性面前说“你是矮冬瓜”，她心中一定像沸水翻滚一般。对学历低的人说“学历太低的真没有用”，都是不适当的话，就算是事实也该避免触及他人的短处。

（2）不要忽视人性。“你是骗子”、“你太没有信用”等话也会刺痛对方，只要评论事实即可，即使是对方没有信用也不能如此当面斥责。

（3）不要否定下属的将来。“你这人以后不会有多大出息”“你这样做没有人敢娶你”“你实在不行”。领导是不该说出这样的话的。要以事实为根据，就事论事，就下属目前情况而论，不要否定下属的将来。

（4）不要干涉私人事情。公司生活和个人生活有很大关联，但是个人私生活有不愿为人所知之事。“你只知打麻将，当然会发生那些错误！”“晚上玩得太过分了吧！”“你和那个女孩子作朋友不好吧？”“你的家庭名声不佳，首先要从家庭整顿做起，怎么样？”等私人问题应该避免介入，因为那只会引起“那是我家的事，和此事无关”的反感，公司并没有连家庭一起雇佣。这种好事的领导大都会引起下属强烈的反感。

作业

先分析下面领袖语言的艺术魅力，形成发言稿，然后再上台讲解。（提示：每人选一句即可，但分析文字不得少于 600 字）

（1）枪杆子里面出政权！

（2）一切反动派都是纸老虎！

（3）军民团结如一人，试看天下谁能敌！

（4）世界是你们的，也是我们的，但是归根结底是你们的。你们青年人朝气蓬勃，正在兴旺时期，好像早晨八九点钟的太阳。希望寄托在你们身上！

（5）文明其精神，野蛮其体魄！

（6）好好学习，天天向上。

（7）下定决心，不怕牺牲，排除万难，去争取胜利！

（8）一个人做点好事并不难，难的是一辈子做好事，不做坏事。

第十讲 导游口才

学习目标

1. 学习讲解语言艺术，掌握讲解技巧。
2. 学习导游语言艺术的风格，了解导游语言艺术的美。

第一节 开场白的技巧

开场白的技巧实际上包括两个方面：一是第一次与游客接触时的一般开场白；二是在讲解每一个具体景点时导游词的开场白。

一、一般开场白

一般开场白常常是在第一次接待游客时开始的，而这种开场白也叫欢迎词。主要内容包括向游客问好、代表旅行社向游客表示欢迎、向游客介绍司机和车牌号、自我介绍、简要介绍当地气候等情况、下榻饭店概况、游览活动安排以及必要的卫生、饮食、安全、购物等注意事项和其他必要的内容等。

二、导游词开场白

导游词开场白从结构的角度划分，可以分为完整式和简略式两类：完整式开场白大致包括问候、寒暄、自我介绍、欢迎、良好祝愿、明确游览目的等内容；简略式开场白至少要有问候、明确游览目的两项。从游览过程的角度划分，有预设开场白和现场开场白两种。从表达的角度划分，有叙述式开场白和抒情式开场白两类。

请看以下六个案例：

（1）女士们、先生们：你们好!欢迎大家光临天坛。我叫××，是××旅行社的导游，非常高兴能有机会陪同各位一道欣赏、领略这雄伟壮丽、庄严肃穆的古坛神韵。让我们共览这“人间天上”的风采，共度一段美好的时光。

这是比较完整的现场叙述式开场白，包含了问候、欢迎、自我介绍、祝愿、游览目的等诸多内容。

（2）女士们、先生们：大家好！首先，我对各位的到来致以最诚挚的欢迎！各位在来长沙旅游之前，想必已经对湖南有所了解了吧？那么您认为中国现代史上最著名的人物是谁呢？对，毫无疑问是毛泽东同志！那么毛泽东在长沙生活期间，最喜欢去的是什么地方呢？就是我们将要到的岳麓山爱晚亭了。好，现在咱们就一块儿到毛泽东“携来百侣曾游”的地方去看看。

这是比较简略的现场叙述式开场白，虽然简略，但是却利用了名人效应，使开场的表白有声有色，情趣盎然。

（3）女士们、先生们：瓷器是我们日常生活的必需品，那么多姿多彩的瓷器是如何制造出来的呢？到了瓷都景德镇，我们就不能不去探寻一番，所以，今天我就请各位去参观古窑瓷厂，这个瓷厂为什么用“古窑”二字命名呢？等一会儿到了，我再做解释。现在我利用路上的时间向各位介绍一点陶瓷知识。

这是在到达古窑瓷厂之前表达的预设式开场白，简洁明快，以重叠的悬念引起游客极大的兴趣。

（4）各位游客：你们好！欢迎大家到湄洲岛旅游。我们今天游览的景点是湄洲岛妈祖庙，导游的内容有：湄洲岛概况→湄洲岛妈祖庙朝觐活动盛况→祖庙山门→仪门→太子殿→寝殿→妈祖石像。预祝我们愉快地度过这美好的一天。

这是现场叙述式开场白，除了必要的问候、欢迎、祝愿之外，着重强调了将要游览的主要内容和景点，清晰明了，目的明确，重点突出。

（5）各位朋友：来杭州之前，您一定听说过“上有天堂，下有苏杭”这句名言吧！其实把杭州比喻成人间天堂，很大程度上是因为有了西湖。千百年来，西湖风景展现了经久不衰的魅力，她的风姿倩影令多少人一见钟情。就连唐朝大诗人白居易离开杭州时还念念不忘西湖：“未能抛得杭州去，一半勾留是此湖。”……朋友们，下面就随我一起从岳庙码头乘船去游览西湖。

（6）亲爱的朋友：欢迎你们来到美丽富饶的新疆。新疆地处亚欧腹心，地大物博，山川壮丽，瀚海无垠，古迹遍地，民族众多，风俗奇异，有许多值得大家参观游览的地方。您要是想游遍新疆的天山南北，至少得有半个月的时间。今天我将带大家去游览新疆最著名的风景区天山明珠——天池。天池位居高大宏伟的天山怀抱之中。朋友们，您闭上眼睛想象一下在这个离海洋最远的、年均降水量200毫米的城市旁的高山中有那么一潭清清碧水，这是何等的神奇、何等的美妙啊！这犹如给美丽动人的少女披上一层神秘的面纱。您觉得我的比喻贴切吗？当我置身于离海洋最远的地方，体会干旱地区的燥热时，脑海中的那一潭碧水带给了我无限的湿润与凉意。我想象不出该用什么样的语言来描述此刻的感觉。朋友们，您此时此刻是否已有了与我相同的感觉。我想是的，从大家的表情上看得出，大家的好奇心早已经插上翅膀飞到了天池，不用着急，今天我们就要揭开这层神秘的面纱，让大家饱览那少女妩媚多情的眼睛。

例（5）、例（6）是现场抒情式开场白，导游员饱含深情、激情满怀地赞美了西湖、天池，优美抒情，真挚动人。

上述各种开场白，虽然可以从不同的角度进行不同的归类，但是它们所包含的基本内容其实大同小异。所以，开场白并没有一成不变的定规，重要的是要能够体现对游客的尊敬之情、关切之意以及突出游览目的。

最后要注意，开场白不能故弄玄虚，否则不仅会使开场白显得多余，也可能会使游客反感。例如，各位朋友，今天我们将要游览的是一处独具特色的旅游景点，它位于北京城的中心，殿宇千门万户，楼阁巍峨庄严，红墙黄瓦，金碧辉煌，素有“金色的宫殿之海”的美称。您一定猜到了，这就是驰名中外的故宫博物院。这一段解说，明明是只能在故宫进行现场讲解的导游词的开场白，却云山雾罩地绕着弯子请游客猜测是什么地方，真是多此一举。这样的开场白在导游词中要加以杜绝。

第二节　语言艺术风格

导游语言艺术的风格，是导游员所具有的精神特点和语言艺术的综合反映。马克思曾引用过 18 世纪的德国自然科学家、文学家布封说过的一句话："风格即人。"并指出"真理是普遍的，它不属于我一个人，而为大家所有；真理占有我，而我不占有真理。我只是构成我的精神个体性的形式。"这里的精神个体性，就是指人特有的思想气质、生活经验、道德修养、语言才能等精神特点。导游语言艺术的风格作为一种表现形态，犹如人的风度一样，是从导游语言的整体上所显现出来的代表性特点，是由导游员主观方面的特点与导游内容的客观特征有机统一所造成的一种整体现象，所以导游语言艺术风格既是导游艺术特色的一个重要组成部分，同时又是形成这种特色的许多其他组成部分借以表现出来的工具和手段。

导游员大都有自己不同于他人的语言风格。这个导游员与另一个导游员常用的词语、句式以及语言技巧等都不是完全一样的，但比较起来，有的要鲜明一些，突出一些，集中一些。这是由于他们在长期的导游工作中，不断探索积累，使得自己的导游语言具备一定的个性，形成了自己的语言艺术风格。别林斯基说："风格是在思想和形式密切融会中按下自己的个性和精神特征的印记。"一个成熟的导游工作者在运用导游语言时，不论自觉与否，总要表现出他对自然景观和人文景观独特的感受、认识和情感，因此，即使讲解同一个内容，其语言也具有各自不同的风格。例如，讲解同一处古迹，有的善以生动的描述使人感动，有的善以冷静的叙述令人惊叹。同样是幽默风趣，有的温文尔雅，让人忍俊不禁；有的诙谐戏谑，使人捧腹之余深思。造成这种风格迥异的主要原因是导游员在个性爱好、审美趣味等方面存在着一定的差异性。这种差异性是形成不同语言艺术风格的直接因素。当然，不同的内容、不同的对象也是影响导游语言艺术风格的主要因素。例如，有的日语导游员由于长期与日本游客打交道，他（她）的导游语言也就形成了委婉、含蓄的艺术风格，有的英语导游员由于接待西方游客较多，所以他（她）的导游语言艺术风格往往是明快、直露的。

导游语言艺术风格有一个形成和变化的过程。有些刚从事导游工作的人，由于对导游内容还不十分熟悉，认识得也不很透彻，大都照本宣科、生搬硬套一些导游资料上的东西，甚至遣词造句都一个模样，没有自己独特见解和语言艺术风格，但随着自己不断地学习和实践，知识和经验也就不断丰富，于是成竹在胸，熟能生巧，逐渐形成自己鲜明的语言艺术风格。

风格的形成和具备，不是看导游员一时一地的语言行为，而是看他（她）的导游语言是否贯穿着一种基调，这种基调具有相对的稳定性和一贯性，但是它也不是一成不变的，它往往随着导游员的工作阅历、审美趣味、语言修养等主观方面的特点以及导游内容、游客对象的变化而变化。比如，年轻的导游员其语言风格大多比较活泼，但随着年龄增长等方面的因素，其风格有的可能趋于稳健。

一、语言艺术风格的类型

导游语言艺术风格具有多样性的特点。因为它所反映的旅游景观本身具有多样性，导游的思想情感、审美观念、语言修养具有多样性，游客对导游语言的审美需要多样化。导游语言艺术风格的多样性不仅表现在不同的导游员之间，而且也表现在同一个导游身上。优秀的导游员其语言才能往往具有多方面的适应性，虽然有一种主导的占优势的风格，但并不排斥另一种风格。下面以导游讲解为例，简要说明导游语言艺术风格的几个个性特点。

（一）语言明快、热情奔放

这类风格的特点是语言明快，直露、流畅，洋溢着一种奔放的热情。请看下例：

女士们，先生们，早上好！今天我们去参观一个新的旅游景点，这就是：天涯海角。

为什么要将此地称之为“天涯海角”呢？在这个世界上真的有“天涯海角”这样一个地方吗？这正是我要告诉大家的。

（1）“天涯海角”这一名称是根据古代宗教学说“天圆地方”得来的，这一理论成立的话，那么这个世界上肯定有个地方是边缘或者是尽头，即“天边”，那么它又在哪里呢？历史上的说法是：它在这儿，就在——海南岛的最南端，离三亚市向西走 24 公里，天涯海角也就是今天我们要去的地方。

这是原因之一，即理论根据。

（2）众所周知，俄罗斯有个叫西伯利亚的地方，那里一年四季冰天雪地，荒无人烟，萧瑟凄凉，是专用来流放犯人的。在我国古代尤其是唐宋两朝，这一带就是中原地区的“西伯利亚”，是封建王朝的流放地。为什么要选择这儿不选择别处呢？因为这里交通闭塞，人烟稀少，瘟疫流行，常年干旱，天气酷热，环境极为恶劣。

这是原因之二，可以说是地理因素。

（3）唐宋两朝，许多被流放至此的人由于路途艰难，初到伊始，人地生疏，水土不服，加之情绪低落，悲观失望，极少有生还者回中原的。他们个个无不怀着走天涯、下海角的感受，“天涯海角”在他们看来不仅仅指地球的尽头，而且意味着人生末日的到来，难怪被流放至此的唐朝两朝宰相李德裕称之为“鬼门关”。

他的全诗是：“一去一万里，千去千不还，崖州去何处，先渡鬼门关。”（唐代称“三亚”市为崖州）这可以说是当时的真实写照啊。

此乃原因之三，即历史上的原因。

由于以上三个原因，即理论上的原因、地理上的原因和历史上的原因，人们称此地为“天涯海角”。

今天我们去“体验”一下作为一个流放者走天涯下海角的心情，但是，作为旅游者，我们不但没有不佳的情绪，反而心花怒放。我相信你们会为能前往这么一个带有神奇色彩，令人向往的古迹胜地而感到欣慰的。

在北京旅游的人们常说：“不到长城非好汉。”今天我要说：“不到天涯海角誓不罢休。”

我为诸位能有机会到此一游而感到骄傲，大家想想，在我们漫长的人生道路上，假如有机会到过天涯海角，这个被李德裕“高度赞誉”为“鬼门关”的地方，试问，在我们今后人生道路上，还有什么克服不了的困难呢？一切困难与天涯海角相比都显得无足轻重，暗淡无光了。这是我此时的第一想法。此外，我发现在我们中间有许多成双成对的伴侣，有恩爱的老夫老妻，也有卿卿我我的年轻情侣，我羡慕你们，为你们高兴。你们想过吗？你们手拉着手，肩并着肩来到天涯海角，做丈夫的把妻子带到天涯海角，妻子则跟着丈夫到了天之涯，海之角，请问你们这一辈子还会分开吗？我相信你们一定会更加相亲相爱，心心相印，白头偕老，永不分离。

女士们，先生们，我们很快就要到达目的地了，现在我给大家简单介绍一下几个主要的景点，诸位见到的一座巨石上面刻着四个大字“南天一柱”。根据中国传统的说法，天是圆的，它由地上四个角的四根柱子支撑着，这就是一根柱子的化身，它支撑着南天，让人民安居乐业。除此之外，我认为，它更能代表海南人民坚强、勇敢的性格，是海南人民的象征。到了天涯海角，诸位会看到两座巨石，上面分别刻有“天涯”“海角”的字样，这就是我们的目的地。在此我有一个提议，到了天涯海角咱们来个集体合影好吗？希望这张合影能给各位留下永久的记忆，谢谢！

这位导游员对“天涯海角”十分熟悉，讲解语言十分明快，在解释“天涯海角”时，条理清晰，从理论、地理和历史三个方面进行了简洁明了的讲解，随后又采取议论和抒情的手法，为游客“创造”了一个游“天涯海角”的愉悦心境，并激情满怀地一连用几个设问句，把这种情绪推上了高潮，催人精神振奋，令人欢欣鼓舞。如果这位导游员对游客没有如火的热情，对“天涯海角”没有真挚的热爱，就可能流于一般性的解说，不可能具有这种鲜明独特的语言艺术风格。

要形成这种语言艺术风格并不是那么简单的，如何把握好情感和语言的分寸感十分重要。语言既要明快，又要注意含蓄，情感既要奔放，又要注意收敛，否则就显得肤浅、轻飘。上例的导游语言在这方面把握得比较好，值得学习和借鉴。

（二）幽默诙谐、妙趣横生

这类导游语言艺术的特点是以浓厚的趣味思想来认识和解释事物，语言机智、诙谐，充满活力，富有情趣，蕴藏着一种乐观向上的精神力量，使人听了格外开心且耐人寻味。请看下例：

（进入午门之后）进了故宫，大家首先看见的就是人……为什么这么多人来到这里弄呢？因为明朝永乐年间，100万劳工花了14年的时间修筑起来的故宫是世界上最大的宫殿，非常有名。每天都有数万游客来这里观光。

故宫的面积是天安门广场的两倍，比凡尔赛宫殿还大，是日本平安神宫的10倍左右。故宫的历史开始于570年前，请大家思绪拉回到570年前来浏览故宫吧！

这个建筑是故宫朝南的大门，叫做午门，午是正晌午的午，是位于正中的意思。午门的下面，有五个拱门，正中间的门只有皇帝才能出入，即使地位很高的大臣，也只有使用最两端的小门。这些都是根据身份、等级来严格规定的。只有皇帝在结婚的时候，皇后才能从午门进入一次，其他女性禁止出入午门，当然现在是谁都可以进啦。过去对皇帝的心腹都是这样的严厉，一般的百姓就更不用提啦，连靠近故宫都不行。所以，这个故宫被称做紫禁城。紫是紫色的紫。过去有天帝在紫宫中生活的传说皇帝认为他是天帝之子，他住的地方当然也得是紫色的宫殿。于是，用了个紫字。禁就是禁止入内的禁字，也就是禁止随便进入的意思。

这正中的路是皇帝专用的。这条路不但是故宫的中轴线，也是整个北京城的中轴线。北京的主要建筑大多都是沿着这个中轴线而建，两边的建筑物也多是对称的。皇帝的宫殿位于这中轴线的中间，显示着“普天之下，唯我独尊”。这条路是用大理石铺成的。请看，这大理石路比两边的路高出一块来。当皇帝走这段路时，还要在上面铺上地毯之类的东西，这样就更高了。所以，纵然是皇帝身材短小，在这上面一走，也显得高大伟岸！

每当皇帝经过这中间的门时，都要敲响大钟、大鼓伴奏才行。皇帝这样迈着步子：咚咚—咚咚咚咚—咚—咚，真是威严无比！皇帝打心眼儿里感觉到伟大！下面，我们大家也当回皇帝，体会一下皇帝走路的感觉吧！

（在太和门前）这个建筑叫太和门，是故宫里最大的木制大门。在这个大门的前面，放有一对狮子，这是明代用青铜器制作的。狮子强悍，吼声震天，使百兽惧怕，放在这里，代表着皇帝的威严。那里有个石头做的像个邮筒似的东西，那是大臣诸侯求见皇帝时，要先写申请书放在里边，有皇帝的仆人转达皇帝：“万岁，此人求见，可以吗？”“好。”“是，遵命。”就可以让进了。如果皇帝说：“不行！”那求见的人就会被撵走。和它相对称的那边，还有一个石头做成的东西，它的形状像一个大印，象征着皇帝的权力，也就是说：皇帝的权力坚如磐石，不管世间有何变动，皇帝的权力永远不会变！

（经过太和门之后）前面的房子叫太和殿，是故宫内最大的建筑物，并且是过去北京城最高的建筑物。皇帝下令：任何人的房子也不能高出故宫的房子。所以，京城百姓都只好建了平房，北京过去曾经被称为“平房之都”。

下边的广场是太和殿广场，为什么要建这么大的广场呢？站在这里向对面看去：蓝天之下，黄瓦生辉。下面白色的石台，给人以豪华灿烂之感。举行大典的时候，皇帝坐在太和殿正中的御座，文武百官跪伏在广场。那时还要往石台上的大鼎里放入绿叶松枝燃烧，弄得烟雾缭绕。太和殿简直就像云中楼阁一样，文武百官仰望着云中楼阁三呼万岁，坐在御座上的皇帝感觉是多么良好，就可想而知啦！

（在太和殿广场）尽管故宫周围有 10 米高的城墙和 52 米宽的护城河，皇帝还是担心有人挖地道钻进故宫暗杀他，吓得睡不着觉，绞尽脑汁想了个办法，就是把广场用 15 层砖横竖交叉地铺严实了，才终于放下心来，从这件事也可以看出，当时的权力斗争是何等激烈！当然，在大殿时，文武百官三呼万岁，但皇帝还是怀有戒心：这里面，这家伙，那家伙，说不定哪个家伙想暗杀自己。不注意哪行！这广场的砖层大约有三四米深。

（在太和殿的石台上）这个石头做成的东西叫嘉量，嘉量是当时的标准度量衡，表示皇帝公平处事，谁半斤、谁八两，心里自然有数。对面还有一个石头做成的东西，叫做日晷，是用来看时间的石头表。皇帝的意思是：重量和时间的基准都在他那里。

那边有鹤和龟：“千年仙鹤，万年龟”，是长寿的象征。不过，中国和日本不同，日本是颠倒过来说的，叫做“万年仙鹤，千年龟”。为什么说法不一样呢？大概是过去日本的留学生在中国学了词句之后，乘船归国途中，由于船的颠簸使头脑产生混乱，记颠倒了。还有许多例子，例如，日本讲良妻贤母，中国讲贤妻良母；日本讲平和，中国讲和平；日本讲法政大学，而在中国叫做政法大学。文章和意思完全一样，但只是顺序不同，大概就是乘船颠簸所致。那鹤和龟不单纯是一种装饰物，也是一种香炉。它们的背部都盖着盖儿，每当大典时，就把盖掀起来，投入檀香燃烧，那烟就从它们的嘴里缓缓溢出，就像它们都在吞云吐雾一样。

请大家从石台上回头看广场，我们进了故宫之后还没有见过树，为什么在这么宽阔的地方连一棵树都不种呢？……不是为了防止暗杀，而是为了制造气氛。如果种了树，郁郁葱葱一片绿，鸟儿在上面又唱又叫的，就会呈现生活的气息。如果不种树，就会产生庄严的气氛。我们来想象一下：过去大臣要见皇帝时，全都得从天安门走着进来，走在宽阔的路上，看着高大的建筑，在庄严肃穆的气氛中，大臣就会越走越感到压力沉重，当走到皇帝面前时，就会自然地双腿打着哆嗦跪下来。

中国历史上最后一个皇帝——爱新觉罗·溥仪是3岁时当上皇帝的，他继位时的御座就在太和殿的正中。

现在开始五分钟的自由活动，五分钟后到那凉快的地方集合。请。

从这段导游词，我们可以看出这个导游员是一位性格开朗、活泼，对生活充满乐观，对事物有着浓厚趣味思想的人，正因为他具有这种个性，所以他的导游语言具有幽默诙谐、妙趣横生的风格特点。他在讲解中打破了文物介绍资料的局限，不胶柱鼓瑟，不照本宣科，不拘泥于具体细节的精确性，但却具有艺术的真实性。他运用夸张、模拟、比喻、想象、歪解等语言艺术手法（包括幽默艺术手法）进行讲解，显得有声有色、有滋有味。

与这类艺术风格相应的缺点是油腔滑调。在该严肃庄重的时候偏偏说俏皮话，这样就使人感到不认真，不亲切，所得的印象也势必浮浮泛泛，支离破碎。这是具有这种风格的导游员必须注意的问题。

（三）平实质朴、稳健沉静

这类导游语言艺术的风格特点是言行稳健沉静，情感含蓄不外露，遣词造句平实、质朴，不多用修辞手法，只是平平静静、老老实实地叙述事实，讲解景物，解析事理，显得厚重大方，有与人闲谈般的亲切感。请看下例：

母系氏族社会，这一古老的社会形态，在世界上绝大多数地区早已消失于远古之中了。过去，人们只知道美澳等洲的土著居民中保留着母系氏族制，殊不知生活在我国云南省西北部距昆明大约八百多里的狮子山下，泸沽湖之滨的摩梭人，虽然早已进入阶级社会，仍残留着许多母系氏族时代的遗俗。

摩梭人是纳西族的一个支系。在摩梭人的母系氏族社会里，母系是家庭和社会的主宰，家庭财产由妇女继承，“孩子知其母，不知其父，”人们不结婚，无所谓丈夫和妻子，只是“阿注”，即“朋友”或“同居者”。他们的语言中没有“爱情”这个词汇，故而也就没有所谓的“爱人”。这些来访的“阿注”，都是些男子，尽管他们和妇女们一样从事建房种田，照看孩子，料理家务，但他们在家里只处于从属的地位。他们是家庭的成员，可通常都不住在家里。男女不论在什么地方相会只要双方同意就可以成为“阿注”。白天干完了一天的活计，晚上就到阿注家过夜，夜深人静之后，男阿注到女阿注家，用预先约好的方式敲门或丢小石子在女子住的屋顶上。女方听到就悄悄地来开门，把男子带到自己的住房里。次日，不待天明，他就得悄悄离去。清晨，如果起得早，你可以看到摩梭村寨的山间小路或巷道里男人们正匆匆忙忙地返回自己的家里。这是短期约会的方式。长期阿注就没有必要这样偷偷摸摸的了。去长期女阿注的家，男子可以从从容容地到她家的正房里与她的兄弟、舅舅等寒暄聊天。入夜，当女阿注的兄弟、舅舅等逐渐离家去找自己的阿注后，便到女阿注的卧室共宿。长期阿注都有互换礼品的习惯，也有的男子帮助其女阿注家从事生产劳动，有些长期阿注感情较好，最后可发展到建立婚姻家庭。一时没有阿注的男青年，他们三两成群，或独自一人，去那些尚未有阿注或阿注外出的妇女家里串门，碰上谈得投机，当天夜里便可能在此留宿。找不到阿注的男子便到其他人家的马厩或牛栏住宿，因为自己家里的姐妹或甥女的阿注来过夜，自己住家里不方便，必须避开。

摩梭人少年男女年满 13 岁就要举行“成人礼”，时间是每年正月初一的早晨。“成人礼”上少女行穿裙子礼，少男行穿裤子礼，穿裙子礼在火塘的右侧举行，穿裤子礼在左侧举行，少年男女按传统要踏在猪膘和一袋粮食上面，在专选的成年人帮助下穿上新裙子或新裤子。这个仪式意味着孩子已经长大成人，可以参加社交活动；猪膘和粮食则意味着她或他在未来的生活中不愁吃穿。在座的人，无论是客人或家里人都要给他们送礼祝福，他们还要到处找老年人叩头，以求长寿。

阿注关系的建立很简单，既有“一见如故”，也有朋友相互帮助或母亲为女儿找阿注或通过媒人介绍，阿注关系的解除也很简单，只要男女任何一方不愿，便可断绝关系。女方可以采取不开门或男方来访时不见面的方式拒绝，男子则只须不去女家访宿即可。引起关系破裂的原因，通常是由于双方或一方另有阿注。

摩梭人一生所拥有的阿注是没有什么限制的，少的两三个，多的七八十。长期的阿注是比较少的，最多的是短期阿注，短期阿注是指交往不长的阿注，一般不超过一年，短的甚至只有一两天。男女各有这么多阿注，所生子女只认母而不认父。在这种情况下，很自然就会产生异母同父兄妹间为阿注的事。大家都说，这种事是难免的，而且是为传统所允许的，是合道理的。现在，这种事例已很难找到了。至于舅舅与外甥女为阿注，同母兄妹为阿注，这种更为原始的婚姻关系，虽被认为不当，但仍存在于现实生活中，这种行为被人在背地里非议，但并不受到公开的严厉谴责。

今天，随着社会的发展，摩梭人的生活发生了巨大变化，昔日的阿注婚姻正在逐步被夫妻合法婚姻所代替，父系家庭已经成为了主要的家庭形式，但也应该看到：习惯势力的影响仍很大，对摩梭人落后婚姻的彻底改革，仍然是一个长期而艰巨的工作。

这段解说词讲述的是摩梭人的婚姻习俗，从头至尾没有用什么形容词做修饰，甚至连比喻之类的修辞手法也没有，语言十分平静，遣词用句也很实在，不急不缓，娓娓道来，就像在描述一副不着色彩的白描风景画，使人不觉得枯燥，因为它能满足游客的好奇心和求知欲，所以给人的印象同样是鲜明的、深刻的。

与这种风格相应的缺点是枯燥呆板。如果讲的事实不具体，又不能用一些修饰性词语启发游客的想象，只用生硬的、很草率的几句话进行粗略的讲述，就容易使人索然寡味。

对于以上举例说明的三种导游语言艺术风格，不能说哪种好哪种不好，因为它们的关系是相容的，不是对立的，是可以因人而宜、因地制宜相互发挥的不同格调，就像唱戏，擅长花腔的并不是老耍花腔，不爱用花腔也并不是不耍花腔，只是有主次之分。这就要求导游员的语言艺术风格力争能达到“正而能变，大而能化，化而不失本调，不失本调而兼众调”的境界。这里所说的“本调”与“众调”的关系，就体现了艺术风格的一致性和多样性的对立统一。因此，只有如此，导游工作者的语言风格艺术才能丰富多彩，才能满足不同游客的不同需求。

二、语言艺术风格的基本要求

前面从导游语言艺术风格的多样性出发，举例说明了其个性特点，但是，其个性特点中又带有一定的共性，也就是说，导游语言艺术风格无论怎样别具一格，都具有准确性、鲜明性、生动性这三个共性特点，它分别代表着三个不同方面的要求，各有其特殊的含义，但三者又是相互紧密联系、不可分割的整体。

（一）准确性

对于导游语言艺术风格来说，准确性是其十分重要的特点，也是最起码的要求。首先，导游员要有老老实实的态度。在导游时不要老是想着“我多么高明”而装腔作势，要有实事求是的科学精神，做到就实论虚，言之有理，不能只凭主观愿望，想当然地去进行导游解说。马虎草率，或全靠夸大的事实和凭空想象的材料，达到哗众取宠的目的等，都不是运用导游语言的严谨作风。因此，在语言的内容上要做到三点：

第一，事实要准确。事实是独立于人的主观之外的客观实在，有特定的时间、地点、具体发生发展的过程，这就要求导游员讲任何一件事实和数据时，必须有根有据，不可凭空捏造。

第二，道理讲准确。善于抓住事物（景观）的本质特征，把道理讲得尽可能全面透彻，不然就会使顾客形成“神气十足，但是没有货色，不会分析问题，讲不出道理，没有说服力”的不好印象。有的导游语言之所以能使人产生一定的感受，其中一个重要原因，就是因为导游员对导游内容有中肯的分析和评价。例如，一位导游员在给顾客讲解故宫的建筑特色时说：

故宫建筑类型丰富多彩，布局严谨，井然有序，除了建筑造型、色彩与装饰外，还特别重视空间组合艺术。中国古代建筑设计，对空间组合艺术一向非常重视。无论在选址、布局、装饰等方面都是依照空间组合艺术的基本原理进行的。这一特点，在紫禁城宫殿建筑中，表现得更为突出。如太和殿自身的台基，面积为2377平方米，高度仅26.93米，只不过相当于一幢普通的八九层楼房。如果没有三台衬托和门庭陪衬，就难以达到如此惊人的艺术效果。其建筑艺术的特点之一，就是整体空间组合与单体轮廓设计的以巧妙地组合，形成既统一又富于变化的建筑群体。

中国建筑设计有两个侧重：一是侧重大效果，即环境设计；二是侧重细部，供人仔细欣赏，两种办法要因地制宜地加以运用，故宫外朝大殿的设计多侧重于大效果，比如午门、太和殿内外的座院是成千上万人的朝会之所，是紫禁城中最庄严最隆重的场所，在豁然开朗的太和门广场上，结构发生了奇异的变化，庭院中的五座飞虹桥与玉带般的内金水河纵横交织、洁白勾栏的曲线组成了如虹似锦般的立体交叉，吸引着人们的视觉，因而在人们步入午门之后，不用指路牌的导引，就会情不自禁地走向太和门。这便是艺术的魅力，就是利用空间组合巧妙处理人与物、物与物关系的创造。

这位导游员在这段讲解中对以故宫为代表的中国建筑特色进行了精辟的分析和评价，有根有据，有比较有鉴别，因而具有极大的说服力。

第三，引用语言要精确。在导游中适当引用一些至理名言，精词妙句，都有利于增强导游语言的效果，但必须准确无误，决不可曲解，断章取义。请看一位导游员介绍郑州黄河游览区的一段导游词：

据说，日本也有“人类起源于河流”的说法，黄河自古就被人们称为中华民族的母亲，她与悠久的历史同流至今，与中国人的生活密切相关，象征着中国的文化、政治和社会。历史上曾有多少文人骚客以诗描写黄河的汹涌澎湃之势，唐代诗人李白在他的《将进酒》一诗中以铿锵有力的句子这样赞叹黄河：君不见黄河之水天上来，奔流到海不复回。

在近代，日本人士非常熟悉的郭沫若先生曾留下了“黄河之水通江户，珠穆朗玛连富士”的名句，用黄河来比喻中日两国之间的友好关系。另外，中国还有一个人们所常用的谚语，叫做“不到黄河心不死”，基于上述的意思，我想，今天务必请诸位到黄河边上一游，面对着气势磅礴的黄河，回想对比一下，我们两国间过去那种关系和今日的友好关系，希望大家能从黄河中汲取进一步发展我们之间的友谊的力量。这样，我就安排了这个参观计划。

这位导游员先后引用了李白、郭沫若的诗句和谚语，由于引进的精确、恰当，因而增强了语言的艺术魅力。

第四，条理清楚，层次分明，首尾连贯，合乎逻辑。马克思曾说过：“应该逻辑地、明确地表达思想。”精确的语言能表现导游员精密的思想，也能表现他（她）驾驭语言的能力和工夫。请看下面一段导游词：

在中国，园林被分为三大类：皇家园林，私家园林和寺庙园林。豫园属于私家园林。大家知道，中国园林有许多技巧，如借景、障景等。不过它们都由四个基本元素组成，这四个元素是水、植物、建筑和假山。大多数私家园林在江南，就是因为这儿有水源和适宜做假山的石头。豫园是四百多年前明朝时建的，园主姓潘，是个大官，他建此园是为取悦双亲，让他们安度晚年，所以豫园的“豫”字就取其喜悦之意。可惜的是，他父母未能眼见豫园落成就去世了。清末，潘家衰落，其后代变卖此园于当地行会。豫园之所以成为名胜，还另有一原因。1853 年，上海爆发小刀会起义，园内一厅堂曾被用作指挥部。今天豫园是个必游之地，所以我建议到了那儿，我们千万不要走散，最好大家寸步不离，好吗？

这段导游讲解词层次条理都十分清楚分明。豫园为何成为“必游之地”的名胜，导游员讲了两点原因，首先是讲它所具有的中国江南园林特点，其次是讲它的历史原因，尽管没有用表示顺序的词语，但连贯性强，能给人以明晰的印象。

（二）鲜明性

所谓鲜明性，就是观点明确，态度明朗，这是对导游语言艺术风格的又一基本要求。首先，导游员的态度要鲜明，要有明确的是非观和爱憎情感。请看下例：

有位导游员在接待一批西方游客时，有人问他："有人说，世界上最幸福的男人是拿美国的工资，娶日本的妻子，吃中国的饭菜，住英国乡村式的房子；而最不幸的男子是娶美国妻子，住日本房子，吃英国的饭菜，拿中国的工资。对此你怎么看？"这位导游员说："吃中国饭菜是一种幸福，这没错，因为中国是个美食之国，饮食文化源远流长，但认为中国的工资低到了世界上最不幸的程度的说法，是不确切的。中国的工资收入只是有形收入，另外还有无形的收入，如公费医疗、生活补贴、低廉的房租水电、奖金等。如果把这些无形的收入折算成工资，就不会低于月薪 800 美元！"在这席话中，这位导游员自己坚定的态度和明确的是非观，游客们听了都大吃一惊，觉得很有道理，于是改变了对中国低工资的看法。

其次，导游员解说的重点要突出，要集中，这也是使鲜明性显著的好办法。在丰富纷繁的导游内容中，平铺直叙，面面俱到，企图把一切都灌输给游客，其结果必然是事倍功半，因此，要善于分清主次，根据实际情况把重点要点突出出来，这样才能使游客产生鲜明的印象。例如，南岳衡山值得讲解的东西很多，既有"势雄""景秀"的自然景观，又有"境幽"、"文丰"的人文景观。这就需要重点讲"势雄"、"景秀"，次要讲"境幽""文丰"，或者次要讲"势雄""景秀"，重点讲"境幽""文丰"。在重点之中又有重点和非重点之分。如果主次不分，游客听得的印象就比较平淡，同时，也可把自己要讲的要点理出来先揭示给游客，这也能使你的讲解内容鲜明、突出。例如，

今天，我们要游览的是武陵源景区，武陵源景区是十分迷人的，它主要有三个方面的特点：一是雄奇优美的奇山异石，二是秀丽迷人的溪潭瀑泉，三是姿色俱佳的动植物。这里，我先简要介绍一下武陵源的奇山异石……

像这样开头，游客对武陵源就有了一个大致的轮廓。随着导游员循序渐进地往下讲解，其轮廓就会越来越清晰。

最后要注意语言的鲜明性。鲜明的态度和观点必须经过鲜明的语言表现出来，鲜明的语言还能充分表现不同的语言风格，如简洁、细致、明快、华丽。

（三）生动性

导游语言艺术风格的生动性，大致有以下几个方面：

1. 敢于创新

所谓"创新"就是要敢于实事求是，敢于从实际出发思考问题，说明问题，要想人所未想，见人所未见，言人所未言，只有这样才能表现新鲜活泼的思想，才能吸引人，感动人。没有自己的见解和感受，纯粹是机械照搬导游资料上的介绍，拾人牙慧，就不可能有什么感染力。有些东西是资料上没有的，要靠导游员自己去收集、考察、体验、归纳、整理。因此，只要有"千回百折费寻思"的精神，才能"道出人人意中语"。

2. 富于形象性

形象性是生动性的一个要素，尤其在讲述游客眼前没有形象的景物或故事时，特别要讲究形象，或用游客所熟悉和懂得的形象进行类比：或用有声有色的语言（包括动作语）进行描述，这都是增强形象性的方法。

3. 善于变化

死板、老套、不生动，如果有了变化就生动了。变化表现在不少方面，如组织导游素材的新颖角度，导游“作品”层次、结构、语言句式的变化等。例如，有的导游员在讲解时，常结合自己的感受进行解说，这比那种以旁观者的口吻进行的解说要生动、活泼。有的导游员采取问答式的导游方法，游客参与进来，一问一答，循循善诱，既有情趣，又能达到导游目的。

此外，幽默语言也要求生动性。前有章节专论，这里就不再赘述了。

总之，导游语言艺术风格所包含的内容是丰富的。准确性、鲜明性、生动性是不可分割的整体。准确性是基础，做不到准确性，就无所谓鲜明性、生动性，但只讲准确性，忽视鲜明性、生动性，导游内容就不能很好地表达出来，就会影响导游语言的艺术效果。只有在准确性的基础上达到鲜明、生动，导游语言艺术风格才能发挥它的积极作用。

第三节　导游语言艺术的美学价值

俗话说：“名胜古迹无限美，全靠导游一张嘴”，此话虽然有一定的片面性，但也颇能说明导游语言艺术在旅游审美活动中有着重要的地位和作用。

旅游活动作为一种综合性的审美活动，旅游者不仅要欣赏自然景观和人文景观的美，而且导游语言也属于其审美范畴。我国著名美学家朱光潜说：“话说的好就会如实地达意，使听者感到舒适，发生美感。这样的说话就成了艺术。”因此从美学意义上讲，导游语言艺术就是创造美、传播美的艺术。导游人员充分认识并利用它的美学价值，就能使自己的导游语言产生无穷的魅力。

一、语言艺术的美

导游语言艺术的美主要体现在三个方面：一是形式美和内容美；二是实用美和艺术美；三是主观美和客观美。

（一）形式美和内容美

自然界和社会中的一切事物都有内容和形式两个方面。导游语言艺术也有自己的内容和形式。导游语言的内容就是信息，它包括消息、概念、态度和情感，导游语言艺术的形式就是信息的载体，它包括语音、语调、语气、词语、句式、修辞以及人体动作、表情等。美既可表现于语言艺术的内容，又可表现于语言艺术的形式。导游语言艺术的内容美是以自然美、社会美、艺术美为其基本内容的；导游语言艺术的形式美是语言材料按照美的规律组合而成的，并具有相当的表现力。导游语言艺术的美，是在内容与形式统一的基础上强调形式，只有当其形式能够表现真的善的语言内容时，它才能完整体现出来。因此，可以说讲究语言艺术的导游是美的导游，反之则是不美的导游。比如，在引导游客参观北京颐和园时，有的导游完全是机械地背诵导游词，语言呆板、生硬、缺乏活力，本来十分美的导游语言内容由于缺乏美的导游语言形式，游客听来索然无味，而另一些优秀的导游员却善于运用导游语言艺术，把眼前的湖光山色、楼台亭阁等人文和自然景观说得栩栩如生，使游客在“耳闻目睹”中得到美的享受。

导游语言艺术之所以美，是因为它充分发挥了语言形式对表现语言内容的积极作用。高尔基说：“我所理解的‘美’是各种材料，也就是声调、色彩和语言的一种结合体，它赋予艺人的创作——制造品——以一种能影响情感的理智的形式，而这种形式就是一种力量，使人们对自己的创造才能感到惊奇、自豪和快乐。”就导游语言艺术来说，完美的语言艺术形式（也就是生动、鲜明、准确表现特定内容的形式）直接体现为语言艺术，它能使美的语言内容更美，甚至在某种特定的情况下，能使并不美的语言内容得到美化。例如，

在一次汽车长途旅行中，游客们需要“方便”却见不到厕所，这时，车前方出现了一片树林，导游员宣布说：“前面有一片树林。现在大家都可以下车采集一些花草，女士们往右边去。先生们到左边去。要照相的就在车前。这一切都不另收费。”客人们带着会心的笑往树林里去了，有些人还当真采了些花回来。

“方便”（屙尿）虽然是人的生理现象，但作为语言内容并不雅观，尤其是在交际场合，上述例子中的导游员运用委婉、幽默的语言艺术，以美的语言形式表达出来，赢得了良好的效果。

苏东坡在论述道与艺的关系时说：“有道有艺，有道而不艺，由物虽形于心，不形于手。”导游工作者要真正做到得心应手地运用导游语言就必须掌握语言艺术，忽视语言艺术的导游语言是不会使人产生美的感受的。

但是，如果单纯强调语言艺术的形式美，而忽略语言内容的美，同样不能使人得到美感。比如，有的导游员虽然能说会道，但语言华而不实，把死的说成活的，把丑的说成美的，把假的说成真的，像这种假大空的语言内容即使有漂亮的语言形式作外表也“美”不起来。因为美是真诚的，不是虚假的，是有益的，不是有害的。

因此，导游语言艺术的美是导游语言内容美和形式美的统一，首先，它作为“一切事实和思想的外衣”（高尔基）其基本原则是准确、鲜明、生动地表现语言内容。其次，它作为游客的审美对象有相对独立的基本要求，如吐字要清楚，用词要准确，语调语速要适当、协调等。

（二）实用美和艺术美

美是社会实践的产物，实践是有目的性和功利性的，导游语言艺术的美也是如此。它之所以能引起美感，原因就在于它能有效地实现导游目的，较好地帮助和指导旅游者进行旅游审美活动，因此，导游语言艺术的美是以语言实用美为前提的。那么，什么是语言的实用美呢？简言之，就是能达到沟通信息、交流情感这一目的，语言就是具有实用美的语言。例如，

重庆市位于四川盆地东南部，在长江、嘉陵江和成渝、川黔铁路交汇处，古为渝州，所以简称渝。它是我国西南最大的工商业中心和长江上游水陆交通枢纽。市区三面环江，依山建城，有山城之称。市区面积1534平方公里，城区面积84平方公里，市区人口21282万，辖9个区，12个县。重庆历史悠久，秦为巴郡治、隋初及唐朝时为巴郡治。南宋淳熙时改重庆府。治所在巴县，市区风光迷人，尤以山城夜景著称。

上例中的语言平常而又朴实，没有半点修饰，但它能使游客对重庆市的概况有一个初步的了解，因而具有实用美。

语言的实用美与语言的艺术美，是相辅相成的，二者有着千丝万缕的联系。语言的实用美具有相对的独立性，而语言的艺术美却离不开实用美，但艺术美的审美价值却高于实用美。这是导游语言艺术优于一般导游语言的实质所在，因为导游语言艺术是语言的实用美与语言的艺术美的有机结合。例如，

武夷山属于丹霞地貌景观。它高峻雄伟、层峦叠嶂，在我国各大名山中，它独具一格。它有36座山峰，有的孤峭如柱，有的壁立如屏，有的亭亭玉立。有的如并蒂莲花，千姿百态，竞秀争奇。遇上茫茫云海，群峰就像出没于万顷波涛中，时隐时现，蔚为奇观。

上例中的导游语言生动、准确，能使人对武夷山的地貌景观有一个大致的了解，因而具有实用的美。同时，它又运用新鲜而奇巧的比喻手法，描绘了一副美丽的图画。无论是听之还是读之，都能使人感到语言的艺术美。

根据语言的用法划分，导游语言（这里只口头语言和书面语言）大致可分为记述性语言和描绘性语言。记述性语言要求的是准确、简明、朴实、规范、具有实用美；描绘性语言的要求是具有艺术美，即具有形象美和音乐美。

所谓形象美，就是生动、鲜明、形象，具有可感性和情感色彩。具有形象美的语言总是运用一些能给人以具体形象并富有情感色彩的语词，使用比喻、比拟、借代、夸张、对照、映衬等修辞手法。例如，

（1）西海景区范围很大，是由参差不齐、奇形怪状的石峰构成的一片石林。这石林和云南的石林不同，它绿苔遮其壁，草木生其间，“海”中水气升腾，“林”间雾气弥漫，在阳光的照射下，石峰若隐若现，就像海上仙山，许多美术界知名人士都说索溪峪的西海比黄山的西海还美。

（2）我们广州春节的前三天都要举办迎春花市，在市内各区选择一些地方适中、交通流量较小的马路，搭起临时彩门和棚架，架上一层层、一排排都摆满数不尽的鲜花，有含苞欲放的桃花、清香醉人的腊梅、鲜红似火的鸡冠、仪态万方的冬菊、金光灿灿的金橘，暗香浮动的水仙、嫣红妩媚的玫瑰、迎风怒放的山菊等，真是群芳聚会、万紫千红。特别是除夕之夜，花市达到高潮，家家户户在除夕团聚之后，便扶老携幼，同游花市。赏名花、迎新春，这已成为广州人民的习俗。

（3）武夷山不仅是一处集雄、奇、险、幽、野于一身的艺术迷宫而且还是一座难得的自然博物馆。

（4）南面是茫茫的渤海，万里长城从燕山支脉的角山冲下来，一头扎进渤海岸边，那就是有名的老龙头，是万里长城的尖端。

例（1）的词语能给人一种具体的映象，如“参差不齐”、“奇形怪状”、“光秃秃”、

“绿苔遮其壁，草木生其间”等，具有立体感。例（2）的词语有赞美的感情色彩，如“清香醉人”、“鲜红似火”、“仪态万千”、“嫣红妩媚”、“群芳聚会”“万紫千红”等，都能使人产生生动的形象。例（3）采用隐喻的手法，将武陵源的特色概括为 “艺术迷宫”和“自然博物馆”，既贴切又形象。例（4）用比拟的手法把万里长城说得活龙活现。

所谓音乐美，简言之，就是指语句说起来琅琅上口，听起来和谐顺耳。高尔基说：“语言的真正美，就是通过言辞的准确、明朗和响亮动听而产生出来的。”语言的音乐美主要是由整齐、抑扬、回环而构成。在中文导游语言中，我们要讲究的音乐美主要是指整齐美和抑扬美。整齐美是指音节整齐而均匀的调配，调配得整齐匀称就上口、顺耳。抑扬美是指声调的抑扬顿挫、平仄交错。例如，

（1）东有东山，西有西山，北有卧虎，南有鸡笼，太原就坐落在这么一个肥沃的盆地里。

（2）丝绸之路沿途的景观十分宏大雄伟，有冰川、火洲、瀚海、险峰；有雄关、寺塔、壁画、雕塑，它是世界上最伟大的艺术宝库和最辉煌的历史文献。

以上两例的语言整齐、和谐、节奏鲜明，就像优美的音乐能唤起人的审美感受。

（三）主观美和客观美

审美感受离不开主观的、感性的愉快，各人都有理由保持自己主观的爱好、趣味，对于导游语言艺术的美，不同的导游员有不同的理解和喜爱，有的导游员偏爱运用幽默、风趣的导游语言，有的导游员则喜欢运用通俗浅白的导游语言，有的导游员喜欢引经据典进行解说，由于导游员思想情感相对偏重的不同（如思维型与艺术型），爱好兴趣及性格、气质的不同，审美能力、文化素养的不同，他们在运用导游语言时就存在着主观的审美差异性，但是主观认为美的语言艺术必须服从客观美的标准，应当与客观美保持一致。如果主观美与客观美相对立，那么语言就失去了美的意义。例如，有的导游员喜欢矫揉造作，咬文嚼字，用一些生僻的词语，他认为这样的语言是美的，但他的游客却不知所云，十分厌恶，美也就不存在了。有的导游员明知自己有错，就是不愿说道歉语，他认为道歉语有失体面，是不美的，但道歉语客观上是美的，是绝大多数人愿意接受的。

总之，导游工作者要使语言的主观美与客观美保持协调一致，就必须放弃自己与客观美相对立的语言习惯，这是创造导游语言美的基本原则。

二、语言艺术的审美要求

（一）真实性

任何美的产生和存在都必须以真为前提，那种虚假的、不真实的东西不可能是美的。导游语言艺术也不例外，它虽然属于导游员对导游语言的一种自由创造，但它是对客观事物的认识和反映，这就要求导游语言艺术以事实为依据，以真实为原则，既生动又准确地反映自然和社会，切忌华而不实、矫揉造作、浮夸吹牛。例如，有的导游员为了使游客到某商场购物，鼓起三寸不烂之舌，把它说成“购物天堂”；有的导游对游客提出的问题不懂装懂，胡编乱造，指鹿为马：有的导游对游客的合理要求在完全可能的情况下不予满足，并以漂亮的谎话来搪塞、推诿等，像这类语言虽然有一定的“艺术”，但

由于缺乏真实性，是不能给人美感的。美的语言必须是具有真实内容和真实情感的语言，因此，真实性是导游语言艺术美的起码要求。

（二）思想性

语言是思想的物质外壳，受人的世界观、道德观的制约。它在反映客观事物的进程中，必然要相应表示肯定或否定、赞成或反对、欣赏或鄙视等思想观念，这种思想观念在语言中就体现为思想性。语言艺术的思想性往往是潜在的，就像糖融化在水中，虽然看不见糖，但水是甜的。例如，

西安一位导游员在带外国游客去临潼游览途中，汽车经过解放军第四军医大学，他指着学校大门说："一年前，在这所大学里发生了这样一件事，一位大学生从粪坑里救出了一位年老的农民，而他却牺牲了年轻而宝贵的生命。"他生动地讲述了事情发生的经过，顿时，外国游客十分惊讶地簇拥到玻璃窗前向外看，紧接着，导游员又诗朗诵般地大声说："一个年轻的大学生用自己的生命抢救了一位年老的农民，这对许多人来说，简直不可思议。当时，这位大学生的事迹和他崇高的精神品德震动了全国，影响到海外，许多人都结合这一动人的事迹，纷纷探讨人生的意义和价值……"导游员一席话深深感染了外国朋友，他们一个个都感叹不已。

这位导游员的话语中蕴含着一种对高尚情操的赞美，崇高的思想性使外国游客得到了精神道德上的陶冶。

思想性是衡量导游语言艺术格调高低的尺度，具有较高思想的语言其格调要比没有思想性或思想性较弱的导游语言要高雅一些。它给人美感享受的深度层次不同。如果上例中的导游员不讲一个大学生救农民的事迹，而讲一个普通的幽默笑话故事，那么它赢得的仅仅是开心一笑，给人的审美感受自然不及前者深刻、丰富，当然，导游语言不可能要求句句都有思想性，但讲究思想性是导游语言艺术不可忽视的。

（三）规范性

导游语言的规范性有两个基本要求：

一是不生造词语，不说（译）错词，没有不合乎语法习惯的句子，没有歧义、混乱现象。这是导游语言规范性的最低要求。正确地运用导游语言，对于导游员的思想精确程度和工作效率的提高有着重要的意义，但是，我们有的导游员在所用的语言中存在着一些不规范的问题，如遣词用句不精确、语法逻辑混乱、中国式的'外语'表述等，既不利于信息传递，情感交流，也不能给人以美感。这是值得我们每一位导游工作者高度注意，并在不断的学习和实践中及时纠正和逐步完善的。二是在并存的多种语言表现形式中选择最准确、最具有表现力的一种，这是导游语言规范性的最高要求。例如，

一位导游员带外宾参观一家农舍，主人对外宾说；"你们大老远地来了，我们表示欢迎。我们很高兴。"这句话很实在，但表现力不够。于是导游员在翻译时采取了意译的方法；"中国有句老话'有朋自远方来，不亦乐乎'，我们全家今天正是怀着这种心情来欢迎大家光临的。"其效果比原话美得多。又如，"这个石头做成的嘉量，是当时的标准度量衡。"这样讲，外宾不能立刻理解什么是嘉量，第一句含糊，则给下一句听讲带

来迷惑。如果将这句话改为"这石头叫嘉量，是当时的标准度量衡。"外宾就会明白。再如，桂林的"叠彩山"一词的译法只有一个，有些德语导游把"叠彩山"译为"Vile-Far-ben-Berg"，其含义是"很多色彩的山"，显然不准确，许多德国游客迷惑不解，不知为何不见叠彩山有许多颜色。准确的译法应为"Bunte-Seidenbander-Berg"，意译"彩锦堆叠的山"。因为"叠彩山"名字的由来是因该山石层横断，就像一匹彩锦堆叠起来似的，所以这位导游的译法，德国游客一听就觉得形象、贴切。

由此可见，准确、生动是导游语言规范性的具体体现，它不仅有利于语言信息传播渠道的畅通，而且能给人一定的美感。

（四）适应性

导游语言要达到传递信息、交流情感的导游目的，并收到良好的表现效果，就必须适应一定的导游对象和一定的语言环境，这是评价导游语言美与不美的一个重要原则，也是获得导游语言效果的重要途径。

所谓适应导游对象，一方面是要适应导游对象的语言习惯，例如，有的英文导游员把休息室译成"rest-room"，这种中国式的英语常使许多美国客人感到迷惑不解，明明是"lounge"，为什么要用"rest-room"?可见，"rest-room"对于美国人来说是不美的，因为这种用语不符合他们的语言习惯。英国和美国都使用英语，但英国英语和美国英语在发音、用词、表达上都有一定的区别，如果囫囵吞枣，生搬硬套，不看对象就会出麻烦。如"mummy"这个词，对英国人说是"妈妈"的意思，但对美国人说，他们就会理解为木乃伊、干尸。再如，日本人一般对议员、医生、教师等人才称"先生"，但有的导游员为了表示尊敬，对日本游客中的青年职员、大学生也称"先生"，他们就很不习惯，感到尴尬，"美好"的称呼却不能使人得到美的感受。所以，要想做到导游语言美，导游员必须了解游客的心态或心理倾向，否则，会起负效应，自然也就无所谓美，无所谓"艺术效果"了。

另一方面，导游语言要适应导游对象的接受能力，对不同国籍、不同文化程度、不同职业的旅游者要用有利于他们理解和适合他们口味的语言。例如，对儿童说话，句子要短一些，叠词要多一些，对文化层次不高的游客遣词用句要通俗浅白，不要书生味十足，否则，他们产生的不是美感，而是反感，尤其是为外宾导游，要考虑他们的接受能力，由于民族文化及其思维方式的差异性，许多东西他们一下是难以理解和接受的。

导游语言除了要适应导游对象之外，还要适应一定的语言环境。所谓语言环境，就是指导游活动的时间、地点及社会条件和自然条件。社会条件在这里是指导游员和旅游者所共处的特定的小环境：自然条件包括时间和空间两个方面。例如，一位导游员在游客准备用餐时，对游客大谈明天的日程安排，并一五一十地介绍游览项目是如何有意思。时间一长，游客就会厌烦，因为这位导游员的语言与当时的时间、地点不相适应，所以就不能给人以美感。

（五）丰富性

导游语言，如果没有丰富的信息量、词汇量和多种表达方式，是不可能收到良好导游效果的，更不用说给人以美的享受。

导游语言的信息量是由导游内容决定的，导游内容一般都涉及历史、地理、文学、政治、经济、园林建筑、考古、风俗习惯等各方面，这就要求导游员首先要具有丰富的知识。导游语言的信息量是否丰富主要取决于导游员是否具有丰富的知识，除此之外，作为一名导游工作者，还必须具有良好的表达能力。语言表达能力如何，主要看是否掌握了丰富的词汇量和多种表达方式。一些优秀的导游员由于语言信息量丰富，而且又善于表达，往往能见什么讲什么，而且讲得头头是道，生动有趣，使人心悦诚服，充分体现了导游语言的魅力。

现代汉语是高度发达、无比丰富的语言，词汇、语法上的同义手段多得惊人。如“人”这个词素就可构成一百多个词。同一个意思的句子，可用多种不同的句式表达。例如，

我们参观完了北京故宫博物院。

北京故宫博物院我们参观完了。

我们把北京故宫博物院参观完了。

有了丰富多彩的同义词语和同义句式，说话写文章的人才能创造出丰富多彩的言语作品来。

不仅汉语，英语、日语、法语、德语、俄语等语种也都是世界上十分发达和丰富的语言，这就为导游工作者提供了创造导游语言艺术美的客观基础，但要熟悉掌握母语，尤其是外语丰富的词汇和多种表达方式并不是一件容易的事，这就要求导游工作者孜孜不倦地学习，尽量多掌握一些新生词、外来语、流行语、谚语、诗词等，只有不断丰富自己的导游语言，才能掌握和运用导游语言，才能满足游客对导游语言的审美要求。

（六）情趣性

导游语言艺术仅具有真实性、思想性、规范性、适应性、丰富性还不能完全满足旅游者对导游语言的审美要求，还必须具有情趣性。因为人们外出旅游大多是为了寻求知识和乐趣。导游语言作为其审美对象之一，必须是生动、形象、轻松、愉快、活泼、风趣的，这就要求导游员把自然景观、故事传说、轶闻趣事、民俗风情等讲得有声有色，活龙活现，使人产生高雅的审美情趣。

如有位导游员在带游客去苏州城外游览时，说：“苏州城内园林美，城外青山更有趣。那一座座山头活脱脱像一头头猛兽，灵岩山像伏地的大象，天平山像金钱豹，金山像金龙，虎丘山犹如蹲伏着的猛虎。狮子山的模样就像常年回头望着虎丘的狮子，那是苏州一景，名叫狮子回头望虎丘。”生动、形象、富有情趣的介绍，使游客们尝到了观景的无穷乐趣。

（七）情感性

导游语言要富有情感，这首先要求导游员具有情感控制与调节的能力，导游员一进入工作状态，就应激发自己的情感，使自己处于愉快而冷静的心境之中，这样才能油然产生尊重客人的情感和情绪。其次是语言的表达问题。一般在讲解和在与客人谈话时都要轻、和、慢三结合，并适当配合态势语言，这样才可显现出导游员的温文尔雅和对客人的友善。讲究礼貌是对客人说话的最基本的要求，这不仅是自身文明的表露，也是尊

重客人的表示，亲切、平和、热情、真挚是导游语言美的基本要求。

例如，美国夏威夷有位华裔导游员所致的欢送词就充满着浓厚的感情色彩，她说："各位朋友：天下没有不散的筵席，时间过得真快，你们要回国了。我为你们高兴，回去可以见到你们的亲人，但我又很难过，真舍不得离开你们。我们有幸这次相遇，深信将来有缘还会再次相逢，我期待着能去北京，将来请你们带我到各地看一看。我祝大家归途顺利，身体健康！"短短的几句话说得情真意切，亲切感人。

（八）道德性

导游语言的表达要符合一定的道德原则。导游语言的情感表象应具有一定的严肃性，要使人感到说话人的端庄大方，诚挚友善，在热情或冷静的语态中带有几分维护自尊和尊重他人的肃穆，要做到这一点，导游员必须具有良好的职业道德，也就是说导游员的语言行为应受职业道德约束，凡有悖于职业道德的话不能说。例如，有位导游员在陪同某国旅游团时，这个团要求更改一下旅游节目，这位导游员不悦，便与司机嘀咕道："唉，拿这些洋鬼子真没办法！"恰好客人中有懂汉语的，听后大为气愤。这句话对国内人调侃，也许不存在什么大的道德问题，但在这种场合这种时候说，就是一种不友好，缺乏良好职业道德的表现。因此，礼貌用语，尊老敬贤、言而有信等都是恪守职业道德的基本体现。那种不尊重他人人格和风俗习惯的语言行为、那种与异性大开低级趣味玩笑的语言行为、那种胡编乱造、蒙骗客人的语言行为等都是不道德的。当然，在导游活动中，导游员也许会遇到一些故意找碴出言不逊的游客，对此，导游员就要有一定的道德修养，既不要一味迁就，躲避退缩，也不要与其反唇相讥或相骂，而应头脑冷静，做到有理、有礼、有节。

总之，语言美不仅能体现导游员美的形象，更能反映导游员美的心灵。

三、创造语言艺术美的主观条件

导游工作者要使自己的导游语言具有审美价值，除了一些客观条件之外，主观条件的具备是不可忽视的，所谓主观条件是指导游员的审美修养。

在导游活动中，导游员相对旅游景观来说，与旅游者一样同是旅游主体，而相对旅游者来说，导游语言也是审美对象，因此，导游员的审美修养对于是否能创造具有审美价值的导游语言有着直接的作用。

导游员的审美修养，在这里是指导游员运用导游语言所必要的知识、本领的培养、锻炼、积累和掌握。

作为导游工作者，必须具备两种互相联系、紧密结合的能力，即一定的审美能力和传达他对旅游景观的审美能力以及传达他对旅游景观的审美感受的表现能力。这两种能力又综合体现为观察能力、理解能力、想象能力以及语言表达能力。

例如，自然景观是千姿百态、丰富多样的，如果导游员不细致观察，从自然形态（如行云、流水、江潮、瀑布、飞禽、走兽、石林、山峰、碧湖等）中发现和认识其动态的美、静态的美、形象的美、色彩的美等，就不可能有效地指导旅游者进行审美活动。例如，游黄山自西路经半山寺、玉屏楼至北海，一路上有许多象形的巧石、险峰，有的拟人、有的状物、有的像飞禽、有的如猛兽，有的似鳌鱼、有的若龟蛇。导游员如果平时观察不细、了解不深，导游时就只能起一点指导作用，如“那是什么”、“那像什么”等，不可能通过导游语言生动、细致地描述，来加深游客对景物的审美认识和感受。在带领游客游览市容时，有的导游除了做些简单的介绍和指点之外，觉得没什么可讲，但有的导游员由于观察细致，所以能将一般人不注意的东西讲得生动有趣。请看上海一位优秀导游员在带客人游览南京路的一段导游词：

各位朋友，进入南京路之后，我们看到了形形色色的各种人：他们当中有边吃冰淇淋边逛街的人，有身穿礼服恭候客人光临的新郎新娘，还有身穿旗袍的时髦的小姐女郎……可你们注意到没有，像那种装束打扮的老大爷，你们看，就是站在那儿戴着白帽、身穿黄衣服、手拿小红旗的老大爷，他究竟是干什么的呢？大家知道吗？我想来个有奖竞猜，请大家参加……

上海南京路上车水马龙，熙熙攘攘，没有细致入微的观察就不可能有生动细致的讲解，游客也不会从中得到具体的审美感受。

导游员的理解能力是建立在导游员对观察对象的历史沿革、地理变迁、文化掌故、诗词题咏、民间传说等各种不同的审美特性上的。你要导游庐山，至少就要知道一点李白、白居易、苏轼等人有关庐山的名诗佳句，因此，导游员的理解能力往往偏重于日常知识的积累。请看武汉一位导游员介绍古代编钟的一段解说：

所有的编钟都刻有与音乐乐律有关的铭文，每件编钟能产生两个音，通过许多次的研究，我们发现，其振幅非常接近当今的国际水平，组合音阶同于当今的C大调七个音阶。音域宽广，总共跨五个八度，整个声音变化可以调节，木架精美无比。虽然它们埋葬于地下2400年，但这套编钟的演奏效果仍然很好，它不仅能演奏单独旋律的音乐曲谱，也可产生运用和声和复调技术的混合音响。所以今天诸如某些中国歌曲《阳关三叠》和《春江花月夜》以及一些外国名曲《圣诞夜》，甚至贝多芬第九交响曲中的《欢乐颂》都可以演奏。

如果这位导游员缺乏对音乐知识的掌握和理解，他对编钟的讲解就不可能使人心悦诚服。

导游员的想象能力是同他的理解能力交融在一起的，不是一种单纯的情感活动。在浮想联翩中包含着由此及彼、由表及里的理性活动。它的特点是伴随着强烈的情感色彩。“登山则情满于山，观海则意溢于海”，由眼前事物所引起的想象活动充满了感情色彩。例如，一位导游员在带游客参观西安半坡村遗址时，面对那些造型粗糙的石器、陶器，他展开想象的羽翼，给游客描绘了六千多年前我国的祖先们在黄河流域劳动生活的情景：

当时，妇女们在田野上从事刀耕火种，男人们则在丛林狩猎、河流中捕鱼，老人和孩子们在采摘野果。太阳落山了，先民们陆陆续续带着劳动果实回到眼前这个村落，聚集在熊熊燃烧的篝火旁，用这些手工制作的石器、陶器共同分享着食物，欢声笑语此起彼伏……半坡村的先民们就是这样依靠集体的力量，向大自然索取衣食，用辛勤艰苦的劳动创造了光辉灿烂的新石器文化。

这位导游员利用丰富的想象力把枯燥的导游内容讲得形象逼真，使游客获得情景交融、情理贯通的美感享受。

导游员对旅游景观审美感受的表现力主要体现在语言艺术方面，而语言艺术又包括构思和传达两个方面。王朝闻先生说："凡是能引起共鸣的艺术，大概与审美主体的主观条件有很大关系。这里有一个很重要的问题，不管对于自然风景的欣赏，还是对艺术形象的欣赏，我们不是接受它的一切，总是对它有所选择的。"一处自然美景，一件艺术精品，一次社会接触，只是为导游员提供了"构思"的客观依据，一份导游资料也只是导游员"构思"的参考资料，而要真正为旅游者所欣赏的导游"作品"，则需要导游员依据客观景物外在美与内在美的特性，根据总的导游主题，结合旅游者的审美需要和本人的美感经验，进行选择、提炼、集中、概括才能得到，并且，要比导游素材更精萃、更新颖、更吸引人。

总之，导游员的审美修养是十分重要的，导游工作者只有通过不断地学习提高，通过长期的导游实践，才能逐步养成。

作业

1．如何理解"名胜古迹无限美，全靠导游一张嘴"？

2．先背诵下面这篇讲解词，回答：

（1）这篇讲解词主要运用了哪些修辞手法，有何作用？

（2）这篇讲解词主要运用了哪些讲解手法，举例说明。

（3）这篇讲解词的语言艺术风格的特点是什么？

鼓浪屿名人之旅讲解词

朋友们，大家好！

欢迎来到美丽的"海上花园"鼓浪屿，我是厦门的导游×××。

到鼓浪屿除了欣赏美丽的风景，还有八件事要做，哪八件事呢？泡壶酽酽的乌龙茶、学几句地道的闽南话、找条喜欢的小路、站在海边发发呆、听场音乐会、吃个名小吃"麻糍"、逛逛玲琅满目的海鲜市场，而最值得一做的就是拜谒一处名人故居。别看这只有1.91平方千米的小岛，这可是人杰地灵、人才辈出的地方，在这个美丽的小岛上，孕育了无数中华优秀儿女：有毕生都献给我国妇产科事业的医学大师；有新中国杰出的体育教育家；有名扬海内的文学巨匠；有以音乐陶醉人心灵的钢琴诗人，他们都是谁？他们又曾在鼓浪屿哪座宁静的小楼留下生活的足迹？让我们沿着幽静的小路，一起来寻访答案。

看！晃岩路旁的这座八卦小楼就是被尊为"万婴之母"的我国妇产科奠基人林巧稚大夫的出生地，林大夫终生未嫁，然而她用温暖的双手，迎来了五万多名婴儿生命中第一声啼哭，她没有儿女，却将她一生的心血，伟大的母爱奉献给了千千万万的孩子。她愿意一辈子做值班医生。

再看看这座两层的别致小楼，20世纪20年代，一位热血青年从这里走出，为了一洗"东亚病夫"的耻辱他毅然从理科改学体育，1936年，他以总教练身份率中国队参加柏林奥运会，在清华大学任教 52 年间，培养了一批批学有所成兼具强健体魄的人才，76 岁高龄仍荣获国家一级运动员称号。这个人是谁呢？对了，就是马约翰！被毛主席誉为“新中国最健康的人”。如今这座楼虽已易主，但马约翰倡导的积极、健康、进取的体育精神仍留在他的故乡鼓浪屿。

大家都知道，“鉴湖女侠”秋瑾曾写过“秋风秋雨愁煞人”的诗句。在那风雨如晦的岁月，她诞生在美丽的鼓浪屿，就是我们眼前这座看上去极其普通的红色楼房，这位中国最早的女性革命先驱，为中华民族献出了年轻而宝贵的生命，她那种为了理想不屈不挠的精神多么令人敬佩啊！

听，随风传来一阵悠扬的钢琴声，没有吗？再听听，那旋律多么优美啊！想不想知道它是从哪儿传出来的？走，我们去看看！

这里是鸡山路 16 号，是著名钢琴家殷承宗的旧居，这是一座法国式乡间别墅，鼓浪屿人称它为“圃庵”。殷承宗就出生在这座别墅，并在这里度过了他的青少年时代，上天赋予了他超人的音乐天赋，9 岁就举办了“幼童殷承宗独奏音乐会”，20 岁获得柴可夫斯基国际钢琴大赛的第二名，请注意！当时这场比赛可是没有第一名的哦！1969 年他完成了气势磅礴的钢琴协奏曲《黄河》的创作，周总理听完后兴奋地说：“冼星海复活了！”这座别墅诞生了殷承宗，而鼓浪屿还哺育了许许多多非常有造诣的音乐家：陈佐湟、林俊卿、许兴艾等。而今，鼓浪屿拥有由著名指挥家郑小瑛亲自执棒的爱乐乐团；拥有全国唯一的钢琴博物馆；拥有国内音响效果一流的音乐厅……这些都使鼓浪屿成为名副其实的音乐之岛。

朋友们，看了这么多名人故居，不知大家是否感受到这个小岛深厚的文化底蕴？在鼓浪屿的每个角落，无不散落着光辉的名字：世界文化名人林语堂，当代著名女诗人舒婷……有机会大家还可以到岛上来串串门，没准儿还能碰上一个你仰慕的名人呢！

（看表）哟！6 点了，我们也该结束今天愉快的旅程。“月上柳梢头，人约黄昏后”，我们在这幽静、祥和、温馨、浪漫的鼓浪屿漫游，是不是更有一番韵味呢？走吧，让我们在返程的路上，用心品味这名岛、名宅、名人、名曲，再次聆听涛声、琴声，歌声、笑声……

第三篇　演　讲　篇

做一个善于演讲的人。

——这是学习演讲与口才的最高境界。

醍醐灌顶，茅塞顿开，“演讲篇”会给你一个意外的惊喜，让你明白演讲的真谛，得到这真谛，你就会前程似锦。

第十一讲 演讲技巧

学习目标

学习并掌握演讲技巧，提升演讲水平。

演讲，就是面对公众并针对公众所关注的问题发表自己的见解或观点，以求得公众的理解或支持。演讲之所以受欢迎，一方面，演讲是一种选拔人才的方式同时也是一种极佳的宣传方式，让演讲者和听众都能受益匪浅；另一方面，演讲者的才能在此可以得到充分的发挥，对青年学生来说，更是增强自信、锻炼能力、表现自我的好机会。那么怎样才能取得演讲的成功呢？这里，除了素质和能力，还有一些技巧需要我们掌握。

一、符合逻辑

优秀的演讲者，不仅要有广博的学识、精辟的见解、良好的道德修养以及娴熟运用语言的能力，而且必须具有较高的逻辑修养。所谓语言准确，实质上就是做到概念明确，判断恰当，推理合乎逻辑。优美的演讲语言总是包含着无懈可击的逻辑性。所以，演讲者掌握逻辑知识，有助于准确地表达思想，增强语言的表现力。

二、讲究修辞

1. 设问

设问就是提出问题，但并不要求别人回答，而是为了启发人们去思考。用这种方法演讲，能立即将听众的注意力吸引到演讲者身上，集中精力来听取演讲内容。闻一多先生的《最后一次演讲》一开始就有一个设问："李先生究竟犯了什么罪，竟遭此毒手？"这里不是有疑而问，而是无疑而问，接下来是论证李先生其实没有罪，有罪的是国民党反动派。

2. 排比

排比就是连用三个以上结构形式相同或相似的句子从多方面层层深入进行表意的方法。这种方法有净化思想、加强语势、增强语言的节奏和旋律美的效果。梁启超的《少年中国说》在结尾处连用了七个排比句："少年智则国智，少年富则国富，少年独立则国独立，少年自由则国自由，少年进步则国进步，少年胜于欧洲则国胜于欧洲，少年雄于地球则国雄于地球。"这组排比句，一句重于一句，层层递进，造成了动人心弦的雄健语势，淋漓尽致地表达出了演讲者的热切希望和饱满的激情，具有"震骇心魄"、"血沸神销"的魄力。

3. 比喻

一个新鲜、隽永、精彩的比喻，可以使抽象的概念形象化、深奥的道理浅显化、复杂的事物简单化，而且听起来妙趣横生、耐人寻味。1858 年 6 月，林肯发表了《家庭纠纷》的著名演讲。在演讲的题目上，他就将美国比喻为一个大家庭，美国南北闹矛盾、搞分裂就像家庭闹纠纷一样。演讲中有这样一段话："一幢裂开的房子是站不住的。我相信这个政府不能永远保持半奴隶半自由的状态。我不期望房子崩塌，但我的确期望它停止分裂。"

4. 引用

引用就是通过引用名言警句、诗歌、谚语、故事、道具等，加强演讲的说服力和吸引力，使演讲更为生动、形象，有助于听众对演讲内容的理解。庄景华在《让我们彼此微笑》的演讲中说道：

"真正的微笑，绝不是一种肌肉动力，它是人们美好感情的自然流露。它标志着一个人精神的富有。有一首诗写道：

'微笑一下并不费力，但它却产生无穷的魅力。
受惠者成为富有，施予者并不变穷，
它转瞬即逝，却往往留下永久的回忆。
它带来家庭之乐，又是友谊绝妙的表示，
它可使疲劳者解乏，又可给绝望者以勇气，
如果你偶尔遇到某个人，没有给你应得的微笑，
那么将你的微笑慷慨地给予别人，没有微笑的人更需要它。'

这首诗传自巴黎，是在充满尔虞我诈的资本主义社会里，一位诗人对人与人之间应以真诚相待的热情呼唤。我们中华民族素有'文明之邦'的称誉。继承传统的美德是我们这一代人、尤其是我们大学生义不容辞的责任。大学生的称号不就是意味着我们的知识教养、我们的文明程度在一个较高的水准上吗？一枚校徽，只能在 4 年内证明我们的大学身份，而知识教养形成的习惯可以伴我们终身。同学们，拆除人造的藩篱，让我们彼此微笑吧。"

三、制造悬念

人们都有好奇的天性，一旦有了疑虑，非得探明究竟不可。为了激起听众的兴趣，可以使用悬念手法。在开场白中制造悬念，往往会收到奇效。

制造悬念不是故弄玄虚，既不能频繁使用，也不能悬而不解。在适当的时候应解开悬念，使听众的好奇心得到满足，而且也使前后内容互相照应，结构浑然一体。例如，有位教师举办讲座，这时会场秩序比较混乱，学生对讲座不感兴趣，老师转身在黑板上写了一首诗："月黑雁飞高，单于夜遁逃。欲将轻骑逐，大雪满弓刀。"写完后他说："这是一首有名的唐诗，广为流传，又选进了中学课本。大家都说写得好，我却认为有点问题。问题在哪里呢？等会我们再谈。今天我们要讲的题目是《读书与质疑》……"这时

全场鸦雀无声，学生的胃口被吊了起来。演讲即将结束，老师说："这首诗的问题在哪里呢？不合常理。既是月黑之夜，怎么看得见雁飞？既是严寒季节，北方哪有大雁？……"这样首尾呼应，能加深听众印象，强化演讲内容，令人回味无穷。

四、掌握态势语言

1. 态势语言的作用

演讲不仅需要言辞声音，同时还需要辅助以动作表情。这种通过面部语言、体态、手势进行思想感情交流和信息传播的手段，便称为态势语言，亦称体态语言、无声语言。根据现代神经生理学的研究，在人类互相交际时，人的大脑左半球接受别人的口头语言，即逻辑语言，而大脑右半球接受的是态势语言，即形象信号。由此可得出这样的结论，演讲者使用口头语言时，能推动听众大脑左半球的工作，如果演讲者同时运用态势语言，就能推动听众右半球也开展工作，否则"光讲不动"只能让听众用半个脑袋工作。美感心理学家艾伯特·梅拉比安曾提出一个公式：信息的全部表达=7%语言+38%语调+55%表情，可见态势语言在演讲中的重要作用。态势语言主要由眼神、面部表情、手势和体态等部分构成，它的主要作用在于辅助口语更好地表情达意。此外，准确、协调、自然、优美、灵活自如的态势语言也是一种艺术，它能给听众带来美的享受。具体表现在：

（1）展示风采的作用。风采即风度，是人们美好的仪表、举止、姿态，是给人留下的第一印象。演讲的第一印象，往往是演讲者还未开口，就已经通过姿态语言的表达，深刻地印在听众的脑子里。一位演讲者上讲台时，是胆颤心惊、害怕得连头都不敢抬，还是迈着稳健有力的步子、边走边向听众微笑示意，给听众的印象是大不一样的。态势语言的表达，在第一印象中占举足轻重的作用。如果演讲者能给听众留下亲切、真诚、老练的第一印象，那么对于下面的演讲是极为有利的。

（2）辅助口语的作用。为了表达演讲者的思想感情，有时光靠口语是不够的，需要用态势语言加以辅助，使之强化。俗话说"言之不足"则"手之舞之，足之蹈之"就是这个意思。列宁在演讲中，时常运用富有个性色彩的态势语言。他习惯以一手下压的动作，表示对资本主义腐朽制度的蔑视、怒斥，而用一手向上前方伸展的姿态，向听众展示光明灿烂的革命前途。列宁的动作干净利索，给听众以极大的鼓舞。

（3）取代口语的作用。演讲并不要求演讲者一口气不停地讲到头，必要停顿是不可少的，停顿有其特殊的作用。但是，在停顿时，演讲者一定要配之以眼神、面部表情等态势语言，起到"此时无声胜有声"的作用。

（4）稳定情绪的作用。根据心理学的分析，初学演讲者在演讲时，由于心情紧张，会导致一些心理变化。为了阻止演讲者紧张情绪的发展，演讲者就当把自己体内的热量散发出去，适当的身体移动、手势比划等态势语言的运用，就有助于热量的散发，从而达到稳定情绪的目的。

2. 态势语言的运用原则

（1）准确鲜明。所谓准确，是指态势语言要能恰当地传情达意。所谓鲜明，是指态势语言要明朗化，不能似是而非，含糊不清。只有准确鲜明的态势语言，才能起到补充或加强话语，帮助听众理解，激发听众情感的作用。

（2）自然雅观。演讲者的态势语言要注意自然雅观，保持日常生活中的自然化，不给人以“表演”、“做作”的感觉。正如人们所说，演讲者在讲台上，不可不动，但不可乱动；不动则已，动则传情。

（3）富有个性。演讲者态势语言个性的形成要因人而异，试以手势为例，一般来说，就性别而言，男性的手势应该刚劲有力；女姓的手势应该柔和细腻。就年龄而言，年长者的手势应速度较慢、幅度较小、精细入微；年轻人的手势应速度较快、幅度较大、富有气魄。就身材而言，身材高大的演讲者，可多做些中区和下区的手势，就是做上区的手势，也尽量不要超过头顶；身材矮小者，则应多做些上区的手势，使听众的视觉感提高一些。就性格而言，外向型性格的人，可多做些幅度较大、干净利索的动作；内向型性格的人，则应少用手势语，或用些节奏缓慢、动作轻柔的手势语。

3. 态势语言的表达技巧

（1）头部语言。演讲中演讲者的头部不是僵直的，而是各种位型交替变化，时而正位，时而侧位，时而点头，时而摇头，时而抬头，时而低头，并配合各种手势和身姿，既有表现力，又生动多姿。

（2）面部语言。俗语说，出门观天色，进门看脸色。察颜观色，看脸色行事。这就是说，人的面部是可以反映出内心变化和情绪的。例如，气愤时，血管收缩，脸色苍白；激动时血管扩张，脸色涨红；高兴时笑逐颜开；得意时容姿焕发；失意时满脸阴沉，因此，演讲者在演讲时面部应该表情丰富，通过积极的调节、控制和支配，使表情准确地、自然地、恰当地表现自己的丰富感情，使听众便于领会。面部语言，可以是抒情性，即将演讲者各种心理活动和情绪变化外化为面部的肌肉活动和神色的变化。例如，口角向上，脸色和悦红润，纹路顺当，这是高兴；口角向下，嘴唇或紧闭或张大，脸色阴郁或苍白，这是悲痛或厌恶；咬住下唇，这是忍耐；咬牙切齿，这是仇恨等。具体表现为两种形式：

一是笑。笑是愉快的，是获得友谊、取得信任、融洽关系，化解窘态的重要手段；笑也是一种武器，它可以“把屠夫的凶残化为一笑”，对胆大妄为的人也是一种制裁。演讲者在演讲中一般面带微笑。微笑是美好感情的自然流露，真诚的微笑，不仅表明自己有教养、有信心，同时也表明对听众的友好与信赖。

二是哭。俗话说，人不伤心泪不流。讲到悲伤处、凄惨处，演讲者不仅常常表现出痛苦的面部表情，而且还从声音中传导出来，有时还流泪流涕，泣不成声，台下的听众也同样潸然泪下，抽抽泣泣，或泪如雨下。

（3）眉目语言。罗真人在《冰鉴浅注神骨章》中写道：“一身精神，具乎两目。”上台演讲，两眼应该向下平视，目光自然、亲切、专注。巧妙地使用眉目语言，这是一种艺术。演讲中，演讲者随意自然，有时盯着某处看，似乎专门说给一个人听；有时一会儿向左边微笑，一会儿冲右边点头，一会儿朝后边示意，一会儿冲前面挥手，目光流盼，使全场每一个听众都感觉到演讲者是在看着自己说话，造成一种极为亲切的交流氛围。

① 环视。即演讲者有意识地环顾全场的每个听众，从左到右，从前到后，从听众各种神态中了解和掌握现场的情况与情绪。开头的环视，即演讲者一走上讲台，站定之

后，就立即环视全场，戏剧中叫“亮相”。这种环视的作用有三：其一，向听众打招呼，是尊重听众的一种表现；其二，体验听众情绪和现场情况，便于把握好演讲的方式与重点；其三，帮助静场。演讲中的环视，即每讲完一个内容或一个层次，尤其是在讲完某些重要内容或某个重要观点后，演讲者常常需要环视全场作短暂的停顿。这种环视，实际上是一种短暂的现场调查，目的在于检验演讲的效果，以便及时调整自己的演讲方式与演讲内容。如果听众点头，面带赞许的微笑，甚至鼓掌，这是一种认同，是一种鼓励；如果听众摇头，甚至还发出唏嘘声，这是不赞成的，就要改变一种说法；如果听众情绪呆滞，甚至木然，这是没听懂，不理解，需要进一步说清楚，需要采取更通俗的方式表达；如果听众无精打采，交头接耳，注意力分散，这是对演讲内容和方式都不感兴趣，不愿听，需要改变话题和演讲的方式，所以环视是十分必要的。

② 点视。即把目光集中投向某一角落、某一部分，或者个别听众，并配合某种手势或表情。这是最有实效、最有内涵的一种眉目语言。譬如有的听众，面带微笑，频频点头，甚至情不自禁地鼓掌喝彩，演讲者投去一丝亲切的目光，这是表示赞许；某种调整以后，或者看一眼，这是表示征询、探讨；有时会场的某一角、某一部分听众发出议论声，甚至有骚动，演讲者立即把目光投过去，这是表示制止。

③ 虚视。即虚眼。演讲者的目光在全场不断扫视，好像是看着每个听众的面孔，实际上谁也没有看，只是为了造成演讲者与听众之间的一种交流感，弥补因为环视和专注可能使部分听众感觉受冷落的缺陷。

除了以上交流性的眉目语言之外，还有一类表情性的眉目语言。即表现演讲者的思想感情、情绪态度，以加强表现力。如演讲者讲到兴奋处，神采飞扬，目光炯炯有神；讲到哀伤处，眼皮下垂，眼神呆滞；讲到激愤处，两眼圆睁，双眉倒竖；表达鄙夷之情时，则眉毛下挂，眼光斜视等。

（4）手势语言。罗丹说过：“没有灵敏的手，最强烈的感情也是瘫痪的。”手势不在于多，而在于简练，在于有表现力。手势还需要自然协调。符合演讲内容的需要，符合听众的文化心理需要，符合演讲者的身份和性格特征，恰如其分，和谐得体，就是自然。与演讲者的表情配合，与有声语言同步，与其他动作一致，不生硬、不粗俗、不琐屑，这就是协调。自然协调是一种美。

（5）仪表风度。仪表风度就是健康结实、精神抖擞、气宇轩昂、风度翩翩。什么是仪表？仪表就是演讲者的容貌、姿态，包括长相、体型、服饰等，主要是指演讲者的外部特征。总体要求是：整洁大方，庄重朴素；轻便自如，协调和谐；得体入时，因地制宜。风度，是指通过人的言谈、举止、仪表所表现出来的个人风格和气度。风度虽然同样是从某些外部特征表现出来的，但却是一个人的精神气质、文化修养、心理禀赋等诸因素的外化。比起仪表来，风度就显得更内在、更高雅，更丰富。精神充实的人，必然仪表堂堂、举止大方、行为端庄、谈吐高雅。

4. 演讲姿势

（1）站姿。站立之后，讲话之前，挺胸做提气动作。站立时身体不要靠在讲台上，身体的重心平均落在两个脚上，两脚自然分开，不超过肩的宽度，或一前一后站定；双手轻松自然地沿着身体两侧下垂，头部端正，声音发出的方向应该沿着嘴部的水平线而稍微向上，这是演讲最基本的站姿。第一次上台或过于紧张的演讲者，男士可将手反叉于背后，女士可将手交叉于肚前。对于那些有些经验的演讲者来说，由于演讲技巧十分娴熟，就不会如此拘谨了，他们往往随着演讲的迭宕起伏，随着感情的变化，有时向前一步，有时退后一步，有时踮脚，有时移步，一切都要潇洒自如。

（2）坐姿。坐着演讲，因为有讲台作依托，只露出身体的上半部，比起站着演讲更自然、更易于把握。坐着演讲，应该坐端正，不要靠背，胸脯不要靠在讲台上，两只脚轻松自然地平平地踏在地上，身子最好向左或向右稍侧一点。这样坐，既轻松又端正，同时也不失优雅。

五、自我形象

演讲者在演讲台上开讲以后，就必须全身心地投入。这时，自我形象的魅力就会在不自觉中充分显露，而控场能力的好坏也在这时起着不可估量的作用。

首先，自我形象是演讲成功的魅力源。演讲者必须学会对自我形象进行塑造。每个听过演讲的人都会看出，演讲者站在听众面前，他的一举一动都已受到听众的注意。因此，推出自己最好的个人形象，对于最后的取胜有着不可低估的作用。自我形象，简而言之，就是演讲者本人给对方造成的印象。它包括演讲者的谈吐风度、仪容仪表、精神面貌、习惯动作等。

那么怎样塑造一个良好的形象呢？

人接受的信息最多的来自视觉形象。一个人如果形象很糟，往往会被人以貌取人，遭遇失败。演讲者的个人形象，等于是一张活生生的个人名片。它往往是先于语言，给人第一印象，它对演讲的效果有着不可估量的作用。生活中常常会有这样的情形：一个个人形象较好的人，即使没有主动同别人打招呼和交谈，周围也有不少人对他产生好感，愿意亲近他，与他攀谈，与他交际。这样，他的语言交际自然便有了良好的前提，就优于他人，从而有了成功的基础。演讲也是一样。

演讲者的个人形象当然包括天生的长相，但更多的还是精神面貌和举止。人们的面部表情、身体姿态往往有意无意地集中表现出人的整体形象，我们意识到了这一点才能做得更好。

1. 精神面貌和举止

从迈向讲台的第一步起，我们就应该有意识地推出自己最好的形象。自信是不可缺少的，有自信的人，显得神采奕奕、容光焕发，让人感觉精神舒畅。这是构成表演者精神面貌的主要部分。没有人会对一个看起来垂头丧气、消沉颓废、精神萎靡的人报以好感。作为一个演讲者，他要站在众人面前陈述自己的观点，要把自己展现给观众，让大家接受，首先就应该给人留下良好的第一印象。第一印象的重要性，日常生活中我们或许都有体验。一个人给你的第一印象不好，你便不想与这个人接触；即使以后听别人说这个人挺好，你也要做出很大的努力去打破原来的第一印象。从听众开始注意你起，你的第一印象就先入为主了。第一印象不好，你的演讲中就要花费更多的努力把这个印象给抹去。个人的第一印象好，你的演讲也就容易被人接受了。

1960 年，肯尼迪与尼克松为竞争总统，在全国电视观众面前举行了他们之间的第一次电视辩论。大多数评论员预料：经验丰富的尼克松能够击败缺乏经验的肯尼迪。但两个人出现在电视屏幕时，整个选举似乎立即转为对肯尼迪有利了。这是因为肯尼迪事先与帮助他竞选的电视导演做了周密的筹划，进行了反复的练习。特别是在辩论前几天，他特地到加利福尼亚州海滩晒太阳，松弛神经，养精蓄锐，以最佳的状态最好的形象等待大家检验。终于，在电视屏幕上出现时，他精神抖擞，满面春光，轻松自如。而尼克松过分相信自己的才能，不听别人的劝告，加之辩论前连日疲劳，因此在电视屏幕上显得精神疲惫，声嘶力竭，个人形象一塌糊涂。结果自然就不言而喻了。这个例子充分说明了良好的精神和身体状态给人所形成的第一印象对演讲者即兴发挥和在感染听众方面是多么重要。

人的精神面貌是形成于内而发于外的东西，但人的一些举止动作确实可以自我控制的。动作姿态是一种非语言的沟通方式，有着积极的意义。我们都知道如果演讲者站在台上英姿勃发，行走稳健、潇洒，就会给听众一种赏心悦目的感觉，增强演讲效果；如果反其道而行之，随随便便地站在讲台上，松松垮垮，就会使听众感到不舒服。所以，在举止上给听众一种极有风度的感觉非常重要。任何小小的细节都能体现出一个人是否有风度以及风度如何，甚至个人基本素质如何。

一次，在奥地利的一个宴会上，全场只有一位女士，这个女士是中国的一名女记者。当时，屋里没有开空调，天气又正好较热，宴会中途一位男士走上来，很尊敬地对这位中国女记者说："对不起，请问，我们能否把外套脱了。"这时，这位女记者才发现，在闷热的屋里，全场男士们都穿着标准的礼服，等到她答应了，他们才纷纷把外套给脱了，这一小小举动，让这位女记者十分受震动。这就是风度！

如何给人一个有风度的印象呢？当主持人在介绍你时，你就应该从座位上站起来，向听众点头致意，并走到适当的位置准备上台。介绍完之后，你要微笑向主持人颔首致谢，然后精神饱满地走上演讲台，走的时候步子不应太快，但也不要太慢，比平时走路稍快一些就可以。尽量放松，别走得太拘谨，其实这时你应该想：别人哪能会注意我走路，我自己尽量走好罢了。走路时两眼要平视对方，别东张西望，要昂首挺胸，别驼着背，同时也别迈着正步走上台，让人觉得可笑。有经验的演讲者，往往很重视走上讲台的那一瞬间，虽然时间只有十几秒或几秒钟，但如何走得有风度、有神韵，给听众和评委留下最好的印象，对演讲最后取胜都有很大的关系。据心理学研究表明：听众在开始七秒钟内就能对演讲者做出判断。因此，连走路也得重视。这一切都是一个人风度的体现，魅力的来源。

不紧不慢地走上台后，选择最适当的位置再停下来，自然地转过身来，向听众大大方方地鞠一个躬，面带微笑用眼神与听众交流，还未开口，一切就尽在不言中了。面部表情以微笑为基础，和善、亲切、平易地开始你的开场白。

2. 恰当运用礼貌语

恰当地运用礼貌语言，这是一个人内在修养的体现。当主持人介绍你上场时，你可以由衷地说声“谢谢”，演讲开始时，别忘了说句“朋友们，大家好”“各位老师、同学们，大家晚上好”“同志们，久违了”之类的话。看起来，这些似乎不太重要，那是因为平时我们听得太多，习惯了。而正是因为如此，我们更别小看了，一旦不这么客套一番，听众又会觉得少了一些什么，不太舒服。说了，听众不容易太注意，可若不说了，这个问题就显得打眼起来了。

如果在中途，你请听众参与你的演讲或提问，或得到工作人员的帮助，说上一句“谢谢”“非常好，太谢谢您了”，别人会觉得你很有修养。忽视这些小问题，你的演讲形象在别人心中也会大打折扣。

演讲完了，你要善始善终。你可以稍稍停顿之后，满怀深情地说一声“谢谢”“谢谢大家”，然后较慎重地后退一步，恭敬地给大家鞠一个躬。鞠躬的时间要稍长一些，让每个听众都看到。恰当地向听众道别，显得绅士一些，给你的演讲画上一个圆满的句号。有些演讲者，缺乏必要的礼貌，讲完之后便扬长而去，这样的举止定会对自己在别人心目中的形象产生坏影响。更不用说这是在众目睽睽的演讲台上了。还有的演讲者讲完了便漫不经心地应酬句“谢谢”匆匆走下讲台，让人看了也极不舒服。哪怕你前面的表现都极好，最后，这一败笔也势必会影响你的得分。

下场时也需要注意：上场时怎么走，下场时也一样。有的演讲者认为讲完就没事了，然后长出一口气，转身便跑下台去了；有的人边走还边吐舌头，抓耳挠腮；有的人更是急不可耐地向朋友打手势。这些都应彻底避免。只有当你从听众眼中消失时，你的演讲才算结束。最后的一刻，千万别把前面花费的功夫全给毁了。人往往在结束的时候放松警惕，所以切忌最后的道别不可忽视。

但有一点需要注意，凡事都应有个度，礼貌过多会让人觉得厌烦，客套话过多也很容易让人反感，一切都需做得自然。说谢谢的时候应该真诚，否则也容易让听众觉得心里不舒服。

推出自己最好的形象，不要忽略每一个细节，这样你就能事半功倍。

其次，控场能力是演讲时充分发挥的前提和保证。

准备充分固然重要，但在演讲比赛中起决定作用还是场上的发挥。演讲是极其灵活的，演讲者必须根据场上的实际情况决定自己的演讲方式，那么，如何在临场时取得最好的演讲效果呢？

3. 用语言拉近距离

用语言有意拉近距离也是演讲比赛时十分有效的武器。当然，所有的选手都和你处于同样的劣势，但当你试图改变这种劣势时，你的优势就凸现出来了。你的走动、变换位置就让人觉得比前面的选手高出一筹，让人觉得你是优秀的、自信的。这就是整体劣势下的优势的效应显现。

1955年，周总理参加云南的“五一”庆祝活动，保卫部门把总理接近群众的主席台往后挪了三十米，周总理生气地说：“你们把主席台往后挪，这扩大了我们和群众的距离。”可见，周总理是十分清楚不同距离的不同效果的。

印度尼西亚总统苏加诺有次应邀到北京大学演讲，因为言语不通、年龄悬殊、地位迥异、阅历不同以及民族、信仰、生活习惯等诸多方面的差异，决定了他与听众之间的心理距离比较大，这成为演讲成功的主要障碍，苏加诺不愧为经验丰富的社会活动家与演讲家，他是这样开始他的演讲的："同学们，请大家往前挪几步，我想挨大家近点，好吗？"

亲切的话语，含笑的表情，得到了学生的认可，学生从心里感到这位演讲者很亲切，就向前走了几步。

"请大家脸带微笑，因为我们面对的是一个光辉灿烂的明天。"

4. 让听众参与你的演讲

演讲其实本来就是演讲者与听众双向交流，是由双方共同完成的过程。因为演讲的目的，不仅是有效地表达自我，也是说服听众、感染听众，让他们接受你的观点，从而赞同你。我们可以想象，没有听众的演讲，这样的演讲就成了自言自语，已失去了它本身的意义。

但是，在一般的演讲中，这样的毛病是屡见不鲜的。演讲者只顾自己讲自己的，毫不顾忌听众是否听了，是否爱听。他自己任性地讲一通，下台拉倒，却把听众完全晾在一边。甚至很多演讲者讲完了，也不知道当时听众反映如何，有的人出来还抱怨听众反映挺冷漠，抱怨听演讲的人太少，赛场太不安静，听众们很不合作地在下面窃窃私语。

有位老师曾说："没有不爱听课的学生，只有不会讲课的老师。"同样，没有不愿听演讲的听众，只有不会演讲的演讲者。别人特意赶来听演讲，都是有诚意来听演讲的，只是由于讲得太糟糕，别人听不下去了，才各行其是。

要改变这种情况，最重要的一点便是改变你演讲的模式，让听众也参与到你的演讲中来。

让听众参与你的演讲，就得让他们跟着你一同思考，和你一同互动，这是多么有成就感的事情。让他们同你一块思考，包括主动和被动两种方式。所谓主动的思考是指你不提出问题，让他们也会跟着你的思路来，这就是要求你的内容紧扣听众的切身利益来展开，或抓住听众都喜欢都关心的事情。听众自然会竖起耳朵来听了。

20世纪初，《美国杂志》的主编约翰·薛德尔曾说过："人们大都是自私的，他们所感兴趣的，主要还在于他们自己，他们不会注意铁路该不该收归国有，却渴求知道自己怎样奔向上层，怎样使自己的身体健康，怎样可以获得更多的奖金。他们所关心的是自己的生死，自己的喜怒哀乐及其联系的事。"所以，演讲中如果能联系一些较切实际的东西，听众们一般都很感兴趣。这样的演讲题目也易于和观众互动，一同参与到演讲中来。

有一次《大学生可不可以下海经商》的辩论赛中正方一辩是这样开始他的演讲的：

朋友们，在我们这个"没有金钱，万万不能"的时代里，钱这个身外之物一定令在坐的各位男女同胞苦苦追求。也许哪位女同学为缺少一两元钱而买不到自己喜欢的"海飞丝"伤透了脑筋；也许哪位男同学为缺少足够的钱买不起一件可爱的生日礼物送给女朋友而头疼；也许哪位同学因为经济困难而舍不得买好药治病，因掏不出钱而尽量少回家甚至不回家，以此来节省往返车费。也许，还有一些同学为了开学交纳学费而愁眉苦脸，父母也左右奔波到处凑钱借钱。也许，无数的也许。钱是个很现实的问题。有钱才能有安心，有钱才能有舒适，财大才能气粗。贫贱夫妻百事哀，贫贱学生也百事愁啊！穷则变，变则通。我们再也不能受那没钱的苦。同学们，我们有能力，我们有知识，为什么不试着用自己的双手干些力所能及的事情来改变这种困境呢？……

这位辩手紧扣现实生活中人们最实际的问题提出质问，让人觉得亲切、有理。谈钱这样的问题最容易讲得俗气，而这番话却讲得入情入理。这确实是令很多听众苦恼的问题，听众自然愿意听，甚至一些一向耻于谈钱的同学也觉得有道理。听众听了这些，会觉得这样的话题离自己很近，更重要的是这样的说法贴近了他们的心，在感情上有了认同感，也愿意听它下面如何展开论述了。这就是已经让听众参与到你的演讲和辩论中了。

当然，不是所有的演讲主题都离日常生活很近，这些演讲比赛的主题比较大，是爱国爱党之类的大题，这样的主题很容易讲得空乏生硬。这就要看演讲者的本事了。

演讲大师卡耐基即使从捡纸屑、关水龙头、关电灯、读书开始，照样讲得震撼人心，让人深受感染，这就比空泛地讲国家的伟大、国家的艰难，高明多了，也切实得多。每个听众都不会觉得事不关己，可听可不听了。

让听众参与你的演讲，你还可以用提问的方式让听众思考。演讲时善于用语言提问，启迪听众思索，是演讲成功的一个重要技巧。演讲中在适当的情景下进行提问还可以缩短与听众的距离，创造宽松的气氛让听众的思维更加活跃。演讲的提问可以让听众们回答，也可以仅是提出问题，让听众思考，与你一道参与演讲的过程。

苏加诺有一次演讲用的便是提示性的发问——

当列宁建立独立的苏俄时，就有了第聂伯河的大水闸了吗？就有了矗立高空的广播电台了吗？就有了普及全国的足够的火车了吗？当列宁建立独立的苏俄时，每个俄国人是否都已会阅读、会写字了呢？没有。尊敬的先生们！在列宁所搭的金桥的对岸，列宁才建立了广播电台，创办了学校，建立了托儿所，建造了第聂伯河的大水闸。

这番问话反问，苏加诺只是把这个事实提出来做对比，进行提问性的对照，这也能够让听众进行思考：是不是这个道理呢？

再如，陶行知的演讲《学做一个中国人》开头这样说：

我要讲的题目是《学做一个中国人》。要做一个整个的人，别做一个不完全的人，中国虽然有四万万多人，试问，有几个是整个的人？诸君，试想一想：我自己是不是一个整个的人？

这两个问题就不容易想清楚了，听众在疑问中很自然就会有看他是怎么说的这种想法。这两个例子都是提示性、铺垫性的提问。

更能调动听众情绪的是让听众自己来回答。请看下面的这段在国难当头时的演讲：

同胞们，敌人在践踏我们的领土，敌人在屠杀我们的乡亲，敌人在掠夺我们的财产，敌人在烧毁我们的房屋，敌人在蹂躏我们的姐妹，难道我们能容忍他们如此兽性大发，胡作非为吗？难道我们能让他们涂炭生灵，为非作歹吗？不能，绝对不能！怎么办？大家说怎么办？

强烈的情感鼓动点燃了听众对敌斗争的熊熊烈火，他们义愤填膺，异口同声地说："与他们拼了！"这样，听众与演讲者心相连，语相通了，他们一致对演讲者说："我们听你的。"

如果你的演讲能让全场听众异口同声地回答，这个演讲就完完全全成功了。虽然提问固然是演讲掀起高潮与走出低谷的有效手段，但也要求把握分寸。

问题要提得简洁，让人一听就懂你问的是什么。问题的答案的长短应该有所不同，如果你是想一开头便让听众思索某个问题，而这个问题又贯穿了你的整个演讲过程，不妨把问题表述得耐人寻味一些。如果你只是提示性的提问，已让听众注意某些问题或是希望听众立即回答，问题的设置须来得直接，答案应该是简短而唯一的。别让听众在讲台下争论起来是还是不是，那就会让注意力从演讲者转到听众而得不偿失。提问也是有技巧的，人们能从你所提问的问题中，判断出你的演讲水平如何。

提问前应该有暗示和强调，让听众都听到你在提问了，例如，用重音来突出，前面有"那么"，"大家想一想"之类的提示性话语，以引起全体听众的注意。因为你的提问主要不是为了让在听你演讲的听众听，而是让不在听你演讲的听众跟随你的思路。提完问题要稍加停顿，给人以思考时间，不要过于急切地继续你的演讲。否则提问便起不到作用了，你可以面带微笑地看着台下的听众，就像你很希望得到他们的答案，但自己其实已对这个问题的答案心中有数了。

提问还应该给自己留有回旋的余地。一般提示性问题好一些，如果是希望听众给予回答的问题，一定要注意掌握火候，在场上气氛较为活跃的时候适时而问，这样听众才能很好地和你配合。但是，万一听众并没有如你所料地那样异口同声地回答，你要自己收场，别一个劲老追问下去，因为，听众对你的问题已经不感兴趣了。你可以依然镇定地说："我想，很多听众都一定认为……"这样，就不显得尴尬了。

作业

先认真阅读下面两篇演讲稿，分析它们各运用了哪些演讲技巧，然后再分别进行模仿演讲。

一、最后一次讲演

闻一多

这几天，大家晓得，在昆明出现了历史上最卑劣最无耻的事情！李先生究竟犯了什么罪，竟遭此毒手？他只不过用笔写写文章，用嘴说说话，而他所写的，所说的，都无非是一个没有失掉良心的中国人的话！大家都有一枝笔，有一张嘴，有什么理由拿出来讲啊！有事实拿出来说啊！为什么要打要杀，而且又不敢光明正大地来打来杀，而偷偷摸摸地来暗杀！这成什么话？

今天，这里有没有特务？你站出来！是好汉的站出来！你出来讲！凭什么要杀死李先生？杀死了人，又不敢承认，还要诬蔑人，说什么"桃色事件"，说什么共产党杀共产党，无耻啊！无耻啊！这是某集团的无耻，恰是李先生的光荣！李先生在昆明被暗杀是李先生留给昆明的光荣！也是昆明人的光荣！

去年"一二·一"昆明青年学生为了反对内战，遭受屠杀，那算是青年的一代献出了他们最宝贵的生命！现在李先生为了争取民主和平而遭受了反动派的暗杀，我们骄傲一点说，这算是像我这样大年纪的一代，我们的老战友，献出了最宝贵的生命！这两桩事发生在昆明，这算是昆明无限的光荣！

反动派暗杀李先生的消息传出以后，大家听了都悲愤痛恨。我心里想，这些无耻的东西，不知他们是怎么想法，他们的心理是什么状态，他们的心是怎样长的！其实很简单，他们这样疯狂地来制造恐怖，正是他们自己在慌啊！在害怕啊！所以他们制造恐怖，其实是他们自己在恐怖啊！特务们，你们想想，你们还有几天？你们完了，快完了！你们以为打伤几个，杀死几个，就可以了事，就可以把人民吓倒了吗？其实广大的人民是打不尽的，杀不完的！要是这样可以的话，世界上早没有人了。

你们杀死一个李公朴，会有千百万个李公朴站起来！你们将失去千百万的人民！你们看着我们人少，没有力量？告诉你们，我们的力量大得很，强得很！看今天来的这些人，都是我们的人，都是我们的力量！此外还有广大的市民！我们有这个信心：人民的力量是要胜利的，真理是永远存在的。历史上没有一个反人民的势力不被人民毁灭的！希特勒，墨索里尼，不都在人民面前倒下去了吗？翻开历史看看，你们还站得住几天！你们完了，快完了！我们的光明就要出现了。我们看，光明就在我们眼前，而现在正是黎明之前那个最黑暗的时候。我们有力量打破这个黑暗，争到光明！我们的光明，就是反动派的末日！

李先生的血不会白流的！李先生赔上了这条性命，我们要换来一个代价。“一二·一”四烈士倒下了，年青的战士们的血换来了政治协商会议的召开；现在李先生倒下了，他的血要换取政协会议的重开！我们有这个信心！

“一二·一”是昆明的光荣，是云南人民的光荣。云南有光荣的历史，远的如护国，这不用说了，近的如“一二·一”，都是属于云南人民的。我们要发扬云南光荣的历史！

反动派挑拨离间，卑鄙无耻，你们看见联大走了，学生放暑假了，便以为我们没有力量了吗？特务们！你们错了！你们看见今天到会的一千多青年，又握起手来了，我们昆明的青年决不会让你们这样蛮横下去的！

反动派，你看见一个倒下去，可也看得见千百个继起的！

正义是杀不完的，因为真理永远存在！历史赋予昆明的任务是争取民主和平，我们昆明的青年必须完成这任务！

我们不怕死，我们有牺牲的精神！我们随时像李先生一样，前脚跨出大门，后脚就不准备再跨进大门！

二、用发展的眼光看中国
——在剑桥大学的演讲

中华人民共和国国务院总理　温家宝

尊敬的校长，

老师们，同学们：

今天外边下着大雪，天气严寒，但是我的心是热的。我早已盼望在剑桥同老师、同学们见面，互相交流。现在正是金融危机的严冬季节，但是我看到年轻人，仿佛看到了春天，看到了光明和未来。因为我坚信，知识的力量，年轻人的勇气，是可以改变人的命运、国家的命运、整个世界的命运。一篇好的演讲应该是不加修饰的。用心说话，讲真话，这就是演讲的实质。我希望我的演讲能够给老师、同学们思想以启迪。你们能够记住其中一两句话，那我也就满足了。

到高等学府，我的心里总是充满敬意。这种心情是由于我对知识、对老师、对学校的尊敬。所以，我方才深深地给校长、给老师们鞠个躬，那不是礼节，而是一个学生对待校长和老师应尽的礼貌。

来到向往已久的剑桥大学，非常高兴。剑桥举世闻名，培养出牛顿、达尔文、培根等许多杰出的科学家、思想家，为人类文明进步做出了重要贡献。今年是剑桥建校800周年，我谨致以热烈祝贺！

这是我第四次访问英国。中英相距遥远，但两国人民的友好交往不断增多。香港问题的圆满解决，经贸、文教、科技等领域的有效合作，为发展中英全面战略伙伴关系奠定了坚实基础。在此，我向长期致力于中英友好的朋友们表示崇高的敬意！

今天，我演讲的题目是：用发展的眼光看中国。

我深深爱着的祖国——古老而又年轻。

说她古老，她是一个有着数千年文明史的东方大国。中华民族以自己的勤劳和智慧，创造了灿烂的古代文明，对人类发展做出过重大贡献。

说她年轻，新中国成立才60年，改革开放才30年。中国人民经过长期不懈的斗争建立了新中国，又经过艰苦的探索，终于找到了适合国情的发展道路——中国特色社会主义道路，文明古国焕发了青春活力。

中国改革开放，最重要的是解放思想，最根本、最具有长远意义的是体制创新。我们推进经济体制改革，建立了社会主义市场经济体制。在政府的宏观调控下，充分发挥市场对资源配置的基础性作用。我们深化政治体制改革，把发展民主和完善法制结合起来，实行人民当家作主，依法治国，建设社会主义法治国家。

改革开放的实质，就是坚持以人为本，通过解放和发展生产力满足人们日益增长的物质文化需求，在公正的条件下促进人的全面发展；就是保障人民的民主权利，让国家政通人和、兴旺发达；就是维护人的尊严和自由，让每个人的智慧和力量得以迸发，成功地追求自己的幸福生活。

30年来，中国贫困人口减少了2亿多，人均寿命提高了5岁，8300万残疾人得到政府和社会的特殊关爱，这是中国保障人权的光辉业绩。九年免费义务教育的推行，农村合作医疗制度的建立，社会保障体系的完善，使学有所教、病有所医、老有所养的理想，正在变为现实。

我愿借用两句唐诗形容中国的现状："潮平两岸阔，风正一帆悬。"中国人正在努力实现现代化，这是一个古而又新的发展中大国进行的一场伟大实践。掌握了自己命运的中国人民，对未来充满信心！

我深深爱着的祖国——历经磨难而又自强不息。

我年轻时曾长期工作在中国的西北地区。在那浩瀚的沙漠中，生长着一种稀有的树种，叫胡杨。它扎根地下50多米，抗干旱、斗风沙、耐盐碱，生命力极其顽强。它"生而一千年不死，死而一千年不倒，倒而一千年不朽"，世人称为英雄树。我非常喜欢胡杨，它是中华民族坚韧不拔精神的象征。

千百年来，中华民族一次次战胜了天灾人祸，渡过了急流险滩，昂首挺胸地走到今天。深重的灾难，铸就了她百折不挠、自强不息的品格。中华民族的历史证明了一个真理：一个民族在灾难中失去的，必将从民族的进步中得到补偿。

此时此刻，我不禁想起在汶川地震灾区的亲身经历。去年5月，四川汶川发生震惊世界的特大地震，北川中学被夷为平地，孩子伤亡惨重。可是，时隔10天，当我第二次来到这里时，乡亲们已在废墟上搭起了板房教室，校园里又回荡着孩子们朗朗的读书声。当时我在黑板上，给同学们写下了“多难兴邦”几个字。地震发生以来，我7次到汶川灾区，碰到这样感人的事迹不胜枚举。我为我们中华民族这种愈挫愈奋的精神深深感动。这种伟大的精神，正是我们的民族饱经忧患而愈益坚强、生生不息的力量源泉。

经过半个多世纪的艰苦奋斗，中国有了比较大的发展，经济总量跃居世界前列，但我们仍然是一个发展中国家，同发达国家相比还有很大的差距。人口多，底子薄，发展不平衡，这种基本国情还没有从根本上得到改变。中国的人均GDP水平，排在世界100位之后，仅为英国的1/16左右。到过中国旅游的朋友，你们所看到的城市是现代的，而我们的农村还比较落后。

到本世纪中叶，中国要基本实现现代化，面临三大历史任务：既要努力实现欧洲早已完成的工业化，又要追赶新科技革命的浪潮；既要不断提高经济发展水平，又要实现社会公平正义；既要实现国内的可持续发展，又要承担相应的国际责任。中国要赶上发达国家水平，还有很长很长的路要走，还会遇到许多艰难险阻。但是，任何困难都阻挡不住中国人民前进的步伐，只要我们坚持不懈地努力奋斗，中国现代化的目标就一定能够实现。

我深深爱着的祖国——珍视传统而又开放兼容。

中华传统文化底蕴深厚、博大精深。“和”在中国古代历史上被奉为最高价值，是中华文化的精髓。中国古老的经典——《尚书》就提出“百姓昭明，协和万邦”的理想，主张人民和睦相处，国家友好往来。

“和为贵”的文化传统，哺育了中华民族宽广博大的胸怀。我们的民族，既能像大地承载万物一样，宽厚包容；又能像苍天刚健运行一样，彰显正义。

15世纪，中国著名航海家郑和七下西洋，到过三十几个国家。他带去了中国的茶叶、丝绸、瓷器，还帮助沿途有的国家剿灭海盗，真正做到了播仁爱于友邦。

国强必霸，不适合中国。称霸，既有悖于我们的文化传统，也违背中国人民意志。中国的发展不损害任何人，也不威胁任何人。中国要做和平的大国、学习的大国、合作的大国，致力于建设一个和谐的世界。

不同国家、不同民族的文化，需要相互尊重、相互包容和相互学习。今天的中国，有3亿人在学英语，有100多万青年人在国外留学。我们的电视、广播、出版等新闻传媒，天天都在介绍世界各地的文化艺术。正因为我们善于在交流中学习，在借鉴中收获，才有今天中国的繁荣和进步。

进入21世纪，经济全球化、信息网络化，已经把世界连成一体，文化的发展将不再是各自封闭的，而是在相互影响中多元共存。一个国家、一个民族对人类文化贡献的大小，越来越取决于她吸收外来文化的能力和自我更新的能力。中国将永远坚持开放兼容的方针，既珍视传统，又博采众长，用文明的方式、和谐的方式实现经济繁荣和社会进步。

老师们，同学们：

我之所以强调用发展的眼光看中国，就是因为世界在变，中国也在变。如今的中国，早已不是一百年前封闭落后的旧中国，也不是30年前贫穷僵化的中国。经过改革开放，中国的面貌已焕然一新。北京奥运会向世界展示的，就是这样一个古老、多彩和现代的中国。我希望朋友们，多到中国走一走、看一看，了解今天的中国人究竟在想什么、做什么、关心什么。这样，有助于你们认识一个真实的、不断发展变化着的中国，也有助于你们了解中国是如何应对当前这场全球性金融危机的。

在这场前所未有的世界金融危机中，中国和包括英国在内的欧洲都受到严重冲击。现在危机尚未见底，由此可能带来的各种严重后果还难以预料。合作应对、共渡难关，是我们的首要任务。

我认为，应对全球性危机，需要增进合作。有多大程度的相互信任，就可能有多大程度的合作。中国政府主张：第一，要首先办好各国自己的事情，不把麻烦推给别人；第二，要精诚合作，不搞以邻为壑；第三，要标本兼治，不能头疼医头、脚疼医脚。我在达沃斯会议上已重申，应该对国际货币金融体系进行必要的改革，建立公平、公正、包容、有序的国际金融新秩序，努力营造有利于全球经济发展的制度环境。

这里我想谈一谈中国是如何应对这场金融危机的。

金融危机对中国实体经济的影响日益显现。从去年第三季度以来，出口大幅下滑，经济增速放缓，就业压力加大。中国经济面临着严峻的局面。面对危机，我们果断决策，及时调整宏观经济政策取向，迅速出台扩大国内需求的十项措施，陆续制定了一系列政策，形成了系统完整的促进经济平稳较快发展的一揽子计划。主要包括以下几个方面：

一是大规模增加政府支出扩大内需。中国政府推出了以财政支出带动社会投资，总额达4万亿元的两年计划，规模相当于2007年中国GDP的16%。主要投向保障性安居工程、农村民生工程、铁路交通等基础设施、社会事业、生态环保建设和地震灾后恢复重建。中国政府还推出了大规模的减税计划，一年可减轻企业和居民负担约5000亿元。我们还大幅度降息和增加银行体系流动性，出台了一系列金融措施。

二是大范围实施产业调整振兴计划。我们全面推进产业结构调整和优化升级，制定汽车、钢铁等十个重点产业的调整和振兴规划。我们采取经济和技术的措施，大力推进节能减排，推进企业兼并重组，提高产业集中度和资源配置效率。我们鼓励和支持企业广泛应用新技术、新工艺、新设备、新材料，开发适销对路产品。

三是大力推进科技进步和创新。科技是克服金融危机的根本力量。每一场大的危机常常伴随一场新的科技革命；每一次经济的复苏，都离不开技术创新。我们加快实施国家中长期科学和技术发展规划，特别是核心电子器件、核能开发利用、高档数控机床等16个重大专项，突破一批核心技术和关键共性技术，为中国经济在更高水平上实现可持续发展提供科技支撑。推动发展高新技术产业群，培育新的经济增长点。我们就是要依靠科学技术的重大突破，创造新的社会需求，催生新一轮的经济繁荣。

四是大幅度提高社会保障水平。继续提高企业退休人员基本养老金，提高失业保险金和工伤保险金标准，提高城乡低保、农村五保等保障水平。积极推进医药卫生体制改革，力争用三年时间基本建成覆盖全国城乡的基本医疗卫生制度，初步实现人人享有基本医疗卫生服务。我们坚持优先发展教育，正在制定《国家中长期教育改革和发展规划纲要》。我们实施更加积极的就业政策，重点解决高校毕业生和农民工就业问题。开辟就业岗位，缓解就业压力。

我们采取这些措施，把扩大国内需求、调整振兴产业、加强科技支撑、强化社会保障结合起来，把拉动经济增长和改善民生、增加就业结合起来，把克服当前困难和促进长远发展结合起来。这样做，有利于中国的发展，也将给包括英国在内的世界各国企业带来巨大的商机。

这场百年一遇的金融危机，留给世人的思考是沉重的。它警示人们，对现行的经济体制和经济理论，应该进行深刻的反思。

中国曾长期实行高度集中的计划经济，把计划看成是绝对的，束缚了生产力的发展。这场金融危机使我们看到，市场也不是万能的，一味放任自由，势必引起经济秩序的混乱和社会分配的不公，最终受到惩罚。真正的市场化改革，决不会把市场机制与国家宏观调控对立起来。既要发挥市场这只看不见的手的作用，又要发挥政府和社会监管这只看得见的手的作用。两手都要硬，两手同时发挥作用，才能实现按照市场规律配置资源，也才能使资源配置合理、协调、平衡、可持续。

国际金融危机再次告诉人们，不受监管的市场经济是多么可怕。从20世纪90年代以来，一些经济体疏于监管，一些金融机构受利益驱动，利用数十倍的金融杠杆进行超额融资，在获取高额利润的同时，把巨大的风险留给整个世界。这充分说明，不受管理的市场经济是注定行不通的。因此，必须处理好金融创新与金融监管的关系、虚拟经济与实体经济的关系、储蓄与消费的关系。

有效应对这场危机，还必须高度重视道德的作用。道德是世界上最伟大的，道德的光芒甚至比阳光还要灿烂。真正的经济学理论，决不会同最高的伦理道德准则产生冲突。经济学说应该代表公正和诚信，平等地促进所有人，包括最弱势人群的福祉。被誉为现代经济学之父的亚当·斯密在《道德情操论》中指出："如果一个社会的经济发展成果不能真正分流到大众手中，那么它在道义上将是不得人心的，而且是有风险的，因为它注定要威胁社会稳定。"道德缺失是导致这次金融危机的一个深层次原因。一些人见利忘义，损害公众利益，丧失了道德底线。我们应该倡导：企业要承担社会责任，企业家身上要流淌着道德的血液。

老师们，同学们：

英国是我这次欧洲之行的最后一站。这次访问，加深了我对欧洲的了解。中欧合作已经站在一个新的历史起点上。我对中欧发展全面战略伙伴关系更加充满信心。我们之间不存在历史遗留问题，也不存在根本利害冲突。中欧合作基础坚实，前景光明。英国是最早进入现代化的国家，你们在发展经济、保护环境等方面，都有许多成功的经验。我们愿意向你们学习，加强交流与合作。

未来属于青年一代。中英关系的美好前景要靠青年去开拓。抚今追昔，我想起对中英文化交流做出重要贡献的剑桥校友李约瑟博士。他的鸿篇巨著《中国科学技术史》，在东西方两大文明之间架起了一座桥梁。继承传统、勇于创新，是剑桥大学的优秀品格。希望更多的剑桥人关注中国，用发展的眼光看中国，做中英交流的友好使者。我相信，只要中英两国青年相互学习，携手共进，一定会谱写出中英关系的崭新篇章。

谢谢大家！

第十二讲 竞职演讲

学习目标

1. 正确领会竞职演讲的含义及特征。
2. 掌握竞职演讲的技能，学会竞职演讲稿的撰写。

竞职演讲是竞选者为了争取某一职位而进行的演讲。竞职演讲的作用主要是制造舆论，推介自身，争取自己的愿望达成。随着时代的发展，社会的民主和文明，这种演讲的形式将会被广泛采用，也将更加显示出它的重要意义。

一、竞职演讲的特征

竞职演讲是演讲中的一种，因此，它具有口语性、群众性、时限性、临场性、交流性等演讲的一般特点，但由于它是针对某一竞争目标而进行的，所以，除了这些共性外，它还具有以下“个性”，即特征：

1. 目标的明确性

目标的明确性是竞职演讲区别于其他演讲的主要特征。这一方面表现在演讲者一上台就要鲜明地亮出自己所要竞争的目标（或厂长、或校长、或秘书、或经理）；另一方面，其所选用的一切材料和运用的一切手法也都是为了一个目标——使自己竞争成功（使听众能投自己一票）。而其他类型的演讲则不同，不管是命题演讲还是即兴演讲，虽然都有一定的目的，但其目标却有一定的“模糊性”、“概括性”和不具体性。打个比方说，如果演讲如大海行船，那么一般演讲是要告诉人们如何战胜困难，驶向遥远的彼岸，而竞职演讲则是竞争看谁更适合当船长。

2. 内容的竞争性

在其他的演讲中，内容尽管可以海阔天空地谈古论今，说长道短，但一般都不是来“显示”自己的长处，即使在事迹演讲中，也忌讳毫不客气地为自己“评功摆好”，但竞职演讲则不同，它的全过程都是听众在候选人之间进行比较、“筛选”的过程，竞争者如果“谦虚”、“不好意思”说自己的长处，表示自己也是“一般般”，就不能战胜对手。因此演讲者必须“八仙过海，各显神通”，而“竞争性”说白了，也就是演讲者无论是讲自身所具备的条件，还是讲自己的施政的构想，都要尽最大可能显出“人无我有”、“人有我强”、“人强我新”的胜人一筹的“优势”来，有时，甚至还要把本来是“劣势”的东西换一个角度讲成“优势”。例如，

在一次竞聘厂长的演讲中，一个年轻工人在介绍自己时这样说：“我一没有党票，二没有金灿灿的大学文凭，三没有丰富的阅历，我只是一个初涉人世的25岁的小伙子。

你们有100%的理由怀疑我是否能担得起化肥厂厂长的重任。然而，同志们，朋友们，请你们仔细地想想，我们化肥厂长期处于瘫痪的状态，难道是因为历届的厂长没有党票、没有文凭、没有阅历吗？”（掌声）接下来他又讲了听众心中有而口中无的改革措施，最后竟以大多数票获胜。

3. 主题的集中性

所谓主题的集中性是指所表达的意思单一，不枝不蔓，重点突出。这就是说，在表达意思时，必须突出一个重点，围绕一个中心，而不要搞多重点，多中心，不能企图在一篇演讲中解决和说明很多问题。例如，

在一次小学校长竞聘演讲会上，一位很有“希望”的老校长就由于谈得太面面俱到而让人产生了反感。他在介绍自己时，不仅详细介绍了自己大半生的经历，而且在说获奖情况时，把在某晚报征文比赛获纪念奖这样的与竞聘条件无关的奖励都说上，罗列了不下20个，说得听众直笑。在说措施时，又从如何抓学生学习、体育、德育到如何开办校办工厂，从如何管理教学，到如何关心教工生活，其措施几乎是“全方位”的。结果造成了立意分散，让人听了好像什么都说了，而又摸不清他到底说了些什么。对比之下，另一位年轻的女教师，就围绕“如何把学校教学水平搞上去”这一中心问题讲得有情有理，头头是道，给人们留下了深刻印象，使自己竞聘成功，因此，在做竞职演讲时，一定要“立主脑”，“减头绪”，“镜头高度聚焦”，这样才能在听众心中燃起共鸣之火。

4. 材料的实用性

实用性是指所选材料既是符合实际的，又是对自己竞争“有利”的，也就是无论讲自己所具备的条件还是谈任职后的“构想”，都要从“自我”出发、从实际情况出发。竞职演讲是“竞争”，但并非是比赛谁能“吹”，谁能用嘴皮子“甜”人。听众边听你的演讲，边在“掂量”你的“话”是否能在现实中发挥作用取得效果。例如在讲措施时，那种凭空喊“我上台后如何给大家涨工资，如何给大家建楼房”的演讲者，听众一般是不买账的，而那种发自肺腑讲实际的措施才是听众最欢迎的。有个工人在竞聘演讲中就做到了这一点。

他说：“恕我直言，我无力为你们迅速带来财富，提高你们的工资，增加你们的奖金，我能做到的只能是：第一，诚恳地倾听你们的呼声，热忱地采纳和奖励你们的合理建议，我准备成立一个由新老工人和技术人员一起参加的‘智囊团’，让大家提出优良的改革方案和科学的管理措施；第二，现在咱厂瘫痪的原因是因收不上来几百万的外欠款，我要是当了厂长，我一方面要用法律解决问题，一方面设立奖励制度，谁要是能完成任务，就奖励20％，当面点清，说话算数；第三，目前当务之急是把积压产品销出去，这就要调动全厂工人的积极性，要把专业和业余的推销员结合起来，按效益提成；第四，在扩大销路的同时，还要扩大生产，在资金短缺的情况下，我们要先拿出点资金让工厂的机器转起来，我先拿出准备给儿子娶媳妇的两万元进行集资入股；第五条，在工厂扭亏为盈之前，我先不拿工资，盈利之后，我的工资和奖金也只拿全厂平均数，我当厂长只有一个心愿，那就是和全厂工人们一起，让咱们厂起死回生，扭亏为盈！如果，两年

之内，不能实现这个目标，我就立即自动下台。最后，我还要说，我平生最恨的就是贪污腐败，我要是当厂长，我保证捧着一颗心来，不带半根草去，如果发现我有一分钱不干净，大家可以把我家的全部东西都拿走。"（掌声）因为他所讲的都是真诚的切实可行的，所以工人们都投了他的票。

5. 思路的"程序"性

思路，就是演讲者的思维脉络；"程序"是指演讲中先讲什么后讲什么的顺序。竞职演讲不像一般演讲那么"自由"，它除了题目和称呼外，一般分为五步：

第一步，开门见山讲自己所竞争的职务和竞争的缘由。

第二步，简洁地介绍自己的情况：年龄、政治面貌、学历、现任职务等一些自然情况。

第三步，摆出自己优于他人的竞争条件，如政治素质、业务水平、工作能力等（既要有概括的论述，又要有确凿的论据，例如，讲自己的业务能力时，可用一些获得的成果和业绩来证明。）

第四步，提出假设自己任职后的施政措施（这一步是重点，应该讲得具体翔实，切实可行。）

第五步，用最简洁的话语表明自己的决心和请求。

当然，以上几步也只是简单的模式，实践中演讲者还可根据实际需要稍有变化，而并非填表式。

6. 措施的条理性

演讲者在讲措施时一定要注意条理清楚，主次分明。不要像满坡放羊那样，讲到哪儿算哪儿，让人听了如一团乱麻。为了把措施讲得有条理，可用列条的方法，如"第一点"、"第二点"或"其一"、"其二"等表示。除此，在每一"步"之间要用"过渡语"来承上启下。例如，当自我介绍之后，可以说："我之所以敢来竞争，是因为我具备以下条件"来引起下文；讲完条件后，可以再搭一个"桥"："以上我说了竞争的条件，那么，假如我真当了校长（或乡长、厂长），会采取什么措施呢？下面就谈谈我的初步设想。"这样不仅条理清楚，而且使演讲上下贯通，浑然一体。

7. 语言的"准确"性

准确，一般是指要恰如其分地表情达意，但竞职演讲中的准确，除此之外还有另外两层意思：一是所谈事实和所用材料、数字都要"求真求实"，准确无误。例如，介绍经历时，是大专毕业生，就不能说是大学毕业，在谈业绩时，三次获奖，就不能虚说"曾多次获奖"（最好把在什么时间什么范围什么奖项说得清楚明白），如涉及到数字也要尽量具体；二是要注意分寸，因为竞职演讲的角度基本上是以"我"为核心，如掌握不好分寸，夸大其词，就会让人产生逆反心理，从而使自己的演讲失败。

不妨详细学习一则成功的竞职演讲词：

同学们：

你们好！

今天，我走上演讲台的唯一目的就是竞选“班级元首”——班长。我坚信，凭着我新锐不俗的“官念”，凭着我的勇气和才干，凭着我与大家同舟共济的深厚友情，这次竞选演讲给我带来的必定是下次的就职演说。

我从没有担任过班干部，缺少经验。这是劣势，但正因为从未在“官场”混过，一身干净，没有“官相官态”，“官腔官气”；少的是畏首畏尾的私虑，多的是敢作敢为的闯劲。正因为我一向生活在最底层，从未有过“高高在上”的体验，对摆“官架子”看不惯，弄不来，就特别具有民主作风。因此，我的口号是“做一个彻底的平民班长”。班长应该是架在老师与同学之间的一座桥梁，能向老师提出同学们的合理建议，向同学们传达老师的苦衷。我保证做到在任何时候，任何情况下，都首先是“想同学们之所想，急同学们之所急”。当师生之间发生矛盾时，我一定明辨是非，敢于坚持原则。特别是当教师的说法或做法不尽正确时，我将敢于积极为同学们谋求正当的权益。

班长作为一个班组的核心人物，应该具有统御全局的大德大能，我相信自己是够条件的。首先，我有能力处理好班级的各种事务。因为本人具有较高的组织能力和协调能力，凭借这一优势，我保证做到将班委一班人的积极性都调动起来，使每个班委成员扬长避短，互促互补，形成拳头优势。其次，我还具有较强的应变能力，所谓“处变不惊，临乱不慌”，能够处理好各种偶发事件，将损失减少到最低限度。再次，我相信自己能够为班级的总体利益牺牲一己之私，必要时，我还能“忍辱负重”。最后，因为本人平时与大家相处融洽，人际关系较好，这样在客观上就减少了工作的阻力。

我的治班总纲领是：在以“情”联谊的同时以“法”治班，最广泛地征求全体同学的意见，在此基础上制订出班委工作的整体规划；然后严格按计划行事，推选代表对每个实施过程进行全程监督，责任到人，奖罚分明。我准备在任期内与全体班委一道为大家办八件好事：

（1）借助科学的编排方法，减轻个人劳动卫生值日的总长度和强度，提高效率。

（2）联系有关商家定期送纯净水，彻底解决饮水难的问题。

（3）建立班组互助图书室，并强化管理，提高其利用率，初步解决读书难问题。

（4）组织双休日里同乡同学的“互访”，沟通情感，加深相互了解。

（5）在得到学校和班主任同意的前提下，组织旨在了解社会，体会周边人们生存状况的参观访问活动。

（6）利用勤工俭学的收入买三台处理电脑，建立电脑兴趣小组。

（7）建立班级“代理小组”，做好力所能及的代理工作，为有困难的同学代购物件，代寄邮件，代传讯息等。

（8）设一个班长意见箱，定时开箱，加速信息反馈，有问必答。

我会是一个最民主的班长，常规性工作要由班委会集体讨论决定，而不是由我一个人说了算。重大决策必须经过“全民”表决。如果同学们对我不信任，随时可以提出“不信任案”，对我进行弹劾。你们放心，弹劾我不会像弹劾克林顿那样麻烦，我更不会死赖不走。我决不信奉“无过就是功”的信条，恰恰相反，我认为一个班长“无功就是过”。

假如有谁指出我不好不坏，那就说明我已经够“坏”的了，我会立即引咎辞职。

同学们，请信任我，投我一票，给我一次锻炼的机会吧！我会经得住考验的，相信在我们的共同努力下，充分发挥每个人的聪明才智，我们的班务工作一定能搞得十分出色，我们的班级一定能跻身全市先进班级的行列，走向新的辉煌！

谢谢大家！

这篇演讲内容充实，气势不凡，条理清晰，表达顺畅。演讲者充满自信，在展示了自己的工作实力、心灵世界后，还提出了切实可行的奋斗目标，而这些让人感到不空洞，很实在，因为从演讲中人们已经看到了演讲者的能力。这是演讲者的一次成功而有益的自我展现，是必要的，是为自己树立威信所迈出的可喜的一步。

二、竞职演讲的要求

1. 气势要先声夺人

竞职演讲的一个重要特征就是具有竞争性，而竞争的实质，是争取听众的响应和支持，而做到这一点的有效方法之一，就是要有气势。这气势不是霸气，不是骄气，不是傲气，而是浩然正气。

2. 态度要真诚老实

竞职演讲其实就是“毛遂自荐”。自荐，当然应该将自己优良的方面展示出来，让他人了解自己。但要注意的是，在“展示”时，态度要真诚老实，有一分能耐说一分能耐，不能为了自荐成功而说大话，说谎话。

3. 语言要简练有力

老舍先生说：“简练就是话说得少，而意包含得多。”竞职演讲虽然是宣传自己的好时机，但也决不可“长篇累牍”，应该用简练的语言把自己的思想表达出来。

4. 内心要充满自信

著名演说家戴尔·卡耐基曾说过：“不要怕推销自己。只要你认为自己有才华，你就应该认为自己有资格担任这个或那个职务。”当你充满自信时，你站在演讲台上，面对众人，就会从容不迫，就会以最好的心态来展示你自己。当然，自信必须建筑在丰富的知识和经验的基础上。这样的自信，才会成为你竞职的力量，变成你工作的动力。

三、应对竞职演讲中的答辩

竞争上岗面试答辩者在面试答辩中要想获得成功，必须注意如下几个问题：

1. 要注意淡化答辩的成败意识

面试答辩者对于答辩的成败，首先在思想上应注意淡化，要有一种对成功不惊喜，对失败不沮丧的心态。如果在答辩中有这样的心态，那么就会应付各种局面，即使在答辩中遇到了意想不到的情况，也会情绪稳定。如果只考虑成功，不考虑失败，那么在答辩中一遇到意外情况，就会惊慌失措，情绪沮丧。例如，一位答辩者在答辩前自认为各方面都比其他竞争者优越，因此，答辩一定能取得成功。谁知主考官在答辩中给他提了一个他未想到的问题，顿时，他像失了魂似的，情绪十分低落。等到后来主考官给他提了他完全能够回答的问题时，他再也无法回答了。由此可见，如果这位面试答辩者淡化了答辩的成败意识，显然就不可能出现这种情况了。他只要认真回答后面提出的问题，仍然有获胜的可能性。

2. 要注意保持坚强的自信心

面试答辩者在面试答辩前树立了坚强的自信心，那么在面试答辩中要始终保持坚强的自信心，因为自信心建立在丰富的学识的基础上，建立在顽强的毅力的基础上，建立在良好心理素质的基础上，所以，只有保持了坚强的自信心，就有可能在答辩中始终保持高度的注意力，敏锐的思维力，充沛的精力，夺取答辩的胜利。

3. 要注意保持愉快的精神状态

愉快的精神状态，能够充分地反映出人的精神风貌，所以，作为面试答辩者来说保持了愉快的精神状态，那么面部表情就会和谐自然，语言也会显得得体流畅。反之，就会给人一种低沉、缺乏朝气和活力的感觉，那么首先就会给主考官或者主持人一种精神状态不佳的印象。由此可见，面试答辩者在答辩中一定要注意保持一种愉快的精神状态，给人一种“人逢喜事精神爽”的感觉。

4. 要注意树立对方意识

面试答辩者始终处于被动地位，考官或面试主持人始终处于主动地位。他问，你答，一问一答。正因为如此，面试答辩者要注意树立对方意识。首先要尊重对方，对考官和主持人要有礼貌，尤其是考官或主持人提出一些难以回答的问题时，答辩者脸上不要露出难看的表情，甚至抱怨考官或主持人。如果这样，考官或主持人会认为你缺乏修养。当然，尊重对方并不是要一味地奉迎对方，看对方的脸色行事，对考官的尊重是指人格上的尊重。其次，在答辩中不要一味地“我”字当头，如“我”的能力，“我”的水平，“我”的学识，“我”的文凭，“我”的抱负，“我”的要求等。“我”字太多，会给主考官或主持人一个目中无人的感觉。因此，要尽量减少“我”字，要尽可能地把对方单位摆进去，“贵单位向来重视人才，这一点大家都是清楚的，这次这么多人来竞争就说明了这一点。”这种语言既得体，又确立了强烈的对方意识，考官或主持人是很欢迎的。其次是考官或主持人提问，你才回答，不要没有提问，你就先谈开了，弄得考官或主持人要等你停下来才提问，既耽误了时间，也会给考官或主持人带来不愉快。另外，答辩完后，千万不要忘记向考官或主持人道声“谢谢”和“再见”。

5. 要注意答辩语言的简洁流畅性

答辩有着严格的时间限制，因此，答辩语言要尽可能简洁，要抓住试题或问题的要害答辩，可说可不说的话坚决不说，要用少的语言表达出最大的思想意蕴。同时，语言要富有条理性、逻辑性，讲究节奏感，保证语言的流畅性。切忌答辩语言含含糊糊，吞吞吐吐，有气无力。如果语言含含糊糊，吞吞吐吐，有气无力，一方面会损害答辩语言的简洁性和流畅性；另一方面也会给考官或主持人留下不好的印象，从而有可能导致答辩的失败，因此，答辩者一定要注意答辩语言的简洁性和流畅性。

6. 要注意控制自己的心理情绪

有些答辩者尽管在答辩前已做好了充分的心理准备，但是一进面试答辩室，心情就紧张起来；有些答辩者在答辩中遇到“卡壳”时，心情也立刻变得紧张起来。怎样解决这两种情况下出现的心理紧张的情绪呢？我们要分析紧张的原因。这种极度的紧张是由于答辩者的卑怯心理或求胜心切而造成的。因此，答辩者一进面试答辩室，应该去掉“自愧不如人”的意识，确立“大家都差不多，我的水平与其他人也一样”的意识，有了这种意识，紧张的情绪就会减轻一大半，随着答辩进入角色，紧张情绪就有可能完全消失。对于遇到“卡壳”而神情紧张的问题，如果抱着“能取胜则取胜，不能胜也无妨”的态度，紧张的情绪就会即刻消失，很快又进入正常的答辩状态，有可能出现“柳暗花明又一村”的境界。所以，答辩者在答辩中一定要注意控制自己的心理情绪。

四、竞职演讲的注意事项

竞职演讲作为一种直抒胸臆、发表主张的形式，越来越成为人们考察一个人综合素质的有效途径，但竞职演讲也有一些基本的注意事项。

1. 做好充分的准备

“工欲善其事，必先利其器”。事先如果没有做足够的准备，你就不能在发表竞聘演讲的时候语言流利；不能在台下领导发问的时候3秒内反映过来；不能反应过来后就很快入题回答；不能简洁回答到要点上。

准备要有针对性，切忌乱在网上或在别的书上抄一两篇或是把几篇稿合成，到时候拿到台上乱读一气就以为搞定！每一个岗位或每一个部门都有自己的独特情况，举个例子说，如银行的客户经理职位，可能××银行广州市天河区的跟南海市的某个支行的实际市场情况不同，可能南海市那边的国际业务独占鳌头，广州市天河区的却一败涂地，因此，演说中提出的对此项业务的对策就不同，在回答提问中应准备有对付此类问题的回答。

2. 准确认识各项环节的作用

在竞聘评分书上说明评分标准：如衣着占10%，仪表10%，表达30%，反应30%，知识面20%。因而可能某些人就会针对这些不同的要求去做一一的准备，用脑子想想，这可能吗？很多人上去竞聘，这些东西只不过是形式！下面的评委只会最看重与此职位工作有关的某些最重要的技能。举个例子说，如竞聘客户经理吧，可能评委们最看重的是你的表达能力及反应的能力和勇气等，如竞聘会计部门的职位，他们可能最重视的是你的会计知识面，当然整洁的仪表还是重要的，但不要过分追求。还有竞聘的时候你可能面对台下的很多领导，但总有关健性的领导，你在演讲的时候和回答问题的时候要注意不时对其发言注意，要知道最后起决定性作用的还是那些人。

3. 重视回答提问

在竞聘中演讲的时候最忌咬字不清、不正常停顿、忘词！如果你不行，建议最好找几个好友，在他们的面前你先讲几次，特别是上台紧张和未见过场面的人，你的稿子最好是尽量简洁，不要长篇大论，否则弄巧成拙，不过，如果你记性不好或紧张，把稿子带上去，忘记的时候看一两眼，下面的领导不会介意的。要正确理解演讲与回答提问的关系，前者只不过是很多人都可以抄的东西，几乎人人都可以把它背熟了，上台夸夸其谈；而后者则是反映你的反应、镇定、知识面还有思维能力的东西，显而易见，后者是起决定性作用的东西，所以要更加努力准备和排练后者，最好针对各种问题都事先思考，或让朋友来对自己提问各种相关的问题，看看自己是否真的可以在 3 秒内马上反应过来和有条理地自圆其说。如果你的回答很出色，能一炮打响，引起全场关注，那么你赢的希望就大得多。回答问题的要决：任何问题都不会有统一标准的答案！除非是专业性的问题如会计问题之类等；什么问题的回答反映时间最好都不要超过 3 秒！回答问题就是一种自圆其说！回答练习中要注意对自己演讲中讲的内容进行提问练习！除非问题复杂，否则不要太罗嗦！要简洁！

4. 演讲忌讳

（1）忌信口开河，杂乱无章。竞职演讲具有较强的针对性和时效性，竞职者必须在事前对要争取的职位做大量的调查研究，全面了解职位特征和胜任这一职位所应具备的素质，在内容上做自己的文章。如果对自己要竞争的职位，没有一个完整清晰地认识，对一些小事翻来复去地解释说明，对所应从事的工作，又抓不住重点，那就是失败。

（2）忌狂妄自大，目空一切。有的竞职演讲者过高地估计了自己的能力，在谈工作优势时自认为条件优越，“非我莫属”，夸夸其谈，令人生厌；在谈工作设想时，脱离实际，高谈阔论只能引起听众的反感。

（3）忌妄自菲薄，过分谦虚。竞职演讲要求客观公正地评价自己的竞争优势，大胆发表行之有效的施政纲领，但有的竞职演讲者却唯恐因自己的夸耀，而引起评委和公众的不悦。过分谦虚的表白，也不仅不能反映自己真实的能力、水平和气魄，还不利于听者对你做出正确的评价。

（4）忌吐词不清，含混模糊。竞职演讲一般要求演讲者在有限的时间内，言简意赅地把自己的基本情况、工作特点、工作设想向听众娓娓道来。但有的竞职演讲者却不善于把握演讲的轻重缓急，虽然连珠炮似地将整个演讲一气呵成，但因吐字不清，或语速过快，使听众不知所云。

（5）忌服饰华丽，求新求异。登台演讲，服饰是一个人思想品德、内在修养的外在表现和自然流露。竞职演讲是一项正规、严肃的主题活动，评委往往会以所竞争职位的需要和自己的审美观来评判演讲者。因此，演讲者的穿着应以庄重、朴素、大方为宜。有的竞职者认为穿得与众不同就会以新奇取胜，于是或服饰华丽，或不修边幅，这样做的结果，不仅群众眼里通不过，也不会给评委留下好的印象，从而使演讲的效果大打折扣。

作业

以“我竞选市长（省长、村长、班长、总统……）”为题，写一篇演讲稿，然后作为上台演讲的题目。

第十三讲　即 兴 演 讲

学习目标

1. 正确理解即兴演讲的含义。
2. 学习和掌握即兴演讲的知识和技能，学会即兴演讲。

即兴演讲是演讲中的快餐，也是演讲中的精品。即兴演讲的能力，实际上是一种交际的能力，它可以使生活中的你神采飞扬、事业成功、人际和谐、生活幸福。

一、即兴演讲的含义及特点

所谓即兴演讲，就是在特定的环境和主题的诱发下，自发或被要求立即进行的当众讲话，也称即席讲话或即席演说，是一种不凭借文稿来表情达意的口语交际活动。它最突出的有两个特点：一是演讲者事先未作准备，处于一定时境，感事、感人、感情、感景，而且随想随说，可长可短，有感而发。二是被广泛应用在人们的交际中。随着经济的发展、交际的广大、群众演讲水平的提高，即兴演讲会逐渐成为一种广泛应用的演讲形式。集会、讨论、访问、会谈、参观、婚贺丧吊、宴会祝酒、答记者问、谈观后感、做来宾介绍、致欢迎词以及赛场论辩的自由发言等都要用到即兴演讲这种形式。有研究表明，即兴演讲与学术演讲是未来演讲发展的两大趋势。

一生中，人们不可能每次讲话前都能深思熟虑，写成讲稿。常常是站起来就讲话或者演讲，这种讲话或演讲就是即兴演讲。即兴演讲与命题演讲虽然没有本质的区别，没有优劣之分，但即兴演讲使用的范围更广，频率更高，难度更大。

这类演讲，有的虽然没有讲稿，但是有所准备，有腹稿。譬如出席某种会议，估计要讲话，或者因为某种话题某种情境，引发了说话的欲望，在讲话之前，已选定了话题，形成了思路，打好了腹稿。还有的是毫无准备，压根就没有打算讲话也不想讲话，可迫于情势，不得不讲话。这两种情势的讲话或演讲，虽然都可以视为即兴演讲，但后者更是严格意义上的即兴演讲。

即兴演讲是即兴成篇，出口成章，因而与其他类型的演讲比较，有其自身的特殊性。

（一）时境的突发性

也许正当你和别人窃窃私语，也许正当你在潜心思索别的什么，也许当你朝窗外张望的时候，被突然提名就某个问题发表看法；或者你参加校长主持的一次座谈会，或者被同学邀请参加茶话会，或者参加即兴演讲比赛，你明明知道要讲话，也有了准备，可临近讲话时，话题被指定了，一切都发生得那么突然，不讲不行。因而迅速成篇，这是即兴演讲的一个内在特点。

（二）情境的复杂性

因为突然发生，演讲者常常很少或根本没有留心当时当地的讲话情景以及听众的需求。一下站起来讲话，茫然不知所措，尤其是处在不同意见分歧的情势下，就更加左右为难了。因此面对复杂的情景演讲只能就地取材，当场捕捉话机，所以比起命题演讲来，即兴演讲的现场感和针对性更鲜明。

（三）话境的多样性

因为时境紧迫，情景复杂，由此而导致第三种情况的出现。站起来以后，要么什么话也没有，呆若木鸡；要么什么都可以说上几句。一般前者较少，后者居多。演讲者虽然面临的是话题的多样选择，但有经验的演讲者往往是机敏地选准一点，迅速组合思维，把话讲少些，讲风趣些。正因为如此，比起命题演讲来，即兴演讲更显得单一短小，生动活泼。

二、即兴演讲的构成

即兴演讲的构成就是一个快速地将内部语言转化为外部语言的过程，因此，即兴演讲快速构成的实质，就是快速思维的过程。

即兴演讲的内在能力在于快速思维，即快速组织内部语言。那么，思维怎么才能快速引发，快速展开呢？

（1）激发思维的兴奋点。生活常识告诉我们，当处在兴奋状态中，人的思维最活跃。因此，尽快地进入兴奋状态，也许是即兴演讲的关键。

兴奋，是刺激的结果。喝酒是刺激，是一种物质刺激，也能产生兴奋，引起思维，但这种思维能力缺乏明确的指向，因而常常在酒后胡言乱语。另外一种是精神刺激，即情感、理智、美感刺激，由产生兴奋引发的思维，常常会沿着一定的方向有规则地延伸开去，即定向思维。一个即兴演讲者站起来以后，如果不立即找到这种刺激，那么他的演讲就很难说有成功的把握了。

在说话或演讲的现场，大体有三个方面的刺激可以激发兴奋点，成为即兴演讲的话机。

一是现场情景。这主要指现场的氛围，听众的情绪，场地的布置，周边的环境，甚至刮风、下雨、或阴或晴等自然现象，这些都能成为刺激源，激发兴奋点，切入即兴演讲。例如，某厂的职工 3 岁半的孩子身患急性粒细胞白血病，家里倾其所有，也无法承受高昂的治疗费用，为此，该厂团委组织了一次街头义演募捐活动。一位抱着孩子的母亲捐钱之后，对着话筒做了一次反响很大的即兴演讲，她开头是这样说的：

各位父老，各位姐妹：

我是一个孩子的妈妈（怀里抱着刚满一岁的孩子），我想对在场所有的妈妈讲几句话：

大家都看到了吧，照片上这个小男孩长得多可爱（募捐倡议书上贴着孩子 12 寸相片），大大的眼睛，圆圆的脸，他正在向您微笑，笑得那么甜。可是，有谁会想到，残酷的病魔正吞噬着他的笑容……

引发这位母亲作这篇令现场听众震撼的即兴演讲的，显然是充满爱心的现场氛围，尤其是孩子的这张照片。

二是理智。会议的主题，别人的讲话，旁人的议论，一句格言，一首诗等，激发了兴奋，引起了一段想法，即兴演讲便由此开端。例如，一次在江西上饶的三清山召开的学术研讨会议，一位大学老师做了一次即兴演讲，他是这样开篇的：

各位领导、各位专家、各位学员：

我们这次会议在道教灵山——三清山召开是有特殊意义的。三清山又叫少华山，东晋时代葛洪在此修炼仙丹，从此这里成了道教福地。道教思想蕴含哲理，是中国文化的重要组成部分，其核心是讲“妙”，第一妙是难易相依，第二妙是有无相依，第三妙是险处逢生。其最高境界为“玄之又玄，众妙之门”。思辩的哲理光辉可以照射到各个领域，包括我们要研究的领域。

由葛洪的哲学思想引发，集中谈此次学术研讨，应该向道教追求“玄”那样，执著不舍，悟出“真道”来。整篇演讲洋溢哲理，格调高雅。

三是自我引发。从自己亲身经历、见闻中寻找刺激源，也许是更加行之有效的。例如，

某城市曾经举行过一次关于加强城市交通安全管理的演讲比赛，比赛将近结尾，一位老工人突然要求做即兴演讲。他一上台，就异常激动地讲了一个这样的故事：不久前，一位孕妇下班步行回家，在她的斜对面，一辆黄河牌大卡车朝她撞来，她躲闪不及，被撞出了 10 多米，当即死去。她腹内的孩子也被撞出来了，鲜血淋漓地摔在离母亲 1 米多远的马路上，她丈夫目睹这一惨状，当场就疯了。他一手抱着孩子，一手搂着妻子，又是笑，又是哭，围观的人，无不为之掉泪。事后查明，是司机酗酒开车。这位老工人大声疾呼，要确保城市交通安全，一定要杜绝司机酒后开车。演讲十分成功。

老工人为什么一定要讲呢？就因为这件事太惨了，太刺激他了。

（2）扩展话语。如前所述，刺激产生兴奋。兴奋引发思维，即有了说话的欲望。这时，到底应该讲什么，尚不清楚，只有某种意向，但内部语言已开始运动。运动初期，生成若干语点，语点扩展，才逐渐清晰，形成有逻辑的话语。即兴演讲的快速思维也表现在如何加速扩展话语。这里有几种方法值得一提。

首先，强化刺激，加强兴奋，这是在产生说话欲望的基础上继续强化刺激，强化兴奋。这种刺激的强化有两方面，一方面是刺激源的本身；另一方面是听众的信息反馈。即兴演讲大多是边说边讲。当初使之兴奋的引发说话的刺激源，本身很可能就成了开场的材料，这些材料经过内部语言和外部语言的加工，更加清晰，更加生动，更加感人。演讲者一旦进入“角色”，他所受的刺激会进一步加强，因而也更加兴奋，于是思维也随之更加活跃。与此同时，也相应地感染听众，听众的各种反映又作为信息反馈给演讲者，反馈的结果是使演讲者越来越兴奋，思维更加敏捷，而情态上越来越激动，甚至手之，舞之，足之，蹈之。于是便有声有色、滔滔不绝地讲下去了。闻一多先生的《最后一次的演讲》大体属于这类演讲。

其次，控制情绪，抑制兴奋。有经验的演讲家，是很注意控制自己的情绪的。当说

话的欲望一经形成，主要的不是依靠情绪来支撑演讲，而是以理智来激发思维，即由现象到本质，由原因而结果，由正及反，层层推论。这些关系，本身就是一定的思维模式，一经运用，便词达理顺。

最后，引发一点，触类旁通。站起来开始讲话，也许是结结巴巴，不知说什么好。可是，突然思维开阔，讲出一番精彩的话来。这种现象，不仅出现在即兴演讲中，在课堂教学中，在平日的交谈中，就是写文章也会出现这种契机，真个是“山重水复疑无路，柳暗花明又一村”，这是因为一开始思维尚未完全引发，后来突然被一句话、一件事、一个情景触发了，思维活跃起来了。尤其当思维的联想被开启之后，讲到这一点，立即又把相关的事物调动起来了。

三、即兴演讲的技巧

（一）命题式的即兴演讲技巧

命题式即兴演讲类似口头作文，要处理好两个环节，一是审题，二是取材。审题就是把握好主题，对于论点式题目，如：“人生的价值在于奉献”、“男女之间有纯洁的友谊”、“没有理由不快乐”等题目本身已规定了演讲的主题，你只能调动自己的一切积累去竭力地证明它，不管你原来怎么想，都不能谈不同观点。对于论题式题目，如：“青春”、“我的梦”、“金钱”等可以在规定范围内，根据自己的感受确定演讲主题，有一定的选择自由和灵活性，这里的关键就是把握好“立意”。

在即兴演讲中要迅速地组织材料说明问题，取材是难度最大的一环，一般有三种方法：一是纵向扫描法，即扣住所讲的题目，从历史发展的角度看问题，过去、现在、将来如何，或者着眼于历史的发展与变化；二是纵向拓展法，根据事物的多面性，从相互联系的角度看问题，从事物的不同方面或不同事物的异同比较来谈；三是正反对照法，从对立统一的角度看问题，揭示其是非优劣、长短强弱，并告诉人们应该怎么选择。总之，要根据自己对题目的理解和表达的思路进行取材与展开。

（二）生活场景式的即兴演讲技巧

生活场景式的即兴演讲，是根据场景中的生活事件和听众情绪而发。这种针对特定的场所、特定的事件、特定的听众，以特定的身份而做的演讲，要把握好现场气氛，把握好听众情况，把握好事情实质，把握好自己的身份。如果你的演讲与现场气氛不和谐，就会使听众产生反感；如果你不了解听众情况，就会顾及不全，或迎合了一些人，或冷落了一些人；如果你没能准确地把握好自己的身份，你就不能讲出既得体又适度，既有分寸又恰到好处的话语。总之把握好以上四点，你的现场即兴演讲立意、选材及思路展开就有了头绪，就有了明确的方向。

1. 把握时境，捕捉话题

生活场景式即兴演讲的话题，由演讲者所处的自然环境和心理环境决定，因受时境的激发而产生联想和感慨。所谓时境就是演讲者所处的时间、地点、演讲对象等一切现场环境的总和，是促使演讲者发言的特定条件和背景。

专题演讲也有一个时境的问题，但专题演讲一般仅受时境的宏观控制，即时境只确定其演讲的大方向。一旦题目确立，演讲稿完成后就不会再有太大的变动。时间、地点的改变都不会给演讲造成什么影响。一篇思想深刻、受群众欢迎的专题演讲，可以更换场地，周游十几个城市演讲，仍可以保持其内容和主体不变。

而生活场景式的即兴演讲则不同，即兴演讲是处于时境之中，并从不同角度反映时境。时境改变，演讲随之改变。例如，联欢会上轻松、欢快的开场白不能用于严肃的会议上。前一个人的发言说了你想说的话，你就要随机应变另辟蹊径。时境是即兴演讲最直接的动因。演讲者之所以想要发表即兴演讲，是因为在特定的时境中，由于演讲者对身边的人、事、物产生了某种感触，有了演讲的意愿。同时，时境也是演讲内容的主要来源。有感于时境，进而引发联想，演讲者在现场所看、所听、所感的都是充实自己发言的最佳素材，与现场紧密结合的演讲不仅言之有物，而且容易感情充沛，能够富于哲理。可以说时境既决定着即兴演讲的中心题旨，又影响着它的具体内容。由此可见灵活、正确地把握时境，是做好即兴演讲的前提和基础，也是学习即兴演讲的第一步。

由于即兴演讲是立即进行的讲话，无法事先精心准备，所以仓促之间，常常会有人不知道该说些什么。其实话题就在你身边，就看你能不能把它们挖掘出来。前面我们说过即兴演讲的题目和内容都蕴含在时境中，具体的实景就是演讲者取之不尽的话题源泉。从现场中找出是你感触颇深的某一点，再加以引申、扩展，就可以使其成为一个很好的演讲话题。“缘事而发，触景生情”，或事、或人、或情、或景都是我们可以借题发挥的对象。下面从不同的方面举例说明：

（1）以“时”为题。时间是影响即兴演讲的一个重要的因素，倘若演讲者当时所处的时间具有特殊的意义，就可能因此触发灵感，成为演讲的话题。例如，

“今天是母校成立五十周年纪念日，20 年前我们相处在这里……时至今日，我们又聚到一起，回忆当年往事犹如昨日……”（校庆纪念）

“在今天这个人月两圆的日子里，虽不能回家与父母共度，但身处在老师与同学之间同样可以感受到家庭的温暖……”（中秋联欢）

演讲者应学会抓住节假日、周年纪念这些特定的时间概念，以时为题，借此表达自己真切的情感体验。

（2）以“景”为题。景，即地点，是构成即兴演讲的环境因素。所谓“触景生情”，场景有时是最容易引发人们回忆，激发人们联想的。

一位老知青在第二故乡的联谊会上即兴讲了这样一段话；

“今天，我们这些老知青为了重温一个旧梦，顶着烈日，冒着酷暑，从四面八方汇集到阔别了 20 多年的第二故乡——南江。在这片红色的土地上，曾洒下革命先烈的斑斑血迹，也曾留下知识青年的深深足迹。当我又一次踏上这方热土时，心中涌起了多少感慨、多少欣喜……”

故地重返，再见此情此景让演讲者回想起青年时代那些难忘的生活经历，对这片土地刻骨铭心的回忆，使得他的演讲动情感人。

（3）以“人”为题。在演讲活动中，演讲者和听众是密不可分的，听众本身实际上就是演讲最好的题材。以听众为题，不但可使演讲轻松易行，还可让演讲者与听众之间

产生互动的气氛。谈论你的听众，说说他们是什么人，正在做什么，特别是他们对社会和人类做出了或将要做出什么贡献。

“刚才，我听会议主持人说，在座的都是来自农村的小学校长。我也当过农村的小学校长，我深知在贫困落后的偏远山区当好这个校长是多么的艰辛和劳苦。尽管如此，你们却义无反顾地肩负起了培育跨世纪农村人才的重担。我本来不准备讲话，现在却借此机会，向你们表示崇高的敬意，并讲几句心里话……”

演讲者在了解了听众的职业背景后，结合切身经历，说出他的感受并表达他的敬意。这篇演讲一下子就拉近了双方之间的距离，让会场气氛更加融洽，听众马上就对演讲者产生了亲切感，同时也对演讲本身发生了兴趣。

（4）以“物”为题。在演讲现场，有时会有一样物品一下子吸引了你甚至大家的注意，那么不要犹豫，马上把这条线索抓住，即时展开，它就是你最吸引人的话题。

1848 年，法国著名作家维克多·雨果参加了巴黎市栽种“自由之树”的仪式，仪式中被邀发表了呼吁自由、和平的演讲：“这棵树作为自由的象征是多么恰如其分和美好呀！正像树木扎根于大地之心，自由之根是扎根在人民心中的；像树木一样，自由长青不老，让人们世世代代享受它的荫蔽……”

雨果的此番演讲紧紧扣住“自由、和平”的主题，把“自由之树”代表的意义和自己坚定的理想信念用富于激情的语言完美地结合在了一起，向听众传达了他珍惜自由、期待和平的呼声。

（5）以“言”为题。在某某会议上，你正集中精力听他人讲话，主持人却突然点名让你讲几句，听众的视线顿时集中在你身上，这时你不要心慌，你可以从之前发言中捕捉你自己演讲的话题。在先前倾听的过程中你受到哪些提示和启发，以此来谈谈自己的感受。针对前面的演讲话题，后面的演讲者或者可以拾遗补漏，或者可以转换角度，甚至可以因某个词、某句话的启发，而构思出一篇精彩的演讲。

某班同学以即兴演讲的方式竞选班长。之前发表竞选演讲的几位同学都比较平淡刻板，如“我若当选班长要做好哪些工作”或“我具备了哪些当班长的条件”。台下同学对千篇一律的发言开始厌烦，会场气氛变得焦躁不安起来。这时一位男同学大踏步地走上讲台：“我——竞选班长。如果我当班长，我将是各位忠诚的代表！（掌声）你们的愿望就是我的愿望！（掌声）你们的要求就是我的要求！（掌声）请记住——选我，就是选你们自己！”

这位同学敏锐地发现了前面演讲的不足之处，及时调整自己演讲的角度和风格，运用极富号召力的语句和语调，再辅之以大幅度的态势语言，营造出强烈的情绪渲染效果。

在即兴演讲时，恰当地利用当时当地的某些场景、事物来阐述题意，既可使演讲变得生动风趣，又可起到深化主题的作用，使听众更容易理解演讲者所要传达的信息，更容易体会到演讲者的心情，对演讲产生共鸣。无论用人还是用物，恰当的话题，是即兴演讲的点睛之笔，它应当是自然、贴切、紧扣主题、有感而发的，切忌牵强附会，使演讲变得生硬且有矫揉造作之嫌。

话题是来自于人们对现实生活的真切感受，只有经过长期经验的积累，提高对事物事理意趣的感悟性，才能真正掌握捕捉话题的技巧。

2. 发挥联想，把话题串起来

根据联想方式的差异，可以分为平行并联式联想、双项对比式联想、左右引申式联想、层层递进式联想等。

（1）平行并联式。即将各个点并列在一起，排比成篇，借此分析彼此间的关系，得出有意义的认识。

闻一多先生的演讲《兽·人·鬼》：

“刽子手们这次杰作我们不忍再描述了，其残酷的程度，我们无以名之，只好名之曰兽性，或超兽性。但既已认清了是兽性，似乎就不必再用人类的道理和它费口舌了。甚至用人类的义愤和他生气，都是多余的。反而我们要记得，人兽是不能两立的，而我们也深信，最后的胜利必属于人！

胜利的道路自然是曲折的，不过有时也曲折得可笑。下面的寓言正代表着目前一部分人所走的道路：

‘村子附近发现了虎，孩子们凭着一股锐气和虎搏斗了一场，结果牺牲了，于是人们便发生了这样一串分歧的议论。

——立即发动全村人手去打虎。

——在打虎发动没有周密布置前，劝孩子们暂勿离村以免受伤。

——已经劝阻过了，他们不听，死了活该。

——咱们自己赶紧别提打虎了，免得鼓励孩子们去冒险。

——虎在深山中，你不去惹它，它怎么会惹你？

——是呀！虎本无罪，祸是喊打虎的人闯的。

——虎是越打越凶的，谁愿意打谁打好了，反正我是不打的。’

议论发展下去是没完的，而且有的离奇到不可想象。当然这里只限于人——善良的人的议论。至于那‘为虎作伥’的鬼的想法，就不必去揣测了。但愿世上真没有鬼，然而我真担心，人既是这样的善良，万一有鬼，是多么容易受愚弄啊！”

闻一多先生在这篇演讲中将“刽子手们的兽行”、“善良人们的议论”和“为虎作伥的鬼”并联在一起，用隐喻的手法、寓言的形式，对当前的局势下的几类人做了鲜明的褒贬，形象生动地讲清了革命的道理，鼓动人们投身于反对国民党反动派、争取民主斗争的行列里。

（2）左右引申式。以一个听众熟知的事物为出发点，略加变动，将其所包含的意义引申，转化为一个新的概念。

美国前总统富兰克林·罗斯福的演讲《对民主党青年俱乐部的讲话》，就是运用引申的方法，巧妙地将“地理拓荒”与“政治拓荒”连缀在一起，言简意赅，令人回味无穷：

“有人不认为拓荒时代已经结束，我就是持这种看法中的一个：我只认为开拓的领域改变了。地理上的拓荒阶段大体上已经完成。但是，朋友们，社会的拓荒时期却刚刚开始。我们必须清楚明白，在治理现代社会的斗争中，我们需要具有与征服大自然相同的甚至更高的英雄气概、忠诚信念和洞察能力。不论你们年岁几何，倘若你们在精神上青春常在，善于梦想，能想象出一个未来更伟大、优越的美国；相信贫穷现象将大幅度地改善；相信可耻恼人的失业现象将彻底消灭；相信国内的安定与国际和平能永远保持；相信后代子孙有一天能够使我们的国家掌握现代想象不到的物质和精神财富，令人类的生活丰富无比。如果你们怀有这样的青春梦想，今夜你们应该感谢上帝。如果这就是你们的梦想，那么我要说：'深深地沉入你们的梦想，牢牢地把握住并实现吧。美利坚需要它！"

（3）层层递进式。用递进深入的方法把各点连缀起来，使之成为步步叠加、层层深入的整体。

湖南师范大学党委副书记戴海在一次大学生晚会上即兴演讲——《矮子的风采》，就采用了这种方法：

"……这话题之二嘛，是'矮子问题'。（哄笑）由我当众提出这个问题，岂不惹火烧身？（鼓掌）这也要点勇气呢！老实说，在我年轻的时候我并不觉得'矮'有什么问题，直到 80 年代，在舆论压力之下，才感觉成了问题。（哄笑）其实，白鹤腿长，鸭子腿短，都是生来如此，何必自寻烦恼！现在要问，矮子能有风采吗？答曰：'高个不见得都有风采，矮个不见得都不风采'。（鼓掌）那么，矮个怎样才能具有风采呢？我有几点心得可供参考：

第一是要有自信。论个子，我比他低一头，而论觉悟、学识、才能，可能比他更胜一筹！这也叫'以长补短'吧？（鼓掌）

第二不要怕忌讳。大凡麻子怕说麻子，秃子甚至怕说电灯泡，其实越怕忌讳越尴尬，不如自己说出来反而没事。我常有机会跟北方汉子们在一起开会或聊天，我跟他们开玩笑：我不如你高，你可别怪我，怨只怨我们那山上的猴子就个子小些！（鼓掌、哄笑）

第三把胸脯挺起来。但也用不着踮脚尖，也用不着老穿高跟鞋，我主张矮要矮得有骨气，还是脚踏实地好！

第四，最重要的还是本人的德才学识，有修养，有风度，对社会有贡献，自然受人爱戴。

趁着晚会的高兴劲儿，解决这个'矮子问题'，不知台下的某些同学心里是否踏实一些？"（长时间热烈鼓掌）

戴海的即兴演讲阐述了四个方面，这四点是逐层展开、层层深入的。自信是关键，只有自信才不怕忌讳，才敢挺胸脯、不踮脚尖、矮得有骨气，而这一切又必须与自己的德才学识为基础。他的演讲环环紧扣，一层深似一层，又成一浑然整体。语言风趣幽默、比喻生动贴切，而又蕴含哲理、发人深省，故而深受听众欢迎，博得满堂喝彩。

如果说话题是灵感的闪光点的话，联想就是思维的线。有效地运用它，就能串起转瞬即逝的闪念，组合出构思精巧的演讲。

四、即兴演讲常用的模式和方法

思维活跃了，话题找到了，接着而来的是临场表达。如同写文章一样，不可能千篇一律，即兴演讲临场发挥的方法同样是千变万化，千姿百态的。但大体熟悉几种常见的方法，或许有助于即兴演讲的成功。

1. 戴维·卡耐基的“魔术公式”

美国著名演讲理论家戴维·卡耐基曾经在芝加哥、洛杉矶、纽约邀请了一批教授和传播学的名流，经常深入地讨论研究，博采众家之长，寻找到了一种新的演讲方法，即“魔术公式”，其要点如下：

第一，尚未涉及演讲核心之前，先举一个具体的实例，把你想让听众知道的事透露出来。

第二，再用明确的语言，叙述主旨、要点，将要让听众去做的事，明白地说出来。

第三，说明理由，进行分析，采取集中攻破的方式来处理。

卡耐基认为，这是“讲求速度的现代最佳演讲法。”长期的实践证明，这的确是一种能适应各类演讲的最佳方法，或许更适应即兴演讲。例如，一位校长在欢迎新生的开学典礼上即兴讲话，他是这样开始讲话的：

据说清朝有个小孩——林则徐，赴试赶考途中，父亲怕他远行劳累，便让他骑在自己的肩上。进考场时，主考官视其年少，即景出一联索对，作为进考场的条件。其联曰：“以父作马。”这使得父亲羞得面红耳赤，很难为情。可是骑在父亲肩上的小孩子十分聪明，出语不凡，他眼珠一转，应道：“望子成龙。”

今天，我们不妨把“望子成龙”改动一字：“望子成才”。望子成才乃是当今人们的共同心愿。

接下来，自然是围绕如何不辜负父母的期望，怎样成才的话题展开了。

因为开头很具体，又有一定的情节，立即就可以引发听众的兴趣，起到静场的作用。场内的氛围反馈过来又增强了演讲者的自信，促使演讲者越讲越精彩。另外，因为是演讲者很熟悉的实例，不愁没话说，不愁讲不好，因此而有利于抑制演讲者的怯场心里。这种方式的演讲，关键是第三层次的说理要充分。

2. 理查德的“结构精选模式”

美国公共演讲专家理查德认为，即兴演讲应记住以下几句话，它是各个层次的提示信号：

（1）喂，请注意！（开头就激起听众兴趣）

（2）为什么要费口舌？（强调指出演讲的重要性）

（3）举例子（用具体事例形象地将一个个论点印入听众的脑海里）

（4）怎么办？（具体讲清楚大家该做些什么）

这几句话，构成了整篇演讲框架。同时又是演讲者思路的提示。例如，南昌市委市政府，为振兴江西，振兴南昌，举办过一场老同志座谈会，其中一位长者做了如下的即席演讲：

要振兴江西和南昌，首先要搞清楚江西省情、市情。南昌的特点是什么？优势在那里？

《滕王阁序》中有两句话已对南昌的特点和优势做了精妙的概括，那就是：“物华天宝，人杰地灵。”八个字说了三件事：物、人、地。

接着分别对江西的物产、地理、人才结合实例展开分析，最后得出结论：

今天的问题是，要振兴江西，振兴南昌，关键在于发挥上面的三大优势，变资源优势为经济优势。

这篇即兴演讲的方式并不一定是严格按“结构精选模式”构成的，但基本框架是符合这种模式的。这种模式的长处在于，开始的问题提得很直接或者很尖锐，足以引起听众的注意。中间条理清楚，而且有实例，便于接受，便于理解。

3. 逆向思维模式

一般地说，演讲都很讲究开头。然而即兴演讲有一定的特殊性，尤其是毫无准备的即兴演讲，当演讲者突然站起来的时候，气氛一般都比较热烈，听众的情绪正处于“热点”中。有经验的演讲者，常常利用听众的这个“热点”，首先不去考虑开头，而去考虑一个响亮的结尾，形成逆向思维，对开头做冷处理。听众的情绪由热转向冷，又渐渐升温，最后呈现出热烈的气氛，从而获得完美的结果。例如，某高校举办了歌颂党的“个人独唱独奏音乐会”，其中一个班三名同学获奖。接着又要组织部分同学参加全市纪念“一二·九”运动歌咏比赛。为动员同学参赛，这个班的党支部书记做了如下的即兴演讲：

昨天上午的这个时间，我们曾在这里预祝我们班参加歌颂党的个人独唱、独奏大赛的同学取得成功。昨晚，我们班参赛的同学，果然不负众望，把一、二、三等奖都给捧了回来……

同学们，有人问球王贝利：“你最漂亮的球是哪一个？”球王回答：“下一个。”又有人问导演谢晋：“你最好的影片是哪一部?”谢晋回答：“下一部。”那么我们班最漂亮的“球”，最好的“影片”是不是也可以说是：“下一个”“下一部”？如果可以这样回答，那么我们的下一个“球”，下一部“影片”是什么呢?

是参与。参与学院参加全市成人高校纪念“一二·九”运动歌咏比赛并取得更好的成绩。

这种演讲方式是越往后越精彩，最后点题，并形成高潮。关键是要设计好结尾。

4. 连缀法

先确定几个基本观点，按照各点之间的内在联系，或并列连缀，或纵横连缀，或对比连缀。这种演讲方式，逻辑严密，重点突出，而且还有一定的气势，例如，一位哲学老师以题为《假如马克思健在》作了如下几点连缀式的即兴演讲：

假如马克思健在，他绝不会把在座的各位看成是他的信徒，他将把我们看成是东方的同志和战友……

假如马克思健在，他就要对人们说：我是人而不是神，我也有喜怒哀乐，我也有自己的爱，自己的恨……

假如马克思健在，他会告诉我们：牢记我最爱的那句箴言——怀疑一切……

假如马克思健在，他就会提醒人们：那些仅用我的语录去进行战斗的人，不是完整的马克思主义者……

假如马克思健在，他就会强调：我不能保证我的主义句句是真理，但我却敢保证它永远不会过时……

全场演讲以五个“假如马克思健在”做领头句，从不同的角度阐述马克思主义的实质，很贴切，很有针对性。结构十分严谨，内涵丰富，排比句中显示了凛然的气势。

以上几种，仅仅是常见的、有效的几种即兴演讲的方法。实际演讲中，形式多样，丰富多彩，值得我们去不断发现，不断总结。

五、即兴演讲的基本要求

（一）要有真情实感

一篇优秀的即兴演讲不光有内容，还要有真情实感。如果你的演讲刻板平淡、毫无激情的话，即使你找出成百条理由，列举上千个事例，也无法打动你的听众。没有感情的演讲就好像是没有加作料的菜一样，淡而无味。聪明的演讲者在面对他的听众时，不仅会晓之以理，还会动之以情。要想让你的演讲表现出充沛感情，首先你要保证演讲的真实性，你讲述的实例应该是真实的，你所抒发的情感也应该是真实的。虚假的感情只会使你的演讲变得空洞和软弱，只有真实的情感才会赋予演讲以生命力。

例如，闻一多先生在昆明的《最后一次的演讲》之所以成为“狮子吼”并成为千古名篇就是与充满了这种真实的感情分不开的。这场演讲所燃烧着的火一样的情感，其强烈的程度是历史上中外演讲所罕见的。可以说那是为民主为正义之所必发、为投身战斗的责任之所必发、为崇高的诗人和斗士的人格之所必发、为中华民族之所必发，而唯独不是为演讲而演讲的需要而发的情感。表面看来是由现场激发拍案而起的即兴演讲，是偶然产生的激情，实际上那观点、那情感却绝非偶然兴发的，而是积蕴已久的必然的火山爆发。在这次演讲之前这种情感已经是蕴涵在火山中的岩浆了。

其次，你必须融入到自己的演讲中去。一个完全忘我的演讲者用他的声音，他的肢体，用他所能表达情感的一切方式去诠释他的信念和理想。这种忘我的投入，让他散发出坚定的热情和感人的活力，并用这种热情和活力感染着听众。有这样一个事例就证明了这一点：

著名演讲家卡耐基在海德公园散步时，偶然发现公园中心聚集着一些自由演讲者，正向他们的听众发表即兴的演说。这些演讲者的题目是五花八门的，其中包括对天体运行的论述，对家庭问题的处理，对上帝的敬仰，对卡尔•马克思的高见等。在仔细观察现场的反映后，他注意到听众并不是平均分散开的，有的演讲者面前只有寥寥数人，而有的演讲者面前却已围起了层层的人墙。卡内基逐一去听了每位演讲者的发言，想了解是不是由于演讲技术的高低而造成了这种差异。但经过比较，卡耐基认为这几位演讲者，无论是语言的表达、词汇的运用，还是选材的角度、演讲的内容都没有什么特别突出的地方，从演讲水平上来讲彼此相差无几，而唯一不同的是演讲者的热情。尤其是在发表对马克思的思想高见及传播对上帝信仰的两位发言者面前，听众之间散布着一种热烈的气氛，大家抱着专注的态度聆听着这位演讲者的演说。一边是马克思信念的追随者，一边是虔诚的天主教徒，虽然两人的主张、观点几乎是完全对立，但二人忘我的神情是相似的。他们仿佛在用生命和灵魂去诉说自己的信仰，他们挥动双臂做着激烈的手势，他们的声音洪亮而充满自信，他们周身散发着坚定的热情和感人的正气。正是这关键的区别决定了听众的去留。

一位慷慨激昂的演讲者，一篇真情洋溢的演讲，是抓住听众的关键。听众的兴致要靠你的热情来点燃。

（二）要反应迅速、短小集中

即兴演讲是受时境的激发而产生的联想和感慨，就像一场突如其来的遭遇战，有人很容易被它打个措手不及。除了一般演讲需要注意的事项以外，即兴演讲最重要的就是反应。若是命题式即兴演讲，就要快速对题目做出反应，良好地把握住题目的意思；若非命题的，那么就可以选择一个自己熟悉的、喜欢的话题和角度来讲。

即兴演讲由于是无准备的临时发言。要在极短的时间内，对捕捉到的话题迅速组合成演讲正文，因此比有准备的命题演讲有更高的难度，它即要求对时境的整体把握，又要求扣紧主题短小集中，言简意赅。要抓住话题主干不枝不蔓，不做意义的过分渲染，不讲套话、空话，少做前景介绍，不带口头禅。用词要简洁概括，把难以直言表达的抽象感情寄予在具体可感知的事物和行为之中，使之具体化、形象化。

在语言表达上，即兴演讲一般情况下语速都不是特别快。因为只有这样才能一边想，一边讲，尽量做到逻辑严密，语言流畅。但同时，也要注意面部表情，最好就像平时谈话一样娓娓道来。也就是说，你可以先确定了提纲，然后在演讲中按照提纲，一步一步，一边组织材料和语言，一边讲下去。

（三）重在积累和练习

说到即兴演讲有人认为，越是没有刻意准备的演讲，越让人觉得亲切、真实、自然。然而真正成功的即兴演讲不是不要准备，而是要更多更长时间的准备，他的准备不是体现在演讲的当时，而是平时的积累。即兴演讲的成功取决于演讲者平时的知识、经验的积累，及对生活的观察和体验，特别是驾驭语言的能力。即兴演讲只不过是对平时积累的信息的提取。

闻一多先生是被国民党特务的卑劣行径“逼”上讲台的，他事先并没有准备讲话，上台后又不容他深思熟虑。在这种情况下，如果演讲者没有雄厚的思想基础、丰富的材料储备、敏捷的思辩能力和娴熟的演讲技巧，就很难打通思路，理清线索，安排材料，形成比较完善的内容体系。

据清华大学校史记载：闻一多先生“出现在昆明每一次进步集会和游行行列中”，“他一次又一次在报刊写文章，在学生集会上演讲，毫无畏惧地抨击反动派，大声疾呼鼓舞青年进行斗争”。他认识到“真正的力量在人民……知识不配合人民的力量，决无用处”。对敌人他表现出鲜明的立场，认为“人兽是势不两立的”。在敌人各种辱骂、造谣、利诱和威吓面前“都没有屈服，继续坚持战斗。1946年5月，美国加州大学请他去讲学，他拒绝了，他认为这时候‘不能远离斗争跑出去’。不料，就在这时候，反动派向民主人士开刀了。1946年7月11日，中国民主同盟领导人、西南联大教授李公朴在昆明被国民党特务用无声手枪暗杀了。原来准备离开昆明回北平的闻一多教授决定留下来，料理丧事，处理完善后工作再走。这时已有传闻，特务的暗杀，第二个就要轮到闻一多。地下党派专人冒着生命危险深夜通知他暂时隐蔽。闻一多说：‘事已至此，我今天不出去，什么事情都不能进行，怎么对得起死者？如果因为反动派的一枪就都畏缩不前，以后叫谁还愿意参加民主运动？’他早已把个人的生死置之度外，毅然参加了 15 日下午在云大举行的李公朴先生追悼会。会上他拍案而起，做了最后一次演讲”。

可见，演讲中的思想、情感是积蕴已久的。李公朴追悼会只不过是一个偶然的喷火口。

拥有一个丰富的材料“仓库”，是即兴演讲成功的先决条件，大凡口角生风的人，他们或博闻强记，或勤于笔耕，不断丰富和充实自己的材料“仓库”。无论什么样的材料“仓库”其实都不外乎两大类，一类是典型事例，一类是理性思辨，当这些材料被某一主题的红线穿起来时就可以成为成功的演讲内容。

不管你掌握了多少技巧、多少材料，最终把它变为你讲话的能力的关键还是练习。

有一种益智游戏是即兴演讲练习常用的方法。这种游戏就是演讲练习里最困难的一种：“站着思考”。曾玩过此游戏的人说：“我们每人各在一张小纸条上写下一个题目，并立即站起来就那个题目说上 60 秒钟。同一题目我们从未用过两次。某晚，我必须谈‘灯罩’。你若以为容易，不妨自己试试。不过，好歹我总算过了关。然而重要的是，自我们开始玩这个游戏以来，我们三人全机敏了许多。对于各式各样五花八门的题目我们也有更多的了解。但是，比这更为有用的是，我们都学会了在瞬间里能就任何题目当即凝聚自己的知识和思想，我们学会了如何站着思考。”

练习有两种方法，常用的有说“句”成“群”法，说话游戏法，想象连缀法等。这些练习都是在毫无准备的情况下开口说话，这种训练对提高即兴演讲的技能非常有效。经过这样的训练之后，你一旦遇到即兴发言的场合，就能够将这种能力充分发挥，达到你所期望的效果。

美国著名的演讲家卡耐基说过，随时准备思绪状态，是你随时能准备发表演说的先决条件，也就是说你要随时假设你被指名发表即兴演讲然后针对这种假设进行准备，当以后你真的碰到这种情况时，你就不会惊慌失措，而会冷静地处理。那些即兴演讲十分精彩的人，与他平时的准备不懈有关，从这种意义上讲，即兴演讲不过是特定场合所诱发出来的长期积累的火花。

即兴演讲是现代生活中应用越来越广泛的一种演讲，也是你、我、他每一个现代人应具备的一种基本能力。让我们不失时机地去练习，去掌握它。只要你认为提高这种能力对你来说是足够重要的，你一定会不失时机地去练习。

作业

1．戴维·卡耐基在《口才训练妙诀》一书中介绍了两种即兴演讲的训练方法：

第一种，是道格拉斯、卓别林、玛丽福特三人每天晚上玩的说话游戏。道格拉斯是这样描述游戏方法的：

我们三个人各取一张纸条，在每一张纸条上书写一个说话题目，然后把纸条叠起来，三个人轮流抽取，抽到什么题目，就立即针对那个题目发表 1 分钟的演说。两年中，我们从没有重复过相同的题目。一天晚上，我必须针对“灯罩”这个题目发表 1 分钟的即兴演说。如果你认为这个问题很简单，不妨试试看，我可是好不容易才把这 1 分钟打发过去。

长期玩这种游戏的结果，使我们三个人的反映变得异常敏捷，学到了应付各种复杂情景的知识和技巧。更重要的是，面对任何场合，我们都能很快把心中的想法，知识整理出来，也就是说，我们已经学会了“站起来思考”的方法。

第二种，是连缀技巧的游戏。卡耐基说：

这是一种具有刺激性的方法。当一个学员被要求尽量以幻想的形式来说话时，他发表了如下的演说：“前几天，当我驾驶直升飞机时，发现了一群飞碟向我靠近。我正想降落时，一架最靠近我的飞碟对我开炮射击，但是我就……”铃声响了，时间已到，下一位学员接着这个话题往下说，如此循环下去。

这种在毫无心理准备的状态下来训练演说的方法非常有效，经过这样的训练之后，在社会上你一旦遇到需要即兴演讲的场合，你就能将这种能力充分发挥，达到你所期望的甚至是意想不到的效果。

要求：按照这两种方法，组织学生训练。

（1）由老师准备若干题目并制成签，学生抽签，抽到什么题目，就按题目当即发表 1～2 分钟演讲，依次进行。

（2）由教师领头，说一段话，由学生依次接着说下去，不得改变话题。每人不得超过 2 分钟。

2．先快速阅读下面两段文字，然后登台作即兴演讲，时间 3 分钟，题目自拟。

（1）很早很早以前，猫并不吃老鼠。

有一只猫和一只老鼠住到了一起。

冬天快到了，它们买了一坛子猪油准备过冬吃。老鼠说：“猪油放在家里，我嘴馋，不如藏到远一点的地方去，到冬天再取来吃。”猫说：“行啊。”它们趁天黑，把这坛子猪油送到离家十里远的大庙里藏起来。

有一天，老鼠突然说：“我大姐要生孩子，捎信让我去。”猫说：“去吧，路上要小心狗。”

天快黑时，老鼠回来了，肚子吃得鼓鼓的，嘴巴油光光的。猫问：“你大姐生了啥呀？”“生了个白胖小子。”猫又问：“起个什么名字？”老鼠转一转眼珠说：“叫，叫一层。”

又过了十来天，老鼠又说：“我二姐又要生孩子，请我去吃饭。”猫说：“早去早回。”老鼠边答应边往外走。

天黑了，老鼠回来了，腆着肚子，满嘴都是油。猫问：“你二姐生了啥呀？”“生个白胖丫头。”“起个什么名字？”“叫一半”。

又过了七八天，老鼠又说：“我三姐生孩子，请我吃饭。”猫说：“别回来晚了。”

天大黑时，老鼠回来了，一进屋带来一股油味，对猫说：“我三姐也生了个白胖小子，起名叫见底。”

三九天到了，一连下了三四天的大雪。猫说：“快过年了，什么食儿也找不到，明天咱把猪油取回来吧。"

第二天一早，老鼠走在前边，猫跟在后边，奔大庙走去。

到了大庙里，猫第一眼就看到过梁上满是老鼠的脚印，坛子像被开过。猫急忙打开坛子一看，猪油见底了。猫一下子全明白了，瞪圆双眼大声说："是你给吃见底了？"老鼠刚张口，见猫已经扑过来，就转身跳下地。猫紧追它，眼看就要被猫追上了，一急眼，老鼠钻到砖缝里去了。后来，老鼠见猫就逃，猫见老鼠就抓。

（"容声杯"全国普通话广播大赛规定稿件第 40 号）

（2）在我依稀记事的时候，家中很穷，一个月难得吃上一次鱼肉。每次吃鱼，妈妈先把鱼头夹在自己碗里，将鱼肚子上的肉夹下，极仔细地捡去很少的几根大刺，放在我碗里，其余的便是父亲的了。当我也吵着要吃鱼头时，她总是说：

"妈妈喜欢吃鱼头。"

我想，鱼头一定很好吃的。有一次父亲不在家，我趁妈妈盛饭之际，夹了一个，吃来吃去，觉得没鱼肚子上的肉好吃。

那年外婆从江北到我家，妈妈买了家乡很金贵的鲑鱼。吃饭时，妈妈把本属于我的那块鱼肚子上的肉，夹进了外婆的碗里。外婆说：

"你忘啦？妈妈最喜欢吃鱼头。"

外婆眯缝着眼，慢慢地挑去那几根大刺，放进我的碗里，并说："伢啦，你吃。"

接着，外婆就夹起鱼头，用没牙的嘴，津津有味地嚼着，不时吐（tǔ）出一根根小刺。我一边吃着没刺的鱼肉，一边想："怎么（zěnme）妈妈的妈妈也喜欢吃鱼头？"

29 岁上，我成了家，另立门户。生活好了，我俩（liC）经常买些鱼肉之类的好菜。每次吃鱼，最后剩下的，总是几个无人问津的鱼头。

而立之年，喜得千金。转眼女儿也能自己吃饭了。有一次午餐，妻子夹了一块鱼肚子上的肉，极麻利地捡去大刺，放在女儿的碗里，自己却夹起了鱼头。女儿见状也吵着要吃鱼头。妻说：

"乖孩子，妈妈喜欢吃鱼头。"

谁知女儿说什么也不答应，非要吃不可。妻无奈，好不容易从鱼腮边挑出点没刺的肉来，可女儿吃了马上吐出，连说不好吃，从此再不要吃鱼头了。

打那以后，每逢吃鱼，妻便将鱼肚子上的肉夹给女儿，女儿总是很难地用汤匙切下鱼头，放进妈妈的碗里，很孝顺地说：

"妈妈，您吃鱼头。"

打那以后，我悟出了一个道理：

女人做了母亲，便喜欢吃鱼头了。

（3）他和我们不一样，每天都有人给他送吃的来。

他搓搓手，得意地笑着说：

"这就是什么叫做'有个好老婆'！"

我们默不作声。医院的伙食我们都吃腻了，而他却能请我们吃家里烤的美味可口的馅饼。他不知给我们讲过多少遍，说他和第一个妻子离了婚，因为她是一个爱吹毛求疵的女人，一点也不理解他。

“但是，”他举起一个胖得像粗灌肠一样的手指说，“她身上具有某种人性的东西，因为她没要求我出抚养费。”

这段故事我们听腻了，但是他的馅饼我们却吃得津津有味。

“过了一个月，我遇到另一个女人。我的老天爷，那身段就甭提多美啦！不错，我们没登记就一块儿生活了。一般说来，结婚登记不过是一种形式主义的东西，我向来主张废除。如果非登记不可，那就应该像日本那样，先登记一个月，或者三个月——随你的便。要是你认为确实过得下去，那请吧，过一辈子吧。”

“哪儿会有这种事，”有人表示怀疑，“不可能是这样，生活就得像个生活样。”

“我干吗要骗你？这是我从书里看来的，只是不记得是哪本书了。”

“你也未免把你的新妻子吹得太好了吧，照你这么说，她简直是个天使了。”我说。

“天使不天使且不说，是个好女人，这倒是真的。”

“那她为什么一张便条也没给你写过？她应该问问你身体怎样了，有什么事儿没有。”

我们彼此交换了一下眼色。是呀，半个月来没给他写过一张字条。他不知所措地看了看我们，翻身面向墙壁。

十二点开始接收给病人送来的东西。第一份是送给他的。他看了我们一眼，对护士说：

“劳驾，姑娘，请告诉她，让她给写几个字来，说说她身体怎么样，家里有什么事。告诉她。我想她了。”

“好的。”

“你们瞧着吧，”他说，“马上就会写条子来的。”

护士很快就回来了。

“她说不用写什么条子了，只是希望您早日恢复健康。”有人小声嘿嘿一笑。他脸红了。

“您的妻子真好，”护士安慰他说，“每天都来，您还要怎么样？你们这些男人真不知足！这么热的天气，大老远跑来真够她受的，况且她那么胖……”

“什么？胖？”他惊叫起来，“您搞错了吧，姑娘？”

护士噗哧一笑：

“您到窗口来看看，那不是她吗？”

他走到窗前，我们也跟着走过去。

一位个子不高、体态肥胖的妇女正经过医院的院子往外走。她慢慢地走着，垂着头，手里拿着一个网兜。

“啊呀，可真苗条！”我大笑起来，“你可真能瞎吹！”

他什么也没说，步履蹒跚地回到床前躺下，嘴里勉强挤出一句话：

“她是我的前妻。”

第十四讲 命题演讲

学习目标

掌握命题演讲的知识和技能，学会命题演讲。

演讲，是口语独白，即由一个人讲给众多的人听，以讲为主，辅之以手势、身姿、面部表情。演讲具有舆论宣传功能、教育功能、情感功能、审美功能，同时还能充分展示演讲者自身的真知灼见、真才实学、真情实感。

一、命题演讲的含义及特征

命题演讲是根据指定的题目或限定的主题，事先做了充分准备的演讲，一般都写好了讲稿并经过精心设计和反复演练的。演讲表现的是自我，即我的立场，我的态度，我的观点、主张、意见，我的情感、情绪。据此，命题演讲只有专题演讲和赛场演讲两种类型。专题演讲是就某一事态或某一问题发表演讲，例如，林肯著名的《在葛底斯堡国家烈士公墓落成仪式上的演说》，我国著名演讲家李燕杰的《国家、民族和正气》，曲啸的《人生·理想·追求》等演讲。赛场演讲就是演讲比赛中参赛选手的各种演讲。然而，人们又常常把报告、讲话、发言、学术讲座，甚至教师的课堂教学都列入命题演讲的范畴。这些都是口语独白，同时又是做了充分准备的，纳入命题演讲的范围，也并非不可以。

命题演讲是做了充分准备的演讲，因而很严谨、很稳定，而且针对性很强。

二、命题演讲的程序

苏联著名演讲家、理论家阿普列相在《演讲艺术》一书中指出："真正的演讲家总是一身而三任：既是剧作家，又是导演，还是完成自己的演讲、谈话的表演者。"他是从演讲者在演讲过程中所肩负的职责说的，其实也道出了命题演讲的全部程序。命题演讲一般由酝酿与构思、演练、演讲三个阶段构成。

（一）酝酿与构思

不管是自愿还是受命，一旦准备登台演讲，就必然有一个由酝酿到构思的过程，而这一过程的结果就是演讲稿。这一过程包括审定题目，收集和选择资料，再进入构思，最后完成演讲稿。这是一个十分艰难的创作过程。这虽然是一系列的封闭式的个人劳动，同时又是以社会、听众为背景的艺术创作活动。

1. 审定题目

命题演讲就是按照规定的题目演讲。譬如，《党在我心中》，必须歌颂中国共产党，而这种歌颂还必须与“我”联系起来，必须讲我的经历，我的见闻，这是题目限定了的。另外一种情况是，只给定一个大范围的总标题，譬如《传承文明，弘扬美德》，要求演讲者只作关于道德文明方面的演讲，每个演讲者必须从不同的角度切入。不管哪种情况，都需要认真审题。审题，不仅仅是审定题目本身的内涵，或者单纯给自己的演讲确定一个恰当的标题。更重要的是两方面。一是选择角度。角度要新，要适度。新，是对同台演讲者而言，尽可能避免与别人的演讲相同或相近，尽可能给人耳目一新的感觉。林肯很有这方面的经验，他在构思《在葛底斯堡国家烈士公墓落成仪式上的演说》这篇演讲稿之前，就反复琢磨了与他同台演讲的爱德华的演讲稿。角度还要适度，太大，驾驭不了，讲不透；太小，包容量不够，发挥不了。二是选择自身的优势。有的演讲内容很适合，角度也新，但是演讲的效果却不尽人意。除了其他原因之外，就是在审题过程中，忽略了自身的优势。例如，1994 年在新加坡举行的第二届全国华语演讲大赛中，印度姑娘鲁巴·沙尔玛一举夺魁。他在复赛和决赛中的演讲分别是：《汉学在印度》，《我与汉学》。因为她出生在印度，父母都是高级知识分子，从小又跟父母到了中国，从小学到大学都是在中国上学，她既熟悉印度，又特别了解中国的文化。因此，做这方面的演讲，就特别得心应“口”，也特别能迎合新加坡听众的需求。

2. 确立主题

主题是命题演讲的核心。确立主题应特别注重把握两方面。一是主题要适时，就是适合社会的需求，具有时代感。还要适合听众当时当地的需求。同时也需要考虑听众年龄、职业、文化程度的共享性。阿普列相主张要研究“生成问题的情势”。这就是说，演讲者要用探索的、创造性的态度去思考和处理演讲主题。他认为这样做，才会扩展演讲的内涵，深化演讲的内容，才会使演讲具有迫切感，才会在演讲过程中形成台上与台下的真正交流。二是主题要单一。演讲稍纵即逝，讲得太多、太杂，反而适得其反。正如德国著名演讲家海因兹·雷曼说的：“在一次演讲中，宁可牢牢地敲进一个钉子，也不要松松地按上几十个一拔即出的图钉。”

3. 选择材料

演讲是信息的传播，信息的载体是材料。信息有疏有密，有强有弱。前者表现力量，即材料的多寡；后者表现为质，即材料的优劣。选择材料，就是在具有一定数量的基础上，对材料进行优化组合。组合的依据是一是能恰当地表现主题；二是能满足听众的预期需要。三是真实典型，四是具体新颖。

4. 构思

命题演讲的构思，包括两个方面，一是构思演讲稿；二是精心设计演讲的现场实施。演讲稿的构思，包括开场白、主体、高潮、结尾，这实际上就是材料的安排与处理，同时也包括思维框架与基本语言形态的选定。精心设计现场实施，实际上在构思演讲稿的过程中，就基本上包含了现场实施的设计。但两者比较，后者更具体，更细化，更具有操作性。这种设计是在演讲稿构思的基础上，进一步琢磨实施过程中的处理与表现，其中包括各种演讲技巧的运用，譬如手势、眼神、声音、处变等。构思在命题演讲过程中是较为重要的一个环节。

5. 写稿

执笔成文，是上述各个环节总的归宿。命题演讲的成败，取决于演讲稿的优劣。演讲稿必须精心写作，最好是自己动手写稿，保持个人的风格。

（二）演练

演练是命题演讲必经的一个阶段，主要是背诵和处理演讲稿。有的演讲者以为只要把讲稿记牢背熟就可以了。其实不然，演讲稿只是把酝酿构思用文字记录下来，其中暗含了全部精心设计，如语调、节奏、停顿，甚至身姿、手势、表情等都有某种设计，但文字稿中却无法体现，这些都需要在文字稿中细心揣摩，精心处理。这些处理大体上包括以下几个方面：一是情感基调的把握。或平实，或激昂，或欢快，或悲壮，都要根据稿件内容，做出相应的处理。自己写的讲稿相对好处理些，别人代写，或者经过别人加工的稿子，就更要仔细琢磨。如果情感基调把握不准，感情不到位，甚至错位，再好的稿子也表达不出来，这是至关重要的。二是语音处理。由文字转化为语音，一定要经过处理。没有经过严格的语音处理，便会在演讲中出现念稿或背稿的现象。演讲既要自然，又要恰当艺术处理，否则，便会造成整篇演讲的不协调。三是态势处理。服饰、化妆，这是事先可以设计好的。手势、身姿、表情，这是随着演讲的过程，随着内容与情感的变化而不断改变的，原则上很难做出精确的设计的。但在稿件的几个关键处，在演练中也可以适当设计。

（三）演讲

登台演讲，是对演讲稿的全部实施。对于如何演讲，有几个关键处。

1. 登台亮相

亮相，就是上台之后让听众第一眼就看清演讲者的面目神情。先站定，后抬头，向全场投去亲切的目光，并轻轻点头或鞠躬，端庄大方，亲切自然，给听众创造良好的第一印象。

2. 开场白

开场要开得好，开得妙。既要扣题，又要营造气氛。精妙的开场白，瞬间就能使全场屏息静气，同时又情趣盎然，甚至几句话就使场内变得火爆，掌声、笑声一片。

演讲稿一般都做了开场白的设计，只需要演讲者临场恰当表现即可。但是，设计常常与现场不完全吻合，甚至相反。在这种情况下必须及时调整或改变。例如，台湾“国学”名师沈谦教授去台中静宜大学演讲，题目是“中国古典式的爱情”。到达现场休息室，接待他的同学告诉他，两周前余光中教授在这里做过同题演讲。情况突变，不能按原来的想法讲了，必须改变开场白，改变讲法。调整思路之后，他是这样开场的：

听说前两个礼拜，余光中教授也在这里讲跟我一样的题目，不过，他讲的正题，是我今天讲的副题。（笑声）

余光中教授是研究西洋文学的，他来讲中国古典式的爱情，绝对是个外行。不过，他的学问很好，一定讲得很内行。而我是学中国古典文学的，我来讲中国古典式的爱情，绝对是内行。不过我的学问差一点，也许讲出来会有些外行……而且，余光中是诗人，他往台上一站，大家都“醉”了，陶醉在诗人的风采里；我是教书匠，往台上一站，大家都“睡”了……（哄堂大笑）

还好，我没有跟余光中先生一起登台演讲，否则在座的各位，一个个都要“醉生梦死”去了！（全场哈哈大笑）

诙谐中，机巧地把两场同题演讲做了衔接，尤其是营造了极为轻松的热烈的现场气氛。如果不是这样改变开场白，绝对不会有这样的效果，甚至还可能出现听众因重复而厌倦的情绪。

3．高潮与造势

演讲现场需要出现高潮，没有高潮的演讲是平淡的，甚至是乏味的。高潮的标志是场内爆发的热烈的掌声。精彩的演讲，总能闪现思想的火花，掀起情感的波涛。思想火花的闪现之处，情感波涛的掀起之处，就是演讲高潮的所在之处。演讲者与听众常常在这种精辟之处、动情之处形成思想交汇，情感共鸣，理智互震，因而由衷地爆发掌声。这种高潮，虽然演讲稿中一般都做了设计。但是现场处理不当，也不一定会有高潮出现，即使出现了，效果也不一定很理想。这里的要紧处是两个步骤：一是高潮前要造势，二是高潮处要做强化处理。造势，就是在高潮前造成一种气势，一种情势，一种态势。高潮不是突然出现的，更不是想出现就能出现的，而是有一个生变过程，即顺着听众由感性到理性，由感动到感悟，由期待到满足这样一个思维的、情绪的、心理的过程来实现的。譬如高潮之前的叙述或描述，要说得真真切切，把情景再现出来。欢快的事，说得听众个个眉飞色舞；伤心的事，说得听众泣不成声；气愤的事，说得听众咬牙切齿，如此等等，这就是造势。在这种情况下，再晓以精辟的语段，岂能不出现高潮，岂能不鼓掌？例如，印度姑娘拉米雅·沙尔玛在做《宜将春草报春晖》的演讲中，有下面一段话：

面对高山，面对大海，我们谁都应该记住：孝敬父母，天经地义！

这是这篇讲孝敬父母的演讲稿中最具震撼力的几句话。讲到这里，按理全场应爆发掌声的，然而我们从录像中看到，全场听众无动于衷。原因何在呢？从讲稿看，作者是经过精心设计的。在这几句话之前，讲述了两个母亲的感人事迹：一是为了自己两个落水孩子，母亲扑进水中奋力把孩子顶出水面，自己却永远沉在水底。演讲者用略带颤音的语气讲述这两件事，听众的确被感动了。接着进入抒情说理，如果再把这几句话处理好，无疑会出现高潮。可演讲者在讲这几句话时，却用了很平淡的语调，毫无变化的一句连一句说出来，既没有提高声量，也没有特别的停顿，神情平淡，连个强调的手势都没有，再加上忘词，其结果自然是台下寂然。就这样，一篇极为感人的演讲稿，却没有获得充分的表现，没有达到预期的效果。正确的处理方法应该是，紧承前面的悲壮的叙述，渐次转入凝重，一句比一句重地说出前面三个排比句，造成一种排山倒海的气势。

说完“我们都要记住”之后，应该有个较大的停顿，让听众产生期待感。说“孝敬父母”这句时，音量稍低，但低而不弱，以便突出最后一句。说“天经地义”时，应一字一顿，声量加大，在与一个强有力的手势配合，形成斩钉截铁之势，这样处理，高潮就自然出现了。

除了这几个紧要之处之外，还有节奏的处理，过渡与照应的处理，结尾的处理等等。

三、命题演讲的现场调控

演讲的目的在于影响听众的意识，促成某种行为的实现或改变。要达到这一目的，就必须实施有效的调节与控制。正如斯坦尼斯拉夫斯基指出的那样：“创作愈是有控制地进行，演员的自制力愈大，角色的设计和形成就会表达得愈鲜明，它对观众的影响就会愈强烈，演员的成绩就会愈大。”演讲虽然有别于表演艺术，但两者却有共同的艺术规律。失去调控，就不可能获得“善讲”与“动听”的艺术效果。

在演讲的诸要素中，演讲者和听众是最根本最主要的两个因素，是信息传递的两个极端，两者相互影响，相辅相成，相得益彰。成功的演讲，都是两者完美的结合。因此，命题演讲必须对两者实施调控：一是自控，即演讲者的自我调控。二是控场，即对全场听众的调控。

（一）自控

演讲者自己调控自己，主要是两个方面的调控，一是心理调控。二是情感调控。

心理调控。心理调控最根本的是克服怯场心里。怯场，就是临场紧张，惧怕。戴维·卡耐基经过多年的调查，得出一个统计数据：“有 80%～90%的学生，对上台说话感到困难，而已经步入社会的成年人，则 100%地恐惧公开发表演说。”英国首相狄斯瑞黎甚至公开承认：“他宁愿带一支骑兵队冲锋陷阵，也不愿首次去国会上发表演说。”

西塞罗说：“演说一开始，我就感到面色苍白，四肢和整个心灵都在颤抖。”

林肯说他在演说时，“也有一种畏惧、惶恐和忙乱”。

丘吉尔说他在演讲时，“心窝里似乎塞着一个几寸厚的冰疙瘩”。

还有人说，演讲时手心冒汗，汗流浃背，严重的还可以导致休克。

如此等等，怯场严重地干扰和破坏着演讲。

为什么会怯场呢？演讲家、心理学家众说纷纭，有的说是胆小，有的说是缺乏自信心，有的说是自我意识太强。罗斯福的看法是：“每一个新手，常常都有一个心慌病。心慌并不是胆小，乃是一种过度的精神刺激。”这种刺激来自两方面：一是外在的，即台下黑压压的听众，一双双明亮的眼睛全都投向演讲者，使演讲者望而生畏，局促不安。二是内在的，担心讲不好，担心听众不爱听，担心这，担心那，甚至连自己的长相也在担心之列，因而形成过度的精神刺激。刺激形成生理变化，于是血压增高，心跳加快，脸色涨红，呼吸局促，手心冒汗，甚至全身颤抖。

如何调控怯场心理呢？

1. 要对怯场心理有正确的估计

这是一种正常的生理和心理现象，人人都有，只是程度不同。同时，有点怯场也不是坏事，可以促使演讲者认真准备，不马虎，不轻率。戴维·卡耐基说：“少许的恐惧是有利的，可以加强临场感和说服力。”

2. 加强自信心

一上台只把注意力集中在眼前的动机和效果上。华盛顿说：“我只知道眼前的听众，而我说的词，正是眼前的听众说的。”至于过后怎样评价，在演讲过程中是可以不加考虑的。少做“我不如你”的自我否定。日本人甚至主张“把听众当傻瓜”。虽然这种说法不好听，使人难以接受，但对于克服怯场心里，也并不荒谬。

3. 上台之后，少用实眼多用虚眼

回避听众的各种表情、各种举动，只在听众中造成一种交流感，实际上场内的一切，什么也没看见。开头讲点具体的、生动的、有趣的事。这样讲有两个好处：一是不担心讲不好，二是可以立即引起听众的兴趣，这种兴趣反馈过来，可以使演讲者立即轻松起来。关键是认真准备，准备越充分，自信心越强，一个充满自信的人，是无所畏惧的。

4. 情感调控

演讲需要投入感情。亚里士多德在《修辞学》中写道“一个充满了感情的演说者，常使听众和他一起感动，哪怕他说的什么内容也没有。”

但情感需要调控。失控的情感是不堪设想的。《三国演义》中的王朗和周瑜是怎么死的？是被诸葛亮活活气死的，于是留下了“轻摇三寸舌，骂死老奸臣”，“三气周瑜”的千古趣谈。这其中的“气”就是强烈的情感刺激，“死”是情感冲动的结果。

1959 年，赫鲁晓夫在联合国的讲台上发表演讲，台下的听众有的喧闹，有的吹口哨，而对如此情景，他被激怒了，竟然脱下皮鞋，用力敲打着讲台，因此而成了臭名远扬的国际丑闻。这种失态同样是源于情感的失控。

在演讲中，有的演讲者激动起来，就脸红脖子粗，手舞足蹈，像个疯子；说到伤心处，泪流满面，放声痛哭；场内不安静，提高声调，声嘶力竭，甚至拍桌子，发脾气等等。这些都是情感失控的表现，形象不美，听众讥笑，产生对立情绪，导致全场失控。

情感应该服从理智，服从动机和目的，服从演讲的表达。傅雷曾经教育他的儿子：“中国哲学的理想，佛教的理想，都是要能控制情感，而不是让情感失控。假如你能掀动听众的感情，使他如醉如狂，哭笑无常，而你自己屹如泰山，像调动千军万马的大将军一样不动声色，那才是你最大的成功，才是到了艺术与人生的最高境界。”“要能控制感情，而不是让感情控制”，这是我们每个演讲者都必须牢牢记住的精妙所在。强化理智，克服情感的随意性。

自我调控是方方面面的，如内容调控、时间调控、语速调控、音量调控、节奏调控等。每个方面的调控都是十分讲究的，容不得半点疏忽，否则便会破坏演讲艺术的整体效果。

（二）控场

演讲要影响听众。使听众先屏声静气地接受，然后再进入状态，与演讲者一道，随喜随乐，同悲同愤，如痴如醉，幡然有悟，感奋起来。命题演讲的现场能有这种状态，能获得这样的效果，才是最成功的演讲。这种状态，这种效果，都是取决于演讲者的调控手段，调控技巧。现场调控最根本的是三个方面。

1. 兴趣调控

“兴趣是最好的老师”。在兴趣的驱动下，听众才会产生全部的热情，全部的注意力。引发兴趣不是单纯的逗乐，“兴趣必须同社会价值连接起来。”（爱因斯坦语）。因此演讲的内容，演讲的动机与目的，演讲的形式都必须与听众的认知，听众的需求，听众的审美相吻合，否则就不可能引发听众的兴趣。听众的兴趣，是演讲活动中具有选择性的积极态度，是一种具有优势的情感倾向。

要引发听众的兴趣，需要手段和技巧。譬如，演讲中插这样一个故事：“有一个人，住在大楼的 20 层，可他每天坐电梯回家，总是坐到第十层就走出来，你们说这是为什么？”讲到这里，演讲者停下来了，并向听众投去询问的目光。于是听众议论开了，有的说，这个人肯定很胖，是为了减肥；有的说，这是心脏病患者，步行可以增强血液循环，有利于早期心脏病康复等等。正当议论纷纷时，演说者笑容可掬地说：“因为他太矮，他只能按到第十个按钮，再上面的就够不着了。”于是听众哗然，兴趣上来了。顺着这种兴趣，一篇宏论说开了。

这里显然有两个问题值得研究。一是内容。听众经过一番思索，仍然没有找到答案，最后还是由演讲者说出来。于是听众心里会很懊恼，为没有想到这点而自懊自责。也许这就是引发兴趣的原动力。这就说明，演讲不能平庸，不能低级，不能老是空话、大话、套话，必须精辟、深刻、新颖，在某些领域里的观点，比听众高明，至少对听众有所启发。否则，听众是不可能产生兴趣的。二是表达形式。不选择恰当的表达形式同样不能引发兴趣。譬如上例，在说出原因之前，不向听众发问，发问之后不做停顿，而是平铺直叙地全说出来，听众也许会说，这么简单的事，还用得着你来跟我们说吗？因而不可能引发兴趣。正是因为演讲运用了提问、停顿等手法，调动了听众的参与感，因此哗然而产生兴趣。这就是手段或技巧。

凡是能调动听众参与感，能引发听众想象与联想，具有新奇感的人或事，一般都能引发兴趣。这些方法大体是设问、对比、制造悬念，再加上适当的幽默。

2. 激发情感

早在 20 世纪 30 年代，杨炳乾先生在《演讲学大纲》中就指出：“演讲重在诱动他人情感。”情感一旦被激发，便立即使人精神振奋，全身心都处于高昂的积极状态，进而产生一种不可估量的能动作用。演讲在于影响听众的意识，促成和改变听众的行为。要达到这一目的，就必须采用各种手段和机巧激发听众的感情，使之投入极大的热情，实现演讲的情感功能。

激发情感，或者叫煽情。常见的是以情感情，以情驭理。

以情感情。俗话说，人心都是肉长的。喜怒哀乐，七情六欲，是人的共性，而且还具有感染性。尤其是处在大致相同的境遇中，这种感染性更加强烈。人们把这一特征形象地概括为“兔死狐悲”。演讲者常常以此来激发听众的情感。蒙哥马利元帅在离开“心爱的第八集团军”发表的告别演说就是个典范。他说：

在这个场合说话很容易冲动，但我应该控制自己。如果说不下去时，请各位谅解。

才开口，就使人觉得元帅深藏的情感犹如奔突的岩浆，炽烈的火焰，随时都有可能爆发出来，燃烧起来。他接着说：

我实在很难把离别之情适当地向你们表达出来。我就要离开曾经和我一起作战的战友。在艰苦作战与赢得胜利的岁月中，你们忠于职守的勇敢与献身精神，永远令我敬佩。我觉得，在这支伟大的军队中，我有很多朋友。我不知道你们是否想念我，但我对你们的思念，特别是回忆起那些个人的接触……实非言语所能表达……再见吧！希望不久又能见面，希望在这次大战的最后阶段，会再次并肩作战。

他的话音刚落，全场立即爆发出暴风雨般的掌声和欢呼声。为什么？在长期的战斗生活中建立起的感情被激发了，形成了共鸣。只有在这种情况下，演讲者才真正形成了听众的聚焦点。

“激人以怒，哀人以怜，动人以情”，高明的演讲者总能用各种手段激发听众的情感，形成各种情感状态，从而获得演讲的成功。

3. 以情驭理

即以理征服。演讲者有时也会出现一些难堪的局面，演讲者站在台上滔滔不绝地发表演说，可台下却冷冷清清，毫无反应；或者交头接耳，乱哄哄的；更有甚者，吹口哨，喝倒彩，甚至还会有人站起来提问或反驳，直至把演讲者轰下台。出现这种现象，除了听众对演讲不感兴趣，不抱同情之外，根本的还是演讲的内容不能服人。演讲是事、理、情的融合。虽然三者相辅相成，相得益彰，但核心的还是理，用理征服听众。马克思早就指出：理论只要能说服人就能掌握群众；而理论只要彻底，就能说服人。所谓“彻底”，就是有真知灼见，有充分事实根据，而且严密，并且能适时地给听众解释疑惑。演讲者能够说服听众，自然就控制了。与此相反，演讲平庸、浅薄，理论片面，甚至还漏洞百出，与听众所想的所做的相悖，或者无关，听众自然不愿听，也不会听，这样的演讲必然失控。能征服听众的理，必须观点鲜明，针对性强，由事生理，理中有情，简要明快，庄中有谐。

除了上述最根本的调控手段之外，还有场内的气氛调控、听众的心理调控、思维调控等等。这些调控不仅适应命题演讲，同时还适应各类演讲。

作业

1. 请为下面几道演讲题分别设计精彩的开场白。

（1）我的未来不是梦。

（2）假如我是校长。

（3）口才·人生·理想。

2. 阅读下面三段文字，任选其一，先写一篇不低于1500字的演讲稿，题目自拟，然后作为上台演讲的题目。

（1）一天晚上，王先生将他的狗放到屋外小便，然后看电视忘了将狗放进来，当他开门时吓了一跳，因为他的狗叼着邻居的猫，而且猫已经死了……

王先生在骂了一阵狗之后，将猫提到浴室，洗尽血迹和泥污，并将猫吹干、美容，整整花了三个多小时，弄得全身跟浴室都脏臭不堪……

第二天，他出门上班时，邻居脸色凝重地叫住他："嗨！王先生，昨晚真是见鬼了。"

"喔！是吗，什么事？"

"昨天早上我的猫死了，我埋了它，今天早上它竟然跟平常一样躺在我家门口。"

（2）在一个大雨滂沱的夜里，旅馆来了一对年老的夫妻，他们想要一个房间。前台侍者回答说："对不起，我们旅馆已经客满了。"看着老人疲惫的神情，侍者又说："但是，让我来想想办法……"

侍者将老人领到一个房间，老人见是一间整洁而干净的屋子，就高兴地住下来。

第二天，当他们结账时，侍者却对他们说："不用了，因为我只不过是把自己的屋子借给你们住了一晚而已，祝你们旅途愉快！"

原来侍者自己一晚没睡，在前台值了一个通宵的夜班。两位老人十分感动。老头儿说："孩子，你是我见到过的最好的旅店经营人。你会得到应有的报答。"侍者笑了笑，说："这算不了什么！"他送老人出了门，转身接着忙自己的事，很快把这件事忘了个一干二净。

几个月后的一天，侍者收到了一封信，聘请他去纽约工作。他来到纽约，抬眼一看，一座金碧辉煌的大酒店耸立在他的眼前，原来几个月前的那个深夜，他接待的是一个有着亿万资产的富翁和他的妻子。富翁为他买下了一座大酒店。

（3）有位书生，住在京城。有一天，他偶然路过寿字大街，见有一间书肆，便走了进去。书肆里有一个少年，挑中了一部《吕氏春秋》，点数铜钱交钱时，不小心，一个铜钱掉在地上，轱辘到一边去了，少年并没有发觉。书生看见了，暗中把钱踩在脚下，没有作声。等买书少年走后，他俯下身子把铜钱拾了起来，装入自己衣袋中。他以为自己做得巧妙，没人看见。其实旁边坐着的一位老者，早就看见了，老者忽地起来，问他姓名。书生办了昧心事，只得如实说出自己的姓名。老者听罢，冷笑一声走了。

后来这个书生读书倒也刻苦，被授予县尉职务。他春风得意，整理行装前去赴任，途中，投递名片拜见上司，巡抚一见递上来的名片，就传话说不见。书生多次求见，还是不见，里面传话说："你不记得前几个月在书肆中发生的事了吧。当秀才时，就把一个小钱儿看得像命一样，如今侥幸当了地方官，手中有了权柄，能不托箱探囊，拼命搜刮，做头戴乌纱的窃贼吗？你赶紧解职回家去吧。"

这时书生才明白，以前在书肆中询问姓名，讥笑他的老者，就是今天的巡抚大人。

第十五讲 演讲训练

学习目标

运用所学的演讲知识和技能进行实际的演讲训练以达到熟练地掌握演讲的目的。

演讲是一种独特的文学艺术表达形式，它需要音乐的节奏，舞蹈的动作，诗歌的激情，散文的幽默，小说的悬念，它要通过讲和演，让人得到启发，受到感染，产生共鸣，进而付诸行动，达到教育人、感动人、鼓舞人的目的。下面的演讲，不仅能够帮助我们熟练地掌握演讲的技能，明白演讲的真谛，提高演讲的水平，而且能够让我们懂得人生的价值和目的。

例文一

明确成才目标，塑造当代大学生的崭新形象

尊敬的老师、亲爱的同学们:

大家好!

我叫×××，我演讲的题目是：明确成才目标，塑造当代大学生的崭新形象。

大学生是国家宝贵的人才资源，是民族的希望、祖国的未来，肩负着人民的重托，历史的重任，成为德智体美全面发展的社会主义事业的建设者和接班人，是历史发展对大学生的必然要求，是党和人民的殷切希望，也是大学生需要确立的成才目标。

德是人才素质的灵魂。德在大学生成长成才的过程中发挥着越来越突出的作用，同学们应当学习和践行社会主义核心价值体系，牢固树立社会主义荣辱观，以理想信念为核心，以爱国主义为重点，以公民基本道德规范和遵纪守法观念为基础，以全面发展为目标，自觉接受社会主义思想道德教育和法制教育，促进思想道德素质、科学文化素质和健康素质协调发展。

智是人才素质的基本内容。智是大学生从事社会主义现代化建设的实际本领，同学们需要努力掌握科学文化知识，掌握本专业比较系统扎实的基础理论和应用技能，不断拓展自己的知识领域，提高人文素质和科学素质，培养解决理论和实际问题的能力，培养创新能力、实践能力和创新精神。

体是人才素质的基础。健康的体魄是大学生为祖国为人民服务的基本条件，同学们要了解体育运动的基本知识，掌握科学锻炼身体的基本技能，积极参加体育锻炼，养成锻炼身体的良好习惯，只有身体健康，才能胜任今天的学习任务和将来的工作职责。

美是人才素质的综合体现。美不仅能陶冶情操、提高素养，而且有助于开发智力，我们需要提高文化艺术素养，认清什么是美、什么是丑，养成良好的审美观念，加强审美修养，不断提高审美水平。

当代大学生承担着历史的重任，是社会上富有朝气、充满活力的群体，我们要适应时代的要求，自觉塑造积极健康向上的崭新形象。

理想远大，热爱祖国。当代大学生应当树立为振兴中华而甘于奉献的形象，把自己的崇高理想具体落实到建设和发展中国特色社会主义事业上来，始终以国家富强和人民幸福为己任。我们生逢报效祖国和人民的难得历史机遇，理应树立起“舍我其谁”的豪情壮志和坚定信念，把为振兴中华做贡献作为自己不懈奋斗的目标！

追求真理，善于创新。当代大学生应当发挥朝气蓬勃、思维敏捷、敢为人先、最少陈旧观念、最具创造活力的诸多优势，追求真理，勇于探索，努力提高创新能力，使自己成为祖国和人民需要的、富有创新精神的高素质人才。我们要树立科学的世界观，掌握正确的方法论，培养追求真理的科学精神，努力做勇于和善于创新的先锋。

德才兼备，全面发展。当代大学生要学习掌握扎实的专业基础知识和前沿的科学文化知识，以造福国家和人民，同时要坚持以德为先，德才兼备。司马光说过：“才者，德之资也；德者，才之帅也。”用“德”来统帅“才”，才能保证“才”的正当发挥；以“才”来支撑“德”，才能真正有益于国家和人民。

视野开阔，胸怀宽广。当代大学生应当学会以开阔的视野观察不断发展的中国，观察日新月异的世界；用宽广的胸襟向历史学习，向人民群众学习，向实际学习。新时代的大学生，要把个人的“小我”融入国家和集体的“大我”之中，在维护和实现国家和人民利益的过程中创造个人的辉煌人生。

知行统一，脚踏实地。我们在日常的学习和生活中，要时时提醒自己，例如，应该做的事情，认识到了，是否去做了；应该改正的错误，认识到了，是否去改了。一个人如果能够从身边的事情做起，从具体的事情做起，做到言行一致，老老实实做人，踏踏实实做事，我们的道德人格必然会不断完善。

同学们。时代呼唤英才，希望在于青年。让我们高举邓小平理论伟大旗帜，用科学发展观武装思想，牢记历史使命，明确成才目标，塑造崭新形象，为中华民族的伟大复兴而努力奋斗！

谢谢大家！

例文二

树立中国特色社会主义的共同理想，架起通往理想彼岸的桥梁

尊敬的老师、亲爱的同学们：

大家好！

我叫×××，我演讲的题目是：树立中国特色社会主义的共同理想，架起通往理想彼岸的桥梁。

建设中国特色社会主义、实现中华民族伟大复兴，是现阶段我国各族人民的共同理想。当代大学生要正确认识社会发展规律，正确认识国家的前途命运，正确认识自己的社会责任，确立在中国共产党领导下走中国特色社会主义道路、为实现中华民族伟大复兴而奋斗的共同理想和坚定信念。

立志当高远。志向是青春的火焰，是生命的动力。远大的志向，如太阳，唯其大，才有永不枯竭的热能；如灯塔，唯其高，才能照亮前进的航程。志向高远，就是要放开眼界，不满足于现状，也不屈服于一时一地的困难和挫折，更不要斤斤计较个人的私利和得失。树雄心，立壮志，是关系大学生一生前途命运的大事。

立志做大事。中国民主革命的先行者孙中山先生当年曾激励广大青年：要立志做大事，不要立志做大官。就是希望青年人以国家民族的命运为己任，而不要一个人的荣华富贵为人生理想。在今天，做大事就是献身于中国特色社会主义伟大事业。新时代的大学生应该把个人的命运与国家和人民的命运联系在一起，胸怀祖国，服务人民，立志为祖国和人民的利益而奋斗，并在这个奋斗的过程中实现个人理想。

立志须躬行。通往理想的路是遥远的，但起点就在脚下，在一切平凡的岗位上，在扎扎实实的学习和工作中。老子说："合抱之木，生于毫末；九层之台，起于累土；千里之行，始于足下。"实现崇高的理想，要从我做起，从现在做起，从平凡的工作做起。我们每做好一项工作，都是为建设和发展中国特色社会主义事业添砖加瓦，都是在为通向民族伟大复兴的宏伟目标铺路搭桥。与其在夕阳西下的时候作美妙的幻想，不如在旭日东升之际勤奋投入工作；与其在垂暮之年因理想未能实现而懊悔不已，不如趁风华正茂之时躬身实践、奋斗不止。

立志要坚韧。要实现理想、创造未来，就必须有战胜种种艰难险阻的坚定不移的信心和坚韧不拔的毅力。迎高潮而快上，成顺风而勇进；出低谷而力争，受磨难而奋进。只要善于利用顺境，勇于正视逆境和战胜逆境，远大的理想就一定能够实现。

同学们，理想之花灿烂，理想之果甘美，要使理想开花结果，必须用辛勤的汗水来浇灌。让我们树雄心，立壮志，敢于吃苦，勇于奋斗。在学习上，刻苦钻研、不畏艰难，孜孜不倦地学习理论和专业知识，不断提高思想道德和专业知识水平；在生活上，提倡艰苦朴素、勤俭节约，抵制和反对奢侈腐化的思想和作风；在工作上，奋发图强、不怕困难，努力完成各项任务，胜利到达理想的彼岸！

谢谢大家！

例文三

领悟人生真谛，创造有价值的人生

尊敬的老师、亲爱的同学们：

大家好！

我叫×××，我演讲的题目是：领悟人生真谛，创造有价值的人生。

人生为了什么，怎样的人生更有意义，以及成就什么样的人生，是事业有成，还是碌碌无为；是崇高善良，还是卑鄙邪恶；是彪炳史册，还是遗臭万年？这是每一个大学生都要认真思考的问题。

一个人如果不思考人生命应有的意义，对什么事都显得"无所谓"，当一天和尚撞一天钟，这实际上是庸碌无为的人生观的表现；一个人如果抱着"人生如梦"、"及时行乐”、“今朝有酒今朝醉”的混世态度，其背后必然是低俗、平庸和沉沦的人生观；一个人如果“看破红尘”，满眼只见烦恼、痛苦和荒谬，以哀怨愤懑、心灰意冷的倦怠态度对待生活，其背后必然是消极悲观的人生观。相反，一个人如果满怀希望和激情，热爱生活，珍视生命，就会勇敢坚强地战胜困难并不断开拓人生新境界。

不同的人生观往往意味着不同的生活道路和生活方式，并赋予人生以不同的意义。因此，在科学的理论和方法指导下，树立正确人生观，摈弃错误的人生观，是我们应该严肃对待的重大课题。

以认真的态度对待人生，就是要严肃思考人的生命应有的意义，明确生活目标和肩负的责任，既要清醒地看待生活，又要积极认真地面对生活。大学生要正确地认识和处理人生中遇到的各种问题，不能得过且过、放纵生活、游戏人生，否则就会虚掷光阴，甚至误入歧途。要对自己负责、对家庭负责、对国家和社会负责，自觉承担起自己应尽的责任，满腔热情地投身于生活、学习和工作中，在为国家发展和社会进步贡献力量的过程中实现自己的人生价值。

要从人生的实际出发，以科学的态度看待人生，以务实的精神创造人生，以求真务实的作风做好每一件事。要把远大的理想寓于具体的行动中，不能好高骛远、空谈理想、眼高手低、浅尝辄止。要坚持实事求是的思想方法和人生态度，正确面对人生理想与现实生活之间的矛盾，遵循客观规律，透过复杂现象把握事物的本质，更好地把人生意愿与个人情况和社会实际结合起来，从小事做起，从身边事做起，脚踏实地、一步一个脚印地实现人生目标。

人生是丰富多彩的，也充满了各种矛盾和问题。大学生处于人生特定的成长阶段，面对学习、就业、恋爱等各种实际问题，许多事情不会总是尽如人意、一切顺利，也可能有失望和暂时的困难、挫折。要始终保持乐观向上的人生态度，不能因为没满足自己的期望或者遇到困难和挫折，就消极悲观、畏难退缩，甚至颓废堕落、自暴自弃，更不能因此而轻生。要相信生活是美好的，前途是光明的，遇事要想得开，做人要心胸豁达，在生活实践中不断调整心态，磨练意志，优化性格，形成热爱生命、乐观向上的人生态度。

适应历史的发展趋势，以开拓进取的态度迎接人生的各种挑战，就能不断领悟美好人生的真谛，体验生活的快乐和幸福。要积极进取，不断丰富人生的意义，不能贪图安逸、满足现状、因循守旧、碌碌无为，否则，人生就会失去应有的光彩。要发扬自强不息、敢为人先、百折不挠、坚忍不拔的精神，始终保持蓬勃朝气、昂扬锐气，充分发挥生命的创造力，在为他人谋福利、为社会做贡献中努力提升生命的价值，在创造中书写人生的灿烂篇章。

一个树立了为人民服务人生观的人，就能对人生的目的有更为深刻的理解，时时处处为人民着想，助人为乐，造福人民，成为受人民群众欢迎的人。一个人的能力有大小、职业有不同、职位有高低，但只要科学认识人生的目的，切实把人民的利益放在首位，以人民利益为重，坚持把实现个人追求与实现党和国家的奋斗目标、人民利益紧密联系起来，不为狭隘私心所扰，不为浮华名利所累，不为低俗物欲所惑，就能够不断实现高尚的人生价值。

美好的人生价值目标要靠社会实践才能化为现实。人生之所以有价值，是因为人能够自觉地、有意识地认识和改造客观世界与主观世界，创造物质财富和精神财富，通过创造性的社会实践把人生提高到一个更高的境界。在当今中国，最重要的社会实践，就是全面建设小康社会、加快推进社会主义现代化、实现中华民族伟大复兴的实践。

同学们，大学生是祖国的未来和民族的希望，是国家的宝贵人才，只要我们与时代同步伐、与祖国共命运、与人民齐奋进，就能实现最大的人生价值，创造无悔的青春！

谢谢大家！

例文四

科学对待人生环境

尊敬的老师、亲爱的同学们：

大家好！

我叫×××，我演讲的题目是：科学对待人生环境。

科学对待人生环境，主要就是要促进自我身心的和谐、个人与他人的和谐、个人与社会的和谐、人与自然的和谐。

一、促进自我身心的和谐

一个健康的人，不仅要有健康的生理，还要有良好的心理。保持心理健康的方法主要以下三种：

第一，树立正确的世界观、人生观、价值观。正确的世界观、人生观、价值观有助于大学生坚定自信心，在积极进取中锻炼自己的意志品质，获得承受挫折和适应环境的能力，从而提高心理素质，保持心理健康。

第二，掌握应对心理问题的科学方法。首先要掌握科学的思维方法，这样，当面对众多困难和挫折时，才能分清轻重缓急、先后主次，抓住主要矛盾及矛盾的主要方面，各个击破，而不至于焦虑彷徨、手足无措，甚至对自己失去信心，对前途感到渺茫；其次要学习心理健康知识，提高心理健康意识，自觉维护自身的身心健康。

第三，合理调控情绪。我们在产生心理困惑时，首先要弄清自己的情绪状态，对不良的情绪和生活中的烦恼要及时合理地宣泄或转移，积极进行自我心理调适。积极参加集体活动、增进人际交往是调控情绪的有效途径。

二、促进个人与他人的和谐

明确个人在与他人关系中的定位，促进个人与他人的和谐，才能为人生价值的实现创造良好的人际环境。在大学校园里，要自觉地维护同学之间的和睦和团结，自觉地做到在名利面前让一步、在工作和困难面前抢一步，尊重他人利益和集体利益；要明确是非标准，光明磊落，一身正气，踏踏实实做事，堂堂正正做人；要讲正气，重大义，而不要搞江湖义气；要交诤友，而不要交酒肉朋友。心胸坦荡，坚持原则，直言规劝有错误的朋友，才能获得真正的友谊，才能真正促进个人与他人的和谐。

平等待人是促进个人与他人和谐的前提。每个人都希望在交往过程中得到别人的尊重，但只有尊重他人才能赢得他人的尊重。平等待人就是要学会将心比心，学会换位思考。只有平等待人，才能换取别人对自己的平等相待。

诚信是促进个人与他人和谐的保证。诚信历来被认为是处理个人与他人关系的基本准则。诚信要求在交往中，彼此应当抱着心诚意善的动机和态度，相互理解、接纳和信任，重信用、守信义。

宽容是促进个人与他人和谐必不可少的条件。宽容就是心胸宽广，大度容人，对非原则性的问题不斤斤计较。在与他人交往中，由于性格、经历、文化和修养等差异的存在，因误会、不解和意见分歧而产生人际矛盾是不可避免的，这时就要求遵循宽容的原则，严于律己，宽以待人，求同存异，相互包容。

互助是促进个人与他人和谐的必然要求。每一个人既离不开他人的帮助，也能够帮助他人。中国传统道德中的扶贫济困、助人为乐、雪中送炭、与人为善等古训，在今天仍然具有积极的意义。在实际生活中，我们应努力为他人排忧解难，真诚地与周围的人互相帮助，互相激励，和谐相处，共同进步。

三、促进个人与社会的和谐

人生的内容是由复杂多样的社会关系和社会活动构成的，社会是个人生存和发展的基础，个人是构成社会的前提。人作为独立的个体存在，有维持个体生存和发展的基本需要。但是，人的需要不同于动物的需要，即使是人的本能需要，也深深地打上了社会历史的印记，成为一种社会性的需要。人的需要的满足，只能借助于社会，凭借一定的社会关系，通过一定的社会方式实现。因此，个人需要不纯粹是个人的，它或多或少是社会需要的反映，受社会物质和精神文化发展水平的制约。社会需要也不是脱离个人需要独立存在的，社会需要是个人需要的集中体现，是社会全体成员带有根本性、全局性需要的反映。孤立地、不联系社会需要来考虑个人需要，将使个人需要失去基础和条件，还可能导致个人欲望、个人需要的无限膨胀，最终不仅不能使个人需要得到满足，甚至还可能使个人走上危害社会、违法犯罪的道路。

个人与社会的关系，归根到底是个人利益与社会整体利益的关系。个人与社会都有生存和发展的需要，个人生存和发展的需要体现在社会关系中就是个人利益，社会生存和发展的需要体现在社会关系中就是社会整体利益。社会整体利益体现了作为社会成员的个人的根本利益和长远利益，是个人利益得以实现的前提和基础，同时也保障个人利益的实现。个人应自觉地维护社会的整体利益，当个人利益与社会利益发生矛盾时，个人利益要自觉服从社会利益。

只有人人承担起自己应尽的责任，为社会多做贡献，社会的财富才能不断增加，才能为人们享有权利提供雄厚的基础。一个人如果不能正确处理集体和个人、奉献和索取的关系，片面强调个人设计，过于追求个人利益，他的人生道路只会越走越窄；一个人只有勇于担当、甘于奉献，才能真正体验到人生的快乐和幸福，成为品德高尚、精神充实的人，自我价值也才能都得到充分体现。

四、促进人与自然的和谐

人来源于自然界又依存于自然界，人永远是自然界的有机组成部分，没有自然界就没有人本身。不过，人并不是消极地依赖自然界生活，而是根据自身的需要利用和改造着自然，人类本身也在对自然的改造中发展自己。但是，人对自然的改造也存在着两面性，即人类在推进工业化的过程中，一方面创造了丰富的物质财富，另一方面也存在着掠夺自然资源，造成水源、空气、土壤严重污染，大量的动物植物濒临灭绝，土地荒漠化，森林和湿地迅速减少，可利用资源日益减少甚至面临枯竭等一系列问题，人类正饱尝着无节制地向自然开战和索取而造成的恶果。人类如果再不改善与自然的关系，必将遭受更大的灾难。因此促进人与自然的和谐，在促进经济发展的同时保护好人类赖以生存的自然环境，是人类以及人类的每个个体持续、健康发展的重要条件。

建设生态文明，是党的十七大首次提出的一项重要战略任务。我们全面建设小康社会，努力实现社会主义现代化，一定要贯彻落实科学发展观，要牢固树立生态文明观念，统筹人与自然和谐发展，大力发展绿色经济，积极发展低碳经济和循环经济，努力形成节约能源资源和保护生态环境的产业结构、增长方式、消费模式，坚持生产发展、生活富裕、生态良好的文明发展道路。

同学们，个体的身心健康与和谐，人与人之间、人与社会之间融洽相处，人与自然之间友好共存是中国特色社会主义文化的重要特征和价值追求。和谐始自人的内心，作为大学生的我们，应大力倡导和谐理念，培育和谐精神，用和谐的思想认识人生环境，用和谐的态度对待人生实践，为建设和谐文化贡献自己的聪明才智，在构建社会主义和谐社会的实践中创造自己辉煌的人生价值！

谢谢大家！

例文五

继承优良道德传统，加强思想道德修养

尊敬的老师、亲爱的同学们：

大家好！

我叫×××，我演讲的题目是：继承优良道德传统，加强思想道德修养。

中华民族在长达数千年的历史发展中形成了源远流长的优良道德传统，这些优良道德传统内涵丰富、博大精深，是中华民族生命机体中不可分割的组成部分，是人类文明发展的重要精神财富，是我们建设社会主义道德的丰富源泉。

两千多年前的《诗经》“夙夜在公”的道德要求，认为日夜为公家办事是一种高尚的道德品质，西汉初年的贾谊在他的《治安策》中提出“国而忘家，公而忘私”，宋代的范仲淹在《岳阳楼记》中提出“先天下之忧而忧，后天下之乐而乐”，都显示了强烈的为国家、为民族而献身的精神。我国历史上曾出现过许多爱国爱民、为民族为社会舍小家顾大家的杰出人物，他们创造了无数可歌可泣的业绩，至今仍为人们所传颂。正是从国家利益和民族利益的原则出发，他们主张“义然后取”，反对“重利轻义”和“见利忘义”。这种提倡“先义后利”和反对“见利忘义”的思想，不但在中华民族的长期发展中起了积极作用，而且对提高我国当前的道德水平仍有重要意义。

中国传统伦理思想一直尊重人的尊严和价值，崇尚“仁爱”原则，主张“仁者爱人”，强调要“推己及人”，关心他人。孔子强调“己所不欲，勿施于人”，“己欲立而立人，己欲达而达人”，他认为“克己复礼为人”，“孝悌也者，其为仁之本与”。孟子也强调“老吾老以及人之老，幼吾幼以及人之幼”，“亲亲而仁民，仁民而爱物”。荀子则强调“仁者自爱”。墨子从人和人之间相互尊重和功利原则的角度，提出“兼相爱，交相利”的思想。从仁爱精神出发，我国古人主张“和为贵”，提出了“亲仁善邻，国之宝也”的思想，强调社会和谐，讲求和睦相处，倡导团结互助，追求天人和谐、人际和谐、身心和谐。秉承强不欺弱、众不暴寡、富不侮贫的精神，几千年来，中国人始终与人为善，推己及人，建立了和谐友爱的人际关系；中华民族始终互相交融，和衷共济，形成了团结和睦的大家庭；中华民族始终亲仁善邻，与世界其他民族在平等相待、互相尊重的基础上发展友好合作关系。推崇仁爱原则、崇尚和谐、爱好和平是中华民族的优良传统和高尚品德。

中国自古就有“礼仪之邦”的美誉，谦恭礼让是中华民族优良的道德传统。谦恭既是个人自身修养的美德，也是为人处世的道德要求。中国传统道德认为，礼是人与其他动物相区别的标志。“凡人之所以为人者，礼义也。”（《礼记·冠义》）“礼也是人的立身之本和区分人格高低的标准。”孔子说：“不学礼，无以立。”中国传统道德在提倡谦恭礼让的同时，提醒人们“事思敬”，“不居功”，“择善而从”。老子曾以江海处下而为百谷王的事实，告诫人们不要“自矜”、“自伐”、“自是”。

人们除了有物质需要外，还有精神需要，而一切精神需要中最高尚的需要就是道德需要。道德需要是对理想人格的追求。要实现这种追求，就应当明智。“明智”则必须好学。圣贤由学而成，道德由学而进，才能由学而得，离开学将一事无成。《礼记·中庸》强调“博学之，审问之，慎思之，明辨之，笃行之”，要求人们勤奋学习，学以诚德。在塑造人格的过程中最重要的就是要奋发向上、切磋琢磨、修身养性。孔子说：“仁远乎哉？我欲仁，斯人至矣。”人们应当“见贤思齐焉，见不贤而内自省也”（《论语·里仁》）、“吾日三省吾身”（《论语·学而》）。荀子认为，“道虽迩，不行不至；事虽小，不为不成”。

中国传统道德认为，诚信的内容和要求是多方面的，但最基本的是以诚信为本，取信于人。诚是一种真实无妄、表里如一的品格，也是道德的根本；信是一种诚实不欺、遵守诺言的品格。诚信之德在于言必信，行必果，言行一致，表里如一，讲信用，守承诺。

此外还有如廉洁自律、宽厚待人、艰苦朴素、勤劳节俭、孝敬父母、尊老爱幼、尊师敬业，以及刚健有为、自强不息、舍生取义、见义勇为、奋发图强等传统美德。

同学们，让我们继承和发扬中华民族优良传统，锤炼道德品质，加强思想修养，培育高尚人格而努力奋斗。

谢谢大家！

例文六

加强社会主义道德建设，树立社会主义荣辱观

尊敬的老师、亲爱的同学们：

大家好！

我叫×××，我演讲的题目是：加强社会主义道德建设，树立社会主义荣辱观。

社会主义道德建设以为人民服务为核心、以集体主义为原则，在社会主义条件下，每个社会主义的劳动者和建设者都在为社会、为他人同时也是为自己而劳动和工作。各行各业的劳动者和建设者，只是社会分工的不同，没有高低贵贱之分。在整个社会生产和生活的过程中，逐步形成了团结互助、平等友爱、共同进步的人际关系，每个人都是服务对象又都为他人服务，全体人民通过社会分工和相互服务来实现共同利益。

社会主义道德建设以为人民服务为核心。为人民服务，伟大而平凡，高尚而普通，可以通过不同层次、不同形式表现出来。毫不利己、专门利人、无私奉献是为人民服务；顾全大局、先公后私、爱岗敬业、办事公道是为人民服务；互相关心、互相爱护、互相帮助是为人民服务；热心公益、助人为乐、见义勇为、扶贫济困、帮残助残是为人民服务；遵纪守法、诚实劳动并获取正当的个人利益，也是为人民服务。在我们的社会中，不论从事何种职业、处于何种岗位，也不论能力大小、职务高低，每个人都能够通过不同形式实践为人民服务的道德要求。

社会主义道德建设以集体主义为原则。长期以来，集体主义已经成为调节国家、集体和个人三者利益关系的最重要原则。社会主义集体主义强调，在个人利益与集体利益发生冲突时，必须坚持集体利益高于个人利益的原则，使个人利益服从集体利益，在必要时，为集体利益做出牺牲。在社会主义市场经济条件下，集体主义的道德要求可分为三个层次：一是无私奉献、一心为公。这是集体主义的最高层次，是共产党员、先进分子应努力达到的目标。二是先公后私、先人后己。这是已经具有较高的社会主义道德觉悟的人们能够达到的目标。三是公私兼顾、不损公肥私，这是对我国公民最基本的道德要求。

加强社会主义道德建设，就必须树立社会主义荣辱观。在新的历史条件下，胡锦涛全面论述了以“八荣八耻”为主要内容的社会主义荣辱观，即：“以热爱祖国为荣,以危害祖国为耻；以服务人民为荣，以背离人民为耻；以崇尚科学为荣，以愚昧无知为耻；以辛勤劳动为荣，以好逸恶劳为耻；以团结互助为荣，以损人利己为耻；以诚实守信为荣，以见利忘义为耻；以遵纪守法为荣，以违法乱纪为耻；以艰苦奋斗为荣，以骄奢淫逸为耻。”旗帜鲜明地指出了在社会主义市场经济条件下，应当提倡和赞扬什么、反对和抵制什么，为全体社会成员判断行为善恶、做出道德选择、确定价值取向，提供了基本的价值准则和行为规范。

同学们，“荣”是催人奋进的动力，“耻”是防微杜渐的警钟。只有知荣辱、辨善恶，一个人才能形成正确的价值判断，一个社会才能形成良好的道德风尚。让我们牢记为人民服务的宗旨，坚持集体主义原则，树立和践行社会主义荣辱观，努力提升自己的道德境界，为在全社会形成褒扬真善美、贬斥假恶丑的鲜明导向和浓厚氛围，为加强社会主义道德建设贡献出自己的力量！

谢谢大家！

例文七

遵守社会公德，维护公共秩序

尊敬的老师、亲爱的同学们：

大家好！

我叫×××，我演讲的题目是：遵守社会公德，维护公共秩序。

在现代化建设的进程中，包括大学生在内的每一个社会成员，都应遵守以“文明礼貌、助人为乐、爱护公物、保护环境、遵纪守法”为主要内容的社会公德。

文明礼貌是社会交往中必然的道德要求，是调整和规范人际关系的行为准则，与我们每个人的日常生活密切相关。文明礼貌是打开心扉的钥匙，是交流思想的窗口，是沟通感情的桥梁，它反映一个人的道德修养，体现着一个民族的整体素质。我国是一个具有悠久历史的文明古国，素有礼仪之邦的美誉。今天，倡导讲文明、懂礼貌、守礼仪是继承和弘扬中华民族传统美德、提高人们道德素质的迫切需要，是尊重人、理解人、关心人、帮助人，形成男女平等、尊老爱幼、扶贫济困、礼让宽容的新型人际关系的迫切需要，也是树立中国人良好国际形象的迫切需要。

助人为乐是我国的传统美德，我国自古就有“君子成人之美”、“为善最乐”、“博施济众”等广为流传的格言。把帮助别人视为自己应做的事情，看作是自己的快乐，这是每个社会成员应有的社会公德，是有爱心的表现。助人为乐对于大学生来说显得尤为重要，养成助人为乐的美德和习惯，将是一生取之不尽、用之不竭的精神财富，正所谓“赠人玫瑰，手有余香”。大学生应当“以团结互助为荣、以损人利己为耻”，积极参与公益事业，力所能及地关心和关爱他人，在对他人的关心和帮助中获得人生的快乐。

爱护公物是每个公民应该承担的社会责任和义务，它既显示出个人的道德修养水平，也是整个社会文明程度的重要标志。随着社会现代化程度的日益提高，社会的公用设施得到妥善保护并保持良好状态，是使公共生活有序进行的基本保证，也有利于每个人的工作和生活。所以，每个公民都要增强社会责任感，珍惜国家、集体财产，爱护公物，坚持同损害公共财产、破坏公物的行为作斗争。

保护环境主要是指保护自然生态环境，也包括人文环境，它是对全人类的生存发展利益的维护，也是对子孙后代应尽的责任。大学生要牢固树立环境保护意识，身体力行，从小事做起，从身边做起，从自己做起，带头宣传和践行环境道德要求，为建设资源节约型、环境友好型社会做出自己应有的贡献。

遵纪守法是社会公德最基本的要求，在社会公共生活领域中，人员构成复杂，素质参差不齐，正常的生活秩序可能受到影响甚至被破坏，这就需要用纪律和法律来维护公共生活的正常秩序。大学生应当全面了解公共生活中的各项法律和法规，熟记校规校纪，牢固树立法制观念，“以遵纪守法为荣、以违法乱纪为耻”，自觉遵守有关的纪律和法律。

同学们。社会公德是人们在社会交往和公共生活中应该遵守的行为准则，是维护公共秩序的重要手段，是保证社会和谐稳定的最起码的道德要求。让我们自觉培养公德意识，养成遵守社会公德的良好行为习惯，做一个遵守社会公德、维护公共秩序、促进社会和谐稳定的模范！

谢谢大家！

例文八

加强职业道德修养

尊敬的老师、亲爱的同学们：

大家好！

我叫×××，我演讲的题目是：加强职业道德修养。

职业道德，是指从事一定职业的人在职业生活中应当遵循的具有职业特征的道德要求和行为准则。爱岗敬业、诚实守信、办事公道、服务群众、奉献社会，是社会主义职业道德的主要内容，体现了社会主义职业的基本特征。

爱岗敬业，是指从业人员热爱自己的工作岗位，敬重自己所从事的职业，勤奋努力，尽职尽责的道德操守。在社会主义条件下，职业不仅是个人谋生的手段，也是从业者不断完成自身社会化的重要条件，是个人实现自我、完善自我不可或缺的舞台。个人的发展和完善不能仅停留在愿望和决心上，而应付诸现实的行动，没有行动，一切都会流于空谈。因此，爱岗敬业最基本的要求是干一行爱一行，爱一行钻一行，精益求精，尽职尽责。

诚实守信，要求从业者在职业活动中诚实劳动，合法经营，信守承诺，讲求信誉。诚实守信不仅是从业者步入职业殿堂的“通行证”，体现着从业者的道德操守和人格力量，也是具体行业立足的基础。在职业活动中，缺失了诚信就会失去人们的信任，失去社会的支持，失去成长和发展的机遇。

办事公道，就是要求从业人员在职业活动中做到公平、公正，不谋私利，不徇私情，不以权损公，不以私害民，不假公济私。办事公道，就要做事讲原则，无论对人对己都要坚持实事求是，出于公心，不挟私欲，遵循道德和法律规范来处事待人。在社会主义制度下，从业者之间以及从业者与服务对象之间都是平等的，职业的差别只是所从事的工作不同，而不是个人地位高低贵贱的象征，同时，职业的划分也不是为特殊利益集团和个人创造谋取私利的机会，而是为了公平地满足人们的需要，所以，以公道之心办事就必然成为职业活动所必须遵守的道德要求。

服务群众，就是在职业活动中一切从群众的利益出发，为群众着想，为群众办事，为群众提供高质量的服务。如果每一个从业人员在职业活动中，都自觉遵循服务群众的要求，整个社会就会形成一种人人都是服务者，人人又都是服务对象的良好秩序与和谐状态。

奉献社会，就是要求从业人员在自己的工作岗位上树立奉献社会的职业精神，并通过兢兢业业的工作，自觉为社会和他人做贡献。

同学们，让我们自觉培养职业道德意识，加强职业道德修养，为今后在职业活动中全心全意为人民服务打下坚实基础。

谢谢大家！

例文九

树立家庭美德

尊敬的老师、亲爱的同学们：

大家好！

我叫×××，我演讲的题目是：树立家庭美德。

家庭美德是调解家庭内部成员以及与家庭生活密切相关的人际关系的行为规范，是每个公民在家庭生活中应该遵循的行为准则。我们要大力提倡以尊老爱幼、男女平等、夫妻和睦、勤俭持家、邻里团结为主要内容的家庭美德。

尊老爱幼是人类社会的优良传统，而我国自古就是一个非常讲求父慈子孝的国度，“老吾老以及人之老，幼吾幼以及人之幼”的观念深入人心，反映了人们对需要给予特别关爱的老人和儿童的深厚情感，因而成为世代相传的道德格言。老人对社会做出了贡献，又为抚养和教育晚辈付出了心血，理应得到社会、子女及家庭成员的尊重和回报，子女要尊敬、关心、体贴父母及长辈，自觉履行孝敬和赡养老人的法律责任和道德义务。儿童是国家和民族的未来，是社会和家庭的希望，在他们的成长过程中需要得到父母及长辈们的呵护。我们要保护老人和儿童的合法权益，坚决反对虐待、遗弃老人和儿童的行为。

男女平等是我国重要的法律原则和道德规范，既表现为夫妻权利和义务上的平等、人格地位上的平等，又表现为平等地对待自己的子女。在夫妻关系上的男尊女卑，在子女问题上的重男轻女，都是在传统宗法社会中所形成的落后道德观念。家庭关系中的平等主要是人格平等，是权利和义务的平等。坚持男女平等，特别是要尊重和保护妇女的合法权益，反对歧视和迫害妇女的行为。

夫妻和睦是指夫妻在男女平等的基础上互敬互爱、互助互让。中国历来用“相敬如宾”、“琴瑟和谐”以及“比翼鸟”、“连理枝”等来比喻和形容夫妻之间的和睦关系。夫妻是家庭的主要成员，夫妻关系是家庭关系的核心，忠于爱情、互敬互爱，是夫妻和睦、婚姻美满的基础。

勤俭持家既要做到努力工作，勤劳致富，也要量入为出，节约用费。常言道，“勤是摇钱树，俭是聚宝盆，奢懒败家门”。勤俭是家庭兴旺、社会富足的保证。我们大学生要尊重父母劳动所得，体谅父母的辛苦操劳，在日常生活中注意节俭，尽量减轻父母和家庭的生活负担，这就是对父母和家庭最实际的贡献。

邻里团结是社会和谐的保证。邻里之间应该以礼相待，做到互谅互让，互帮互助，宽以待人，团结友爱。俗话说“远亲不如近邻”，当家庭遇到困难时，首先伸出援助之手的往往是邻居，友邻的作用常常胜过亲戚朋友。搞好邻里团结重要的是相互尊重，产生误会和矛盾，要本着互谅互让的原则，无理者主动认错，得理者宽以让人，努力化解矛盾纠纷，增进邻里感情。

同学们，家庭和谐是社会和谐的基础，邻里团结是社会稳定的保证。让我们懂知识、明事理，牢固树立家庭美德意识，为将来创造幸福美满的家庭生活奠定坚实的思想基础。

谢谢大家！

例文十

树立社会主义法治观念，建设社会主义法治国家

尊敬的老师、亲爱的同学们：

大家好！

我叫×××，我演讲的题目是：树立社会主义法治观念，建设社会主义法治国家。

树立社会主义法治观念，关系依法治国基本方略的实施，关系社会主义法治国家建设的历史进程。要树立社会主义民主法治观念、自由平等观念、公平正义观念、权利义务观念，养成自觉遵纪守法、严格依法办事的习惯。

社会主义民主法治是社会主义的重要特征，人民民主是社会主义的生命，人民当家做主是社会主义民主政治的本质和核心。党的领导是社会主义民主法治建设的根本保证，发展社会主义民主政治，最根本的是要坚持党的领导、人民当家作主和依法治国的有机统一。

自由平等是我国宪法和法律的基本价值取向，我国公民依法享有和行使自由的权利，在法律面前人人平等。我们知道，自由并不等于为所欲为，任何人在行使自由权利的时候，都必须尊重他人的自由。每个公民的合法权益都平等地受到法律的保护，任何公民的违法犯罪行为都平等地受到法律的追究和制裁。

公平正义是法律的主要价值目标。从法律运行的环节来看，法律公正包括立法公正和执法公正两个方面；从法律公正的内涵来看，法律公正又包括实体公正和程序公正两个方面。

权利与义务是社会主义法治国家的公民应当具有的基本观念。无论是行使权力，还是履行义务，都应当在法定界限内进行。

社会主义国家不仅是人民当家做主的国家，而且也应当成为实行法治的国家。在走向社会主义法治国家的征途中，我们国家既探索积累了许多成功的经验，也有过深刻的教训。党的十一届三中全会以来，我们党和国家日益深刻地认识到法律在社会生活中的重要作用，确立了法制建设在社会主义现代化建设中的重要地位。党的十五大明确提出了依法治国的基本方略，确立了建设社会主义法治国家的战略目标。

全面落实依法治国基本方略，加快建设社会主义法治国家的主要任务是：弘扬社会主义法治理念，完善中国特色社会主义法律体系，提高党依法执政的水平，加快建设法治政府，深化司法体制改革，完善权力制约和监督机制，培植新型的社会主义法律文化。

同学们，大学生是社会主义法治国家建设的重要力量，我们必须加强社会主义法律修养，牢固树立社会主义法治观念，努力学习法律知识，掌握法律方法，参与法律实践，自觉维护法律权威，为建设社会主义法治国家做出自己应有的贡献！

谢谢大家！

例文十一

构建社会主义和谐社会

尊敬的老师、亲爱的同学们：

大家好！

我叫×××，我演讲的题目是：构建社会主义和谐社会。

和谐社会是对人类社会发展理想状态的一种描绘，是古今中外人们梦寐以求的理想。我们所要建设的社会主义和谐社会，应该是民主法治、公平正义、诚信友爱、充满活力、安定有序、人与自然和谐相处的社会。

民主法治，就是社会主义民主得到充分发扬，依法治国基本方略得到切实落实，各方面积极因素得到广泛调动。

公平正义，就是社会各方面的利益关系得到妥善协调，人民内部矛盾和其他社会矛盾得到正确处理，社会公平和正义得到切实维护和实现。

诚信友爱，就是全社会互帮互助、诚实守信，全体人民平等友爱、融洽相处。

充满活力，就是能够使一切有利于社会进步的愿望得到尊重，创造活动得到支持，创造才能得到发挥，创造成果得到肯定。

安定有序，就是社会组织机制健全，社会管理完善，社会秩序良好，人民群众安居乐业，社会保持安定团结。

人与自然和谐相处，就是生产发展，生活富裕，生态良好。

社会和谐是中国特色社会主义的本质属性，是国家富强、民族振兴、人民幸福的重要保证。构建社会主义和谐社会，反映了建设富强民主文明和谐的社会主义现代化国家的内在要求，体现了全党全国各族人民的共同愿望。

同学们，和谐凝聚力量，和谐成就伟业。构建社会主义和谐社会，是一项艰巨复杂的系统工程，需要全党全社会长期坚持不懈的努力。让我们紧密团结在党中央的周围，满怀豪情地投身到社会主义和谐社会的建设之中，为使我们的社会更加和谐做出自己最大的贡献!

谢谢大家!

例文十二

党的领导是社会主义现代化建设的根本保证

尊敬的老师、亲爱的同学们:

大家好!

我叫×××，我演讲的题目是：党的领导是社会主义现代化建设的根本保证。

中国这样一个多民族的发展中大国进行社会主义现代化建设，为什么必须坚持中国共产党的领导?

《中国共产党章程》明确规定：中国共产党是中国特色社会主义事业的领导核心，代表中国最广大人民的根本利益。在新的历史条件下，广大人民的根本利益，从根本上说，就是要解放和发展生产力，实现国家的繁荣富强和人民的共同富裕，实现中华民族的伟大复兴。在中国能够团结和带领全国各族人民实现这个宏伟目标的政治力量，只有中国共产党。

第一，坚持中国现代化建设的正确方向，需要中国共产党的领导。摆脱国家贫穷落后面貌，实现现代化和民族复兴，是中国人民的百年追求和梦想。近代中国历史反复证明，企图通过走资本主义道路使中国实现现代化，根本行不通。只有坚持中国共产党的领导，走中国特色社会主义，才能保证现代化建设事业的正确方向，才能制定和执行正确的路线、方针、政策，保证现代化建设事业不断取得进步，最终实现中华民族的伟大复兴。

第二，维护国家统一、社会和谐稳定，需要中国共产党的领导。没有国家的统一和社会的稳定，就没有国家的繁荣富强和人民的安居乐业。维护国家统一和社会稳定，历来是中国各族人民最关切的头等重要的大事。近代中国，深受外国入侵、军阀混战和政局动荡之害。中国人民对此刻骨铭心。在新世纪新阶段，中国共产党作为中国各族人民根本利益的忠实代表，以科学理论为指导，凭借其丰富的执政经验和驾驭全局的能力，统筹经济社会等各方面发展，努力构建社会主义和谐社会，能够维护国家统一和社会和谐稳定。

第三，正确处理各种复杂的社会矛盾，把亿万人民团结凝聚起来，共同建设美好未来，需要中国共产党的领导。中国幅员辽阔，人口众多，且城乡之间、地区之间发展不平衡，差异较大，面临着各种复杂的社会矛盾。只有正确调整和协调各方面的利益关系，才能最大限度地调动一切积极因素，集中一切资源、力量和智慧，解决关系国计民生的重大问题，保证经济社会的可持续发展。在中国，只有共产党才能总揽全局，协调各方，正确处理人民内部矛盾，顺利解决前进中的各种困难和问题，才能凝聚人心，汇聚力量，共建美好未来。

第四，应对复杂的国际环境的挑战，需要中国共产党的领导。当前，经济全球化和世界多极化在曲折中发展，科学技术发展日新月异，综合国力的竞争日趋激烈，敌对势力仍然对我国实施西化、分化战略。在复杂的国际局势下，只有以坚强的政治核心把全国各族人民团结起来，才能保证我国真正走独立自主的和平发展道路。中国共产党就是这样一个能够把人民组织起来、团结起来走和平发展道路的政治核心。

同学们，我们应该深刻地认识到：在中国，要团结凝聚全国各族人民，通过改革进一步解放和发展社会生产力，促进国民经济又好又快发展，实现社会主义现代化建设的宏伟目标，关键在党，党的领导是经济建设和改革开放取得成功的根本保证。

谢谢大家！

主要参考文献

《毛泽东思想和中国特色社会主义理论体系概论》编写组．2008．毛泽东思想和中国特色社会主义理论体系概论．北京：高等教育出版社．

《思想道德修养与法律基础》编写组．2010．思想道德修养与法律基础．北京：高等教育出版社．

陈秀泉．2007．实用情景口才．北京：科学出版社．

戴尔・卡耐基．2007．卡耐基经典全集．北京：中国城市出版社．

贯越．2006．底牌：谈判的艺术．北京：京华出版社．

郝玉梅．2007．讲演与口才．北京：北京邮电大学出版社．

和仁．2004．领导四书．西安：西北大学出版社．

矫友田．2008．你是最棒的主角．北京：金城出版社．

马丁・科尔，等．2001．羊皮卷．广东：海天出版社．

明山．1997．机智演讲术．北京：华龄出版社．

欧阳谋．1999．口才学大全．北京：中国城市出版社．

石丹林．1999．金口才．北京：同心出版社．

石丹林．1999．中外名人金口才．北京：同心出版社．

司马迁．1988．史记．北京：北京出版社．

唐树芝．2004．口才与演讲．北京：高等教育出版社．

王光耀．2006．这样说话最有效（全集）．北京：中国长安出版社．

王梅．2005．实用语文（第一册）．北京：华夏出版社．

魏星．2002．导游语言艺术．北京：中国旅游出版社．

吴甘霖．2008．方法总比问题多．北京：机械工业出版社．

杨晶．2005．商务谈判．北京：清华大学出版社．

赵修琴，李元秀．1999．口才演讲精论．北京：中央编译出版社．

新华网 用发展的眼光看中国．http://www.gov.cn/ldhd/2009-02/03/content_1220032.htm．

新浪教育．推销自己的十大法则．http://www.chsi.com.cn/jyzd/qzjq/200409/20040929/1369.html．